市场营销学是管理学科的一个重要研究领域，是对企业市场实践的一种理论总结。市场营销学直面市场环境和企业实战，既保持了理念与方式的持续演进与创新，又保持了营销方法和案例的不断更新。相对于卖方市场时期的销售和推销，买方市场的营销以顾客、用户为导向，通过市场机会确定、目标市场选择、营销策略组合与营销计划执行来构建其理论体系，其理论体系一般被称为市场营销学。

市场营销学在我国 20 世纪八九十年代被称为"市场学"，隶属于经济学的范畴。进入 21 世纪后，国内学界开始转变思维方式，在理论研究与市场实务领域，明确市场营销学隶属于管理学的范畴。

由卖方市场转向买方市场的企业营销竞争，其本质是企业产能过剩（向市场提供的产品过剩），从而导致以市场需求为核心的营销竞争激烈化、常态化。这样买方市场中市场的选择权力必然转至顾客和用户手中，市场宏观、微观环境对企业战略、生产与营销产生了直接的约束力，并形成了企业决策的约束变量。

买方市场使得企业性质发生了改变，即企业的第一核心要素是创造顾客（用户）价值。企业在面对差异化需求与同质化竞争的过程中，只有通过差异化的创新和战略战术才能获得顾客（用户）的选择，只有通过创造顾客（用户）价值的交换才能获得利润，只有通过持续创造顾客（用户）价值才能获得相对稳定的利润。

买方市场时期的市场营销学，一般表述为以市场为中心、以顾客需求为导向，通过满足顾客需求来实现企业营销目标。企业之所以进行市场营销，是因为竞争的商业生态必然形成市场权力自下而上的环境生态，这也影响到社会价值观和行为方式。从这个意义上说，营销理念和方法不仅适用于企业组织，还适用于个人和社会管理。

市场营销学是在履行社会责任的前提下，研究顾客（用户）需求，研究竞争者和细分市场，创造和引领市场需求，并为顾客（用户）提供差异化的服务体验和需求管理。由此，基于管理学微观组织的市场营销学是一系列差异化战略战术的管理过程。在这个过程中，企业既要进行产品创新的差异化，又要针对顾客（用户）市场、竞争者市场施以情境实践的差异化创新。为了实现差异化创新，当代企业需要运用大数据分析工具，辅助管理者发现、识别和选择市场机会；同时嵌入数字化解决方案，支持管理者更好地完成实战判断与决策。

随着互联网时代的到来，互联网渠道营销即线上营销获得了迅猛发展，从狭义的信息化到数字化、智能化，互联网线上营销已占据市场销售与消费的半壁江山，电商、网商、微商、直播电商及新媒体营销层出不穷、方兴未艾。

互联网进入数字营销时期，企业营销需要考虑用户的差异化需求、用户个性化体验，互联网线上营销不仅要考虑流量和数据、迭代和创新，还要考虑互联网版本（结构）的升级，用户需求心理的变化，营销理念、管理边际与范式的转换。

在数字化时期，营销不仅要考虑数字化嵌入和战略，还要考虑数字化意识与理念如何下沉至营销策略层面和执行层面。由此，市场营销学要纳入大数据分析和数字化的技术系统、支持系统与连接系统。其中，连接系统是指与创意生成、智慧决断、人格情怀、人性伦理相连接的潜意识系统。

本书在撰写过程中始终坚持理论联系实践，直面中国市场营销管理实践，遵守理论与实践的可转化原则，清醒认识教与学、理论与实践的关系。理论是从最高逻辑进行的抽象普适性概括而形成的一般性的知识和知识体系，在指导实践的过程需要下沉至指导实践的逻辑。直面社会实践与市场实践的营销理论是灵活的，但不是无原则的，而是有原则的。有原则才是科学，在原则基础之上的灵活则是营销实践的术与艺。

理论作为有体系的思想必然是情境化的，一方面要面对现实市场的不同需求，另一方面要面对需求的不同情境。因而，在不同层面、不同场合、不同时空、不同情境下，将理论知识转化为实践理性需要有效的路径。也就是说，理论在面对一个个具体问题时需要能够吐故纳新和可以迭代，理论逻辑要能联系历史逻辑、实践逻辑与价值逻辑，做到理论联系实践。

本书是编者依据市场营销的基本框架及新理念、新实践、新理论，结合买方市场和数字化时代的中国情境，在系统参考国内外中文版本的市场营销学教材的基础上编撰而成。本书在撰写时注重文字的规范性与简明性、文本的体例性与结构性、研究的系统性与前沿性、实战的层次性与可行性。本书既可作为经管类相关专业课程的教材、企业相关培训的教材，亦可作为企业营销人员的参考书籍。

本书由广州理工学院周建波教授任主编，广州理工学院刘洋副教授、刘花副教授、赖玉莲副教授任副主编，周建波教授负责总体架构设计，刘洋副教授负责编写的组织工作，刘花副教授负责书稿后期的统筹修订。本书编写具体分工如下：周建波、杨惠和杨丽丽负责第1章、第11章、第15章的编写；刘洋负责第10章、第12章、第13章、第14章的编写；刘花负责第4章、第6章、第7章、第9章的编写；赖玉莲负责第2章、第3章、第5章、第8章的编写。

党的二十大报告指出，着力造就拔尖创新人才，聚天下英才而用之。谨以此书，献给与时俱进的学习者！

编者
2023 年 7 月

工业和信息化普通高等教育
"十四五"规划教材立项项目

高等院校
市场
营销
新形态
系列教材

市场营销学

理论、方法与案例

第3版

周建波／主编

刘洋 刘花 赖玉莲／副主编

MARKETING

MANAGEMENT

人民邮电出版社

北京

图书在版编目（CIP）数据

市场营销学：理论、方法与案例 / 周建波主编. --
3版. -- 北京：人民邮电出版社，2023.8
高等院校市场营销新形态系列教材
ISBN 978-7-115-61792-7

Ⅰ. ①市… Ⅱ. ①周… Ⅲ. ①市场营销学—高等学校
—教材 Ⅳ. ①F713.50

中国国家版本馆CIP数据核字(2023)第084827号

内 容 提 要

本书介绍了市场营销概论、营销环境分析、市场竞争分析、购买行为分析、市场需求与营销调研、目标市场战略、产品策略、品牌策略、定价策略、促销策略、渠道策略、关系营销与客户关系管理、网络营销与新媒体营销、数字化营销与大数据营销、营销管理与计划执行等内容。

本书提供了教学课件等教学资源，用书教师可登录人邮教育社区（www.ryjiaoyu.com），在本书页面下载获取。

本书可作为高等院校市场营销专业相关课程的教材，也可供从事市场营销活动的人员学习使用，还可作为市场营销领域研究人员的自学用书。

♦ 主　　编　周建波
　　副 主 编　刘　洋　刘　花　赖玉莲
　　责任编辑　刘向荣
　　责任印制　李　东　胡　南
♦ 人民邮电出版社出版发行　　北京市丰台区成寿寺路 11 号
　　邮编　100164　　电子邮件　315@ptpress.com.cn
　　网址　https://www.ptpress.com.cn
　　三河市君旺印务有限公司印刷
♦ 开本：787×1092　1/16
　　印张：13　　　　　　　　　2023 年 8 月第 3 版
　　字数：348 千字　　　　　　2025 年 9 月河北第 8 次印刷

定价：49.80 元

读者服务热线：(010)81055256　印装质量热线：(010)81055316
反盗版热线：(010)81055315

目录

第1章 市场营销概论

【学习目标】

- 理解市场及市场营销的内涵
- 掌握市场营销理念的发展
- 熟悉营销管理过程的核心要素

本章是市场营销学的开始，通常用概论、概述来表达。本章的内容主要包括市场营销的产生与发展、市场营销的重要概念、市场营销理念的演变以及市场营销管理过程。其中前三节的内容表述了市场营销理论的演变过程，第四节的内容则阐述了市场营销管理过程的职能要素与结构要素，这些要素是市场营销的步骤和理论架构。

营销引例

买椟还珠

买椟还珠是一个成语，最早出自战国时期韩非的《韩非子·外储说左上》："楚人有卖其珠于郑者，为木兰之柜，薰以桂椒，缀以珠玉，饰以玫瑰，辑以翡翠。郑人买其椟而还其珠。此可谓善卖椟矣，未可谓善鬻珠也。今世之谈也，皆道辩说文辞之言，人主览其文而忘有用。"后人由此提炼出成语"买椟还珠"。

买椟还珠是指一个人做事的取舍不当，但从商业文化的视角，说明远在2000多年前，我国春秋战国时期的商品经济、产品工艺就达到了相当发达的程度。从文化自信的视角，也说明我国经济文明和器物文化的历史辉煌灿烂。

从市场营销的角度来看，在今天买方市场条件下，商家过度包装产品的事例比比皆是，尤其在互联网时代，形式大于内容的产品更比比皆是。不过从产品的整体层次结构来看，现代产品是由核心产品、有形产品和附加产品构成的，包装作为附加产品在产品整体需求状态中也确实起着极其重要的作用。而在古代，我国商家就意识到了这个问题，这说明当时顾客的需求水平也相当高。

资料来源：编者根据成语编写

1.1 市场营销的产生与发展

广义的市场营销来源于人类早期的劳动、生产和物品交换。世界各国、各民族具体化到各个群体，随着劳动、生产、物品、交换的出现，在某个地点（雏形市场）推动交换的行为即广义的市场营销。当商品和衡量商品价值的贵金属等初级货币出现，基于商品可计量的货币价值机制的初级市场形成后，卖方市场逐步形成并在人类社会延续了几千年，这个时期的销售、包装和推销也是广义的市场营销。

1.1.1 市场营销在美国的产生与发展

随着欧洲和美国的工业革命与市场经济的迅猛发展，有些行业的有些产品对应的局部市场出现了过剩的状况，顾客对产品的性能功能、品类品种也产生了更高的要求和更多的需求。与此同时，企业间的竞争也随之产生了，这就促使企业的管理实践和管理理论进入了长足发展的时期。

按照通常的说法，市场营销诞生于20世纪初的美国。1905年美国克罗伊西（W. E. Kreusi）在宾夕法尼亚大学开设了一门名为产品市场营销（The Marketing of Products）的课程，标志着市场营销（Marketing）概念的诞生。当时市场营销还没有形成一个系统的理论分支，还隶属于经济学的厂商理论。

系统管理理论即管理学的诞生，是以美国管理学家泰勒（F. W. Taylor）1911年出版的《科学管理原理》和法国管理学家法约尔（H. Fayol）1916年出版的《工业管理与一般管理》为标志的。只是当时还没有健全的学科分类知识体系，市场营销与组织管理还隶属于经济学科。

美国广告协会于1915年成立，并于1926年改组为"全美市场营销学和广告教师协会"。1937年，美国市场营销协会（American Marketing Association，AMA）成立，标志着广告、调查、推销和分销等市场营销活动进入了成熟的发展时期。

也就是说，在20世纪50年代的美国，过程的、局部的买方市场较为明显地出现了。在这样的市场体系下，系统的营销学理论架构也出现了，美国学者博登（N. Borden）1953年首次提出了市场营销组合（Marketing Mix）这一具有理论架构性的概念。在这一时期，宝洁公司（P&G）推出了品牌管理模型，通用公司（GE）推出了营销观念哲学，A.C.尼尔森（A. C. Nielsen）公司推出了调查模型，奥美广告公司（Ogilvy）推出了品牌形象模型，波士顿咨询公司（BCG）推出了市场研究模型，麦基特里克（J. B. Mckitterick）1957年提出了市场营销观念的哲学，史密斯（W. Smith）1958年提出了市场细分（Segmentation）理论，麦卡锡（J. McCarthy）1960年在其《基础营销》一书中首次提出了4P（Product，Price，Place，Promotion）营销策略组合理论，里斯（A. Reis）和特劳特（J. Trout）1969年首次提出了定位理论，科特勒（P.Kotler）1967年在其《营销管理：分析、计划、执行和控制》一书中系统整合了营销理论体系。

市场营销学经过20世纪五六十年代的营销实践和理论发展，恰逢20世纪七八十年代美欧发达市场率先进入买方市场，管理学进入了管理丛林的时代，市场营销学也更为清晰地从经济学科中分离出来，正式成为管理学科的一个分支。20世纪70年代至21世纪的营销学理论主要包括：社会营销理念、服务营销模型与理论、战略营销理念与理论、客户关系模型与关系营销理论、整合营销传播理论、品牌资产理论等，以及网络营销理论、新媒体营销理论、大数据营销模型、数字化和智能化营销模型等。

1.1.2 我国市场营销实践与学科发展

商品经济在我国古代就已经很发达了，虽然没有产生系统的营销管理思想，但商业思想中依然包含着精益求精的产品理念，尤其是"写意"之艺境与"工笔"之精微思想深入产品设计、产品售卖的商业活动中。我国古代社会产生了青铜、火药、汉纸、唐瓷、宋窑等社会文明，以及皇宫御品、官器和民间产品形式的器物文化。我国的四大发明即指南针、火药、造纸术与印刷术，是人类社会文明进程的重要里程碑。

从知识界来看，我国最早引进的市场营销学是由丁馨伯编译、复旦大学出版社于 1933 年出版的《市场学》。自 20 世纪 80 年代改革开放以来，一些大学陆续在经济学科门类下的商业经济专业、企业管理专业开设市场学课程。1984 年，广西商业高等专科学校首次开设了大专层次的市场营销专业（方向）；1988 年，山东大学首次试办本科层次的市场营销专业（方向）；1990 年前后，一些大学把市场学课程更名为市场营销学；1992 年，教育部正式设立市场营销专业。

1983 年 12 月，国内第一个市场营销学会——广东营销学会成立。1984 年 1 月，中国高等院校市场学研究会成立。经民政部批准，中国市场学会（国家一级学会）于 1991 年 3 月正式成立。经原国家教委批准，中国人民大学中国市场营销研究中心于 1995 年正式成立。1984 年，广东营销学会主办的《营销管理》创刊，自 1988 年第 2 期（总 16 期）起拥有国内统一刊号。1990 年，邝鸿主编的《现代市场营销大全》出版。1994 年，吴健安主编的《市场营销学》出版发行。

需要说明的是，1996 年之前，国内市场营销实践、教育和理论研究都还依赖于原国家商业部（1993 年撤销商业部，改组为"国内贸易部"；1998 年撤销国内贸易部，部分职能合并至商务部），属于传统的商业流通经济和现代的商品销售竞争的市场过渡阶段。同样，1996 年之前，从教育部的学科、专业和课程设置上，市场营销还属于经济学科的范畴；从理论研究上，市场营销或营销管理还处于经济学和管理学之间研究范式及方法的交叉和分化时期。

1996 年 3 月，在全国人民代表大会和中国人民政治协商会议召开期间，文件起草部门采纳了中国人民大学教授郭国庆的建议，在文件中以"市场营销"取代了以往常用的"经营""销售"等用语。国务院学位委员会、原国家教委于 1997 年颁布了《授予博士、硕士学位和培养研究生的学科、专业目录》，该目录与原目录相比，增加了管理学学科门类；教育部（原国家教委）于 1998 年颁布了《普通高等学校本科专业目录》，与国家学位办学科目录一致，也增加了管理学学科及其专业门类。

与此同时，中国市场经济的实际形态和理论研究都揭示出：1997 年是我国经济和市场的分水岭，即我国经济第一次进入了过剩经济和买方市场的时代。进入 21 世纪，管理学在我国开始从经济学分化出来正式成为一个独立的学科门类，市场营销学（营销管理）也在真正意义上成为管理学的二级学科。我们相信，市场营销学必将在未来获得更为长足的发展。

1.2 市场营销的重要概念

扩展阅读

科特勒对营销管理学科的贡献

菲利普·科特勒（Philip Kotler）被誉为"现代营销学之父"，其经典著作《营销管理》在全球已经出版了 17 版，是世界范围内使用最广泛的营销学教科书，也是现代营销学的奠基之作。科特勒对市场营销学即营销管理成为管理学科一个独立的分支做出了奠基性的贡献，主要表现在：第一，让市场营销成为一门系统的学科；第二，首先将企业定义为一个营销组织；第三，为营销策略组合理论成为市场营销学即营销管理学科的框架性理论奠定了基础，促进了营销策略组合理论的发展；第四，关注互联网对市场营销的影响，推动了互联网线上营销理论的发展。

资料来源：编者根据综合资料编写

1.2.1 市场营销的定义

美国市场营销协会在 1960 年把市场营销定义为：引导货物和劳务从生产者流向消费者或用户的企业商务活动过程。它通过对构想、商品和服务进行定义、定价、促销和流通等活动，实现个人和组织目标的交换。菲利普·科特勒认为：市场营销是个人或群体通过创造、提供并同他人交换有价值的产品，以满足各自的需要和欲望的一种社会活动和管理过程。

有人指出，营销是一种创造消费者并使之满意，以取得利润的艺术。还有人指出，营销就是在适当的地点、适当的时点，以适当的价格、适当的信息沟通和促销手段，将适当的产品和服务出售给适当的消费者。关于市场营销的定义还有很多，它们从不同角度描述了市场营销的含义，但核心都是强调通过市场交换满足消费者的需要，从而实现组织的目标。

本书编者把市场营销简明地定义为：市场营销是指在法律框架下，营销者与购买者之间有效交换、交易的过程。实现有效交换是营销者满足购买者需求的战略策略，以及通过产品交换来创造顾客价值和实现企业收益的行动。

1.2.2 需要、欲望和需求

满足人们的需要和欲望是市场营销活动的出发点，需要是市场营销最核心的概念之一。从消费者的角度来看，人的需要有 3 个基本层次，即生存需要、享乐需要和发展需要。生存需要指对衣、食、住、行等物质资料的需要；享乐需要指创造舒适的环境，使身心能得到某种享受的需要；发展需要指那些能使自身知识得到增长、能力得到提升，进而满足精神生活的需要。

1. 需要

需要是指某些没有得到基本满足的感受状态。例如，人们的生存需要和生理需要、安全需要和归属需要等。需要存在于人们的心理特征和生存条件之中。例如人对饥渴的需要是因为人体在食物和水方面没有得到基本满足，有了食物和水就能满足人们的需要。

2. 欲望

欲望是指对需要的某种具体满足物的愿望。需要并不注重品质和品牌，但是欲望的表现却是多层次、多品位的，是有差异的。在不同的国家和地区、不同的文化背景下，人们的生活方式不同，人们对相同的需要表现出的欲望也可能迥然不同。

3. 需求

需求是指有能力购买并且愿意购买某个具体产品的欲望。例如，当人们有能力并愿意购买舒适的住宅时，对某个具体品质、品牌的欲望就成为需求。从支付能力的角度来说，人的需要可以分为有支付能力的需要和没有支付能力的需要，前者通常称为有效需求，后者则为无效需求。企业进行市场营销不仅要了解有多少人想要其产品，还要了解有多少人是实际需要且有能力购买这些产品的。企业只有通过生产有吸引力的、合适的产品，才能影响有效需求，才能满足人的欲望，进而满足人的需求。

1.2.3 产品

产品是指能够用来满足人类某种需要和欲望的任何东西。作为产品至少应该包括 3 个要素，即实体产品、服务和创意。人们购买产品不是为了占有，而是为了满足自己的需要和欲望。例如，人们购买汽车，是因为汽车可以充当交通工具；人们购买导航服务，是因为收费的导航服务能够提供更安全的大数据分析信息。有形产品不仅向人们提供实物功能，还向人们提供附加服务和创意。因此，企业进行市场营销不能片面强调实体产品本身的特性，而应多强调有形产品为人们提供的附加服务。

1.2.4 交换和交易

1. 交换

当人们决定通过交换来获得产品以满足自己的需要时，交换双方用来交换的东西就称为标的物，包括产品、服务和信息。交换是指交换双方按其所需进行的互换行为；市场营销中的交换是指交换双方按其所需换取产品的行为。一般来说，交换双方有着不同的要求，市场交换必须满足以下 5 个条件。

（1）有两个或两个以上的买卖者。
（2）交换双方都拥有对方认为有价值的东西，如货币和所需产品。
（3）交换双方都拥有沟通信息和向另一方传送货物或提供服务的能力。
（4）交换双方都可以自由接受或拒绝对方的产品。
（5）交换双方都认为值得与对方进行交换。

只有同时满足这 5 个条件，交换才可能发生。但是，交换最终是否真正发生，还取决于交换双方是否能找到交换的条件，或者说交换双方是否能认同交换的价值。

2. 交易

交易是市场交换活动的基本单元，是由买卖双方的价值交换所构成的行为。一次交易包括 3 点可以量度的实质性内容：第一，至少有两个有价值的事物；第二，买卖双方均同意的条件；第三，协议的时间和地点。

1.2.5 市场

1. 市场的一般概念

市场不仅指交易的场所，还指所有卖者和买者实现商品让渡，即各种错综复杂的交换关系的总和。市场是由供给、需求和中介构成的多层次、多因素、多侧面的虚实复合体。

2. 市场营销学的市场

市场营销学的市场专指买方市场，也就是企业产品的现实购买者和潜在购买者的总和。通常来说，卖方构成行业，买方构成市场。市场包含 3 个主要因素：有某种需要的人、购买能力、购买意愿。其用公式表示如下。

$$市场 = 有需要的人 + 购买能力 + 购买意愿$$

构成市场的这 3 个要素是相互制约、缺一不可的，只有将三者结合起来才能构成现实的市场，也才能决定市场的规模和容量。

1.2.6 价值和顾客让渡价值

1. 价值

价值是指客户和用户对产品和服务感知的期望值，是对产品和服务满足自身需要的能力的评价、满意程度的评价。客户在购买之前、用户在体验之前，会预先估计每种产品的效用。所谓产品的效用，是指产品满足人们需要的能力。客户和用户往往会将产品按效用大小依次排列，进而选择效用最大的产品。

一般来说，客户购买了某种产品就意味着必须放弃购买其他产品（即机会成本），但由于每种产品都涉及价格，因而客户必须事先进行两个基本判断：首先，自己有没有购买能力；其次，在有购买能力的前提下，自己是否理性，是否能够选到单位价格效用最大的产品，让自己获得更大的价值感。

2. 顾客让渡价值

顾客让渡价值是指顾客总价值与顾客总成本之间的差额。顾客总价值是指顾客购买某一产品与服务所期望获得的价值，包括产品价值、服务价值、人员价值和形象价值等。顾客总成本是指顾客为购买某一产品所耗费的成本，包括货币成本、时间成本、精神成本和体力成本等。由此，使顾客获得更大顾客让渡价值的途径有：一是增加顾客购买的总价值，二是降低顾客购买的总成本。

1.2.7 关系营销与营销网络

1. 关系营销

交换不仅是交易，还是一个建立关系的过程。关系营销是指企业与客户建立并保持长期互信互利交换关系的过程。关系营销以价值交换关系为核心，坚持目标客户、利益相关者、环境相关者以及竞争者等多方共赢的战略营销关系，并注重外部市场与内部市场的信任关系，把短期的、即时的交易关系纳入长期的互信互利关系进行战略性的管理，秉持讲道义、有情义的商业交换关系，建立符合正义和法律取向的关系网络。企业与客户之间建立长期的、有价值的交换关系是关系营销的核心。因此，现代市场营销不仅是交易营销，还是关系营销。

2. 营销网络

营销网络是指企业与目标客户、利益相关者、环境相关者以及竞争者之间所构成的关系网络，主要包括企业的营销关系网络和社会关系网络。营销关系网络，指企业与客户、员工、供应商、分销商、中介以及竞争者之间所形成的关系网络；社会关系网络，指企业与政府、公众、非政府组织和媒体之间所形成的关系网络。现代市场不仅有竞争还有合作，竞争和合作不仅在企业与企业之间进行，而且还在营销网络之间进行。因此，企业拥有完善的营销网络是市场营销获得竞争优势的结构性资源因素。

1.2.8 互联网营销

在 21 世纪"互联网技术+生活方式+商业模式"的环境生态中，Z 世代[①]年轻人的新消费习惯和新思维方式生成了。例如虚拟化信息环境的生存方式、碎片化与去中心化的行为偏好、快速消费与体验的生活方式以及个性体验、跨界、迭代与"内卷"的心理习惯等，这与物理空间的生活习惯与思维方式有着显著的差别。

基于互联网环境生态的互联网营销也称网络营销，互联网营销的基本模式是线上付款、线下配送的渠道模式。互联网营销模式经历了从最早的 PC 端网站平台的电商模式，到移动互联网平台的电商模式，再到移动互联网新技术、新渠道、新媒体的电商模式（小程序、社群和视

---

① Z 世代通常指 1995 年至 2009 年出生的一代人。

频直播等营销模式），最后到大数据、数字化和智能化营销模式。

移动互联网营销渠道主要包括商家线上直销、线上网店零售、视频直播"带货"等，在销售方式上正经历从消费互联网 B2C 到工业互联网 B2B 以及 B2B2C、F2C 的过渡时期与融合时期。互联网线上营销已占据了市场的半壁江山，恰好处于发展迅猛、方兴未艾的时代。

1.2.9　市场营销环境

企业营销是在一定的市场环境中实现的，而市场环境是由诸多的复杂因素构成的。市场营销环境是指影响买卖双方发生交换的市场总体因素，它主要包括：自然资源环境、物质技术环境、社会文化环境、政治法律环境、人口环境、经济环境以及市场微观环境。市场环境是企业营销不可分割的母体，也是营销学的基础性概念。

随着科学技术的进步，互联网信息技术数字化、智能化与经济社会、市场组织、消费者个体高度融合，形成了人类离不开的互联网信息环境及数字化环境，影响甚至决定着营销交换的方式，由此形成了互联网营销及数字化营销的新生态。

1.2.10　市场营销管理

市场营销管理是指企业为实现营销目标，建立、保持、创新客户关系，并与目标客户进行有效交换的管理过程。市场营销管理（或称营销管理）从本质上是客户的需求管理，从过程上是基于对手的竞争管理。市场营销学（或称营销管理学）属于管理学的范畴，是管理学的一个分支学科。营销管理既是一门实践理性导向的科学，又是一门实践感性导向的艺术，是实践理性与感性高度结构化、高度融合的科学艺术。

1.3　市场营销理念的演变

系统的市场营销理论和营销理念起始于行业的和局部的买方市场时期，而在卖方市场时期的理念实则是基于市场销售的企业生产、产品质量与市场推销的理念演变的结果。

1.3.1　生产理念、产品理念和销售理念

广义的生产理念、产品理念和销售理念，在人类社会农耕生产时期、手工业时期就产生了。但系统的生产理念、产品理念和销售理念，是伴随着欧美工业革命过程而产生的。

20 世纪初至 30 年代，美国企业和市场处于生产理念和产品理念时期。这一时期的市场特征是：卖方市场、营销以企业为中心、以生产和产品为导向。

1. 生产理念

生产理念认为消费者喜欢那些低成本、低价格的产品。持有生产理念的企业强调提高生产效率，扩大销售范围。生产理念有两个基本假定：其一，市场上对某种产品的需求超过了供给，因此消费者更关心的是如何获得产品，而不是产品的性能是否良好。这就促使生产者去寻找和发现增加产量的新方法和新途径。其二，企业产品的生产成本甚高，必须通过提高生产率、扩大生产规模、增加销售来进行控制。这种扩大生产、降低价格的理念，最早是由亨利·福特在

20 世纪初开发汽车市场时提出的。

在卖方市场条件下，企业生产多少，销售多少，以产定销，供不应求，无须考虑消费者的需求。因此，以生产为中心的理念在卖方市场还是适用的。自 1996 年以后，我国经济开始进入过剩经济时期，绝大多数产品处于买方市场，以生产为中心的理念赖以成立的假定已不复存在，即由卖方市场转变为买方市场。因此，如果我国企业现在仍以这种生产理念来指导产品销售，就会因难以适应市场经济的需要而被市场淘汰。

2. 产品理念

产品理念认为消费者喜欢那些能提供较好质量、性能和特征的产品。持有产品理念的企业往往尽其所能地生产自认为最好的产品，并在一定时间内加以改进。产品理念的产生与发展主要是因为市场虽然整体处于卖方市场，但个别行业、个别产品已处于不同生产企业竞争激烈的状态，即个别市场开始由卖方市场转向买方市场。这种理念假定消费者赞赏企业精心制作的产品，能对产品质量和性能给予较高评价，并愿意为产品附加支付较高价格，对企业和市场的成熟发展起到了不可或缺的作用。许多企业虽对自己的产品精益求精，但容易忽略市场需求尚未转向这类产品，甚至根本考虑不到市场已向不同的产品需求方向运动。

不得不说，产品理念有时会将企业的产品设计引入歧途。按照这种理念，首先会有产品的设计和制造，然后才会有消费者的需求。其程序是：企业的设计师和工程师创造某种产品，生产部门制造产品，财务部门规定价格，市场销售部门则进行推销。企业由于不了解消费者的需要，在创造和生产某种产品之前对公众所需的产品也一无所知，因而盲目设计和生产的新产品在销售时往往会遇到很大困难。

产品理念以产品为中心，容易导致"营销近视症"。例如，铁路管理部门只看到火车，看不到旅客的运输需求，就会忽视需求正在增长的飞机、公共汽车、卡车和船舶等其他交通工具所带来的挑战。"营销近视症"一叶障目，只见树木（产品），不见森林（需求），必定会影响企业的市场营销活动，从而削弱企业的竞争力。

3. 销售理念

20 世纪 30 年代至 50 年代初，销售理念成为美国的主导营销理念，市场营销以企业为中心、以销售为导向。销售采取以推销为主、以广告为辅的促销手段，因此销售理念又被称为推销理念。销售理念时期的市场营销主要是因为市场处于向买方市场过渡的时期，所以很多产品出现了过剩，即买方市场部分特征已开始显现。

销售理念以销售为导向，认为如不加以劝说和引导，消费者通常不会充分地购买企业产品。因此，企业必须积极努力地采取以推销为主的促销手段。这种理念假定消费者具有典型的购买惰性或障碍，必须经过诱导才能使他们愿意购买更多的产品和服务，而企业就应利用有效的促销手段和方法去刺激他们购买更多的产品和服务。

消费者一般不会自觉地购买某些产品和服务，如保险、百科全书等。在这种情况下，销售理念会使企业销售人员表现出积极的进取性。而能做出这类行为的企业销售人员往往精通各种销售技巧，能确定有希望购买的消费者并向其推销产品和服务，以获取利润。这种推销产品的方法同样也出现在消费者考虑购买的产品中，如家用电器、汽车等。销售人员会千方百计地运用心理和价格等战术说服消费者，使其购买产品和服务。

企业以销售为至上理念，其目的是销售他们所制造的产品，而不是制造他们能够销售的产品。在现代经济下，生产能力的极大发展使得大部分市场都成为买方市场，以致销售人员不得不艰难地争夺消费者。与此同时，那些被销售人员认为有希望购买其产品的消费者遭到电视广告、报纸广告、直接邮寄、推销电话的"狂轰滥炸"，其结果是他们把市场营销与硬性销售、广告等同起来。

实际上，市场营销最重要的部分并不是销售。美国著名管理学家彼得·德鲁克指出：营销的目的是充分认识和理解消费者，使产品和服务适应消费者，从而推销企业本身。从理论上讲，营销应诱导消费者准备购买产品和服务。这样，有效的推销就应在诸如需求评估、市场研究、产品发展、定价和分销等一些营销活动之后进行。如果企业评估好了消费者的需求，创造了恰当的产品，有效地进行了定价、分销和推销，那么产品就会很容易被销售出去。

硬性销售的风险很大，经诱导而发生购买行为的消费者如果喜欢这种产品，他们就会向朋友称赞和介绍产品及其生产厂商；但如果消费者不喜欢这种产品，他们就会到处抱怨，毁损生产厂商的名誉。有人经统计研究指出：一个失望的消费者可能向多达 11 个熟人诉说其不幸，攻击其购买的产品和生产者；但一个满意的消费者可能只向 3 个朋友告知其幸运，赞誉其购买的产品和生产者。这说明对消费者的买后行为，企业实际上没有任何防卫能力。因此，以销售为至上理念的做法，在市场营销中往往会导致硬性销售，最终导致恶性营销，使企业和产品在市场上遭遇巨大风险。

1.3.2 营销理念

从 20 世纪 50 年代中期开始，美国明显进入了新的或者说现代的营销理念时期。营销理念认为达到企业目标的关键在于确定目标市场的各种需要，并在提供令顾客满意的产品和服务方面比竞争者更有效果、更有效率。也就是说，销售不是取决于主动的销售力量，而是取决于顾客购买产品的决定。顾客对他们所购买的产品的评价，即观念中的价值的评价，决定了企业的任务、产品及其发展潜力。营销理念认为企业存在的理由（包括社会的、经营的等）是：在满足顾客需求的同时实现自身目标。

营销理念有 4 个基本特征，即市场中心、顾客导向、营销组合和盈利能力。表 1-1 中将营销理念和传统营销理念进行了对比。传统营销理念以企业自身到市场的方式来观察企业经营问题，它从企业自身出发，强调企业现有的产品，要求以促销来获取利润；而营销理念以目标市场到企业自身的方式来观察企业经营问题，它从市场出发，强调顾客的需要，通过使顾客满意来获取利润。

表 1-1　营销理念和传统营销理念的对比

理念	出发点	重点	途径	目的
营销理念	目标市场	顾客需要	营销组合策略	通过使顾客满意获利
传统营销理念	企业	产品	促销	通过销售获利

1. 市场中心

以市场为中心，并非意味着企业将注意力集中到所有的市场。事实上，没有一家企业可以在每一个市场上经营，以满足每一种需要；甚至也没有一家企业可以在某个范围很广的市场上经营，以面向每一个顾客做好销售工作。企业只有细致地区分市场，并为每个目标市场精心准备合适的营销计划，才能更好地开展营销工作。因此，以市场为中心指的是进行市场细分，选择目标市场，并为其服务。可以说，不同的目标市场会对产品和服务产生不同的影响。

2. 顾客导向

选择目标市场并不能保证以顾客为导向去考虑问题。以顾客为导向，要求企业以顾客的观点而不是企业的观点来明确和解释顾客的需要。企业管理者如果不与顾客交谈，不研究他们的需要，就不知道应该设计和生产什么样的产品。顾客导向的目的是在满足顾客需要的基础上，将产品销售出去。企业的销售对象包括新、老两类顾客。一般来说，吸引新顾客所需的成本大大高于保留老顾客所需的成本，所以保持老顾客的数量十分重要。营销的终极目标是使顾客满意，从而获利。顾客感到满意，就会对企业及其产品的口碑进行传播，这样不仅会使老顾客保留下来，也会使新顾客慕名而来。

要使顾客满意，企业必须做好管理工作，让顾客有说话的机会，尽可能多地倾听顾客的意见和建议，并给出积极的、建设性的回答或反应。一旦原先对产品不甚满意以致抱怨的顾客受到企业的重视，其问题迅速得以解决，他们就会将不满意转化为满意，他们当中的绝大多数则会继续做企业的顾客。总之，以顾客为导向的企业在每一特定时期都要追踪顾客满意的程度和水平，并制定改进的目标和措施。顾客对企业的满意程度，是企业获得利润的主要因素。

3. 营销组合

营销组合是指企业为实现与目标市场进行令彼此满意的交换而设计的产品、分销、促销和价格策略的特定组合。营销组合策略的有效制定与实施，建立在企业内部整体协调、共同努力的基础上，同时也建立在充分分析企业外部环境因素、把握市场机会的基础上。营销组合各个部分的策略必须有效融合到一起，才能实现最优效果。在任何一种组合中，最弱的部分都决定着整体组合的强弱。营销组合策略是企业为获得竞争优势和竞争成功而制定的基本营销策略。

4. 盈利能力

营销有助于企业实现自己的目标，提高自己的盈利能力。企业营销的重点是发现某种可满足人们需要的盈利性机会和方法，强调经常分析和评价各种不同的营销机会可能产生的利润。对于如何盈利，营销和销售迥然不同。销售一般强调能销售一定数量产品所用的手段，而营销则强调能识别可盈利的机会。在营销理念的指导下，企业并非局限于销售现有的产品以获取利润，而是寻求更多的盈利机会。盈利机会一旦增加，盈利能力就会增强。

1.3.3 社会营销理念

社会营销理念着重于社会，尽管它强调满足顾客的需要，但是并没有强调顾客的这种需要是短期的还是长期的，也没有说明当顾客利益与社会利益发生矛盾时市场营销应该怎么办。也就是说，社会环境恶化、资源短缺、人口爆炸、社会服务被严重忽视。这种现象不但存在于一些发达国家，而且普遍存在于包括我国在内的发展中国家。因此，20 世纪 70 年代产生于美国的社会营销理念综合考虑了企业目标、顾客需要和社会利益三方面的内容。

社会营销理念是指企业营销不仅要满足顾客的需要以实现企业的目标，而且要保持和增加个体与社会的长远利益。社会营销理念要求营销者在营销活动中要充分考虑社会与道德因素。事实上，社会营销理念与市场营销理念并不矛盾，社会营销理念甚至是对市场营销理念的进一步完善。这里的关键是，一个企业要把自己的短期行为与长期利益结合起来。一个以市场营销理念为指导思想的企业，在满足自己目标市场需求的同时，还要考虑自己的长期利益和竞争战略，并把顾客利益和社会利益同时纳入自己的决策系统，也就是说要有正确的社会观。

1.3.4 战略营销理念

战略营销理念始于 20 世纪 70 年代的美国，在 80 年代到 90 年代得到了市场和企业的普遍认同。战略营销理念就是用战略管理的思想和方法对市场营销活动进行管理。它强调，企业要在选定的市场环境中，通过战略管理创造竞争优势，为包括顾客在内的所有参与者提供最大利益。

战略营销理念以营销环境为中心，以获取竞争优势为导向，以战略管理为途径，达到使企业、顾客、竞争者和社会都获得利益，即所有参与者共赢的目标。同样，21世纪的互联网营销理念是线下与线上相结合的二元战略营销理念，也是战略营销理念的技术延伸范式。

战略营销理念包括以下几个核心要素。

1. 方向性

战略营销理念强调方向性，即效能，因而首先关心的是以什么为方向进行市场营销。

2. 长远性

战略是目前对未来的决策。战略营销不仅要发现顾客当前的需求，还要发现并挖掘顾客潜在的需求，从而为顾客提供满意的服务。

3. 竞争性

竞争是战略的本质，也是市场的现实，更是企业成败的核心。战略营销的目标就是使企业获得持续的竞争优势。

4. 创造性

战略是高瞻远瞩、聪慧睿智的创造，而不是照搬照抄的模仿。只有将创造性始终贯穿于战略营销的分析、规划、执行、激励和控制的整个过程，才能为企业创造出与众不同的、具有差异化的竞争优势。

5. 协同性

战略营销是一个体系、一个系统。它要求营销所涉及的各项职能、目标、决策、活动能达到高度的内在协同性，从而使系统效益实现最大化。

6. 合作性

战略营销不仅要竞争，还要合作，即在竞争中合作，在合作中竞争。战略营销不是一味地竞争，你死我活，鱼死网破，胜者王侯，没有合作；也不是一味地合作，一团和气，不讲原则，不讲效益，没有竞争。战略营销就是要通过竞争与合作，达到让所有参与者都获利的目的。

扩展阅读

互联网营销有独立的思维和理念吗？

互联网信息技术对世界的改变是全方位的。随着互联网信息技术的不断进步、商业形式的不断跟进，数字化、智能化已真真切切地嵌入社会生产和市场交换的方方面面，深刻地影响了顾客与用户的行为方式。但是，世界的本质并没有变，例如交换的价值属性、金融的资本属性、欲望的差异属性等。

数字技术和人工智能技术嵌入并改变了商业形式。例如大数据分析与精准投放、数字化嵌入与商业创新，尤其是产品创新、金融服务创新、营销管理创新等。技术形式如新媒介营销、新技术营销、视频直播营销等，引起了新的策略形式如流量、粉丝、社群、出圈等营销思维的变化。

在互联网环境下，顾客和用户的行为习惯、思维方式的的确确有了变化，确实形成了

1.4 市场营销管理过程

市场营销的主要任务是需求管理，即通过营销活动来影响市场需求的水平、时机和构成，从而达到企业的目标。市场营销策略主要包括产品、价格、促销、渠道等要素，市场营销策略组合就是把这些要素形成的策略有效地组合在一起。从动态实践的角度来说，市场营销管理过程就是确定市场机会、选择目标市场、组合营销策略、执行营销计划的过程。从知识逻辑的角度来说，市场营销管理过程主要包括市场机会分析、目标市场选择、营销策略组合、营销计划执行。可见无论是从动态实践的角度还是从知识逻辑的角度来说，上述4个要素都是市场营销管理过程的核心要素、必备步骤和程序。

1.4.1 市场机会分析

在动态实践环境下，企业通常在市场上寻找、发现和确定市场机会。在知识逻辑框架下，企业通过直接市场调研和间接资料信息来分析市场机会，并通过分析、识别和选择的过程来确定市场机会。由此，市场机会分析主要包括以下几个方面。

（1）市场宏微观营销环境分析。

（2）行业需求与产业优势分析。

（3）顾客需求与行为分析。

（4）市场竞争与竞争者分析。

（5）企业战略、产品结构以及供应链分析。

（6）企业自身优势与劣势分析。

（7）市场环境机会与威胁分析。

市场机会分析一般采用SWOT分析法，即通过对企业的优势、劣势分析和环境的机会、威胁分析，来寻找、识别、评价和确定企业的市场机会。

1.4.2 目标市场选择

企业在市场细分的基础上，选择一个或几个细分的市场作为企业的营销对象，这些被选中的细分市场即子市场，也被称为目标市场。目标市场的选择包括以下 4 个步骤。

（1）测量和预测市场需求的容量。

（2）按照现有市场不同的需求特征，把目标市场分成若干个细分市场。

（3）在市场细分的基础上选择目标市场。

（4）对企业和企业的产品进行市场定位。

1.4.3 营销策略组合

市场营销策略组合理论在 1981 年被美国的教授麦卡锡（E. Jerome McCarthy）总结为 4P 理论，即产品（Product）、价格（Price）、渠道（Place）、促销（Promotion）的最佳组合。随着营销实践活动的发展，市场营销策略组合理论有了很多应用和发展，如基于客户需求的 4C 理论、基于服务营销的 6P 理论、基于传播的 5R 理论等。

市场营销策略组合是指在市场营销管理过程中，为了实现与目标市场进行令彼此满意的交换而设计的产品、价格、渠道、促销等策略的特定组合。市场营销的构成因素虽然很多，但由产品、价格、渠道、促销构成的 4P 组合仍然是最基本的市场营销策略组合。市场营销策略组合是一组可控变量的组合，其中每一个组合都包含了多个相关的策略因素及次一级的策略因素，即不同产品变量因素的组合。例如，产品组合、产品线组合；价格组合、需求定价法组合；等等。

1. 产品策略

产品是一切可用于满足顾客需求的东西；产品是一个整体概念，包括核心产品、有形产品与附加产品；产品既可以是实体产品，也可以是无形的广义的服务产品、精神文化产品、知识创意产品、资本产品和信息产品等。与产品相关的主要决策因素包括：产品的开发与生产、产品的生命周期、产品层次与产品组合、产品的质量和包装、产品的商标和品牌等。产品直接影响顾客需求和欲望的满足，企业必须根据市场变化来开发新产品、更新现有产品、淘汰过时产品，以满足顾客需求和需求的变化。

2. 价格策略

价格也是市场营销策略组合中的重要因素，许多内部和外部因素共同影响着企业的价格策略。内部因素包括企业的实力、企业的整个经营政策、产品成本的水平和产品本身的特点；外部因素包括市场因素、需求因素、竞争者因素和政府政策因素。顾客往往用价格来衡量产品的价值，而产品的价值是否与顾客的期望价值相符又影响着顾客的购买决定。因此价格策略包括两方面：一方面是价格政策，如高价投放或低价渗透等；另一方面是具体定价策略，如基本价格、折扣、折让、支付期限等。

3. 渠道策略

渠道也称销售地点、销售通路等，是指产品在所有权转移过程中从生产领域进入消费领域的途径。渠道策略涉及企业怎样以最低的成本，通过最合适的途径，将产品及时送达顾客的过程。渠道策略包括以下方面：①选择渠道空间方式，包括线上与线下；②选择渠道销售方式，包括直销、分销等；③保持适当的库存及供应链；④维持有效的物流中心等。

4. 促销策略

促销即促进销售，是指通过一定的方式将产品和服务的信息传递给消费者，以影响其决策和消费行为，进而促使其产生购买行为的活动。促销活动的实质就是信息的传播与沟通过程。

促销对消费者有 4 个方面的影响，即引起注意、产生兴趣、激起欲望、促成行动。促销策略的手段主要有人员推销、广告、营业推广、公共关系等。

1.4.4 营销计划执行

市场营销管理过程的核心要素和必备步骤及程序除了市场机会分析、目标市场选择、营销策略组合外，还有营销计划执行。营销计划的制订与执行主要包括营销活动设计、营销计划安排、营销计划编制和流程执行。营销活动设计一般来说要依据营销创意，针对具体市场，运用所拥有的资源，设计主题活动以及系列活动，并实施一个或系列的主题活动。营销计划执行包括计划安排与流程编制，就是指由哪些人，在什么时间、什么地点，花多少钱、用多少资源，进入哪些市场、哪些渠道，铺什么货、铺多少货，做什么活动、怎么管控。由此，编制可操作、可执行的流程表是将营销计划变为行动安排，并确保这些行动安排能够实现的方式。

思考题

1. 你怎样理解市场营销学中的市场？
2. 举例分析构成市场的三要素。
3. 用你自己的一句简明的话来定义市场营销，并解释其定义。
4. 思考如何运用市场营销管理过程的 4 个要素来撰写营销文案。
5. 战略营销理念的核心要素有哪些？

案例分析

扫码阅读

华为以客户为中心的战略理念

第2章 营销环境分析

【学习目标】

- 掌握企业营销与市场环境的关系
- 熟悉运用宏观营销环境分析方法
- 熟悉运用微观营销环境分析方法

市场环境具有不可控制的因素，因而是不断变化着的。企业的市场营销活动往往受到市场环境的影响，其成败与是否能够适应不断变化着的市场环境有着直接的关系。分析市场环境的目的，在于寻求营销机会和避免环境威胁。

营销引例

新经济的特征

新经济是一种历史的进步，是基于知识经济的全球化经济。新经济的基本特征是高技术化和全球化。新经济和传统经济有 5 个明显不同的特征：经济主体交往不同，新经济趋向全球一体化；交换方式不同，它以电子商务为主要交换手段；生产方式不同，它以集约型为主；增长动力不同，它以高科技、信息为增长原动力；资源是共享的，它对人类供给是无限的。新经济是以现代科学技术为核心，建立在知识和信息的生产、分配和使用之上的经济。与新经济的基本特征相对应的是整个人类社会环境发生了极为深刻的变化，展现在人们面前的是一个全新的经济时代。

资料来源：编者整理

2.1 营销环境的内涵

2.1.1 市场营销环境的含义与构成

市场营销环境是一个内涵广泛、处于不断发展和完善中的概念。一般认为，市场营销环境是指存在于企业营销系统外部且难以控制的因素和力量，这些因素和力量是影响企业营销活动进行及其目标实现的外部条件。美国著名的市场营销学专家菲利普·科特勒将市场营销环境定义为："市场营销环境由企业营销职能外部的因素和力量所组成，这些因素和力量影响着营销管理者成功地保持和发展自身同其目标市场客户交换的能力。"市场营销环境可分为宏观营销环境和微观营销环境，如图 2-1 所示。

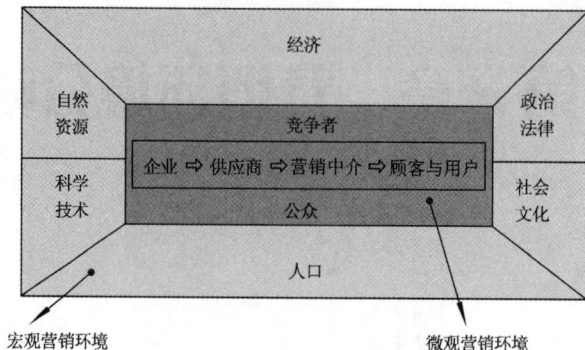

经济

自然资源

政治法律

竞争者

企业 ⇒ 供应商 ⇒ 营销中介 ⇒ 顾客与用户

科学技术

社会文化

公众

人口

宏观营销环境

微观营销环境

图 2-1　市场营销环境的构成

宏观营销环境又称间接营销环境，指影响企业营销活动的一系列巨大的社会力量和因素，主要包括人口环境、经济环境、政治法律环境、科学技术环境、社会文化环境及自然资源环境等因素。

微观营销环境又称直接营销环境，指与企业联系紧密、直接影响企业营销活动的各个参与者，主要包括企业本身、供应商、营销中介、顾客与用户、竞争者和公众。

此外，按照企业的内外部环境，营销环境可分为企业内部营销环境和企业外部营销环境。按照对企业营销活动的影响，营销环境可分为不利环境和有利环境，即形成威胁的环境和带来机会的环境。按照对企业营销活动影响时间的长短，营销环境可分为长期环境和短期环境。

2.1.2　市场营销环境的特点

一般情况下，宏观环境因素决定微观环境因素，宏观环境因素常常通过微观环境因素作用于企业的市场营销活动，而企业的市场营销活动就是在宏观环境因素和微观环境因素二者既相互影响又相互制约的共同作用下展开的。由宏观营销环境和微观营销环境构成的市场营销环境具有以下特点。

1. 客观性

市场营销环境作为一种客观存在，有着自己的运行规律和发展趋势，往往不以企业的意志为转移，因而对营销环境变化的主观臆断必然会导致营销决策的盲目与失误。由此，营销管理者的任务就在于适当安排营销组合，使之与客观存在的外部环境相适应。

2. 关联性

构成市场营销环境的各种因素和力量是相互联系、相互依赖的。例如，经济因素不能脱离政治法律因素而单独存在；同样，政治法律因素也要通过经济因素来体现。

3. 差异性

市场营销环境具有差异性，主要是因为企业所处的地理环境、企业的生产经营性质、政府管理制度等方面存在差异。其不仅表现在不同企业受不同环境的影响，而且表现在同种环境对不同企业的影响也不尽相同。

4. 动态性

外部环境随着时间的推移经常处于动态变化之中，如外部环境利益主体的行为变化和人均收入的变化均会引起购买行为发生变化，从而影响企业营销活动的内容；外部环境各种因素组合方式的不同，也会影响和制约企业营销活动的内容和形式。

5. 不可控性

影响市场营销环境的因素是多方面的，也是复杂多变的，并表现出不可控性。例如，对于一个国家的政治法律制度、人口增长及一些社会文化、民俗习惯等，企业很难掌控。

2.1.3 企业营销活动与市场环境的关系

企业处在复杂的环境中，环境对企业的生存和发展有着重要的影响。企业营销活动只有适应环境、依赖环境，才能够得以正常运行。许多企业之所以能够发展壮大，是因为它们善于改变以适应市场；而部分企业往往对市场环境变化的预测不及时，或者预测到了却没有找到对策，使自身陷于被动之中，轻者经济受损，重者破产倒闭。

但是，企业营销活动绝非只能被动地接受环境的影响，还需要营销管理者积极、主动地采取行动去适应营销环境。就宏观营销环境而言，企业可以采用不同的方式增强自身适应环境的能力，避免来自环境的威胁，从而有效把握市场机会。在一定条件下，企业也可运用自身资源，积极影响和改变各种因素，创造出更有利于企业营销活动的市场环境。

2.2 宏观营销环境分析

宏观营销环境主要包括人口环境、经济环境、自然资源环境、科学技术环境、政治法律环境和社会文化环境 6 类因素。这些因素大多是企业不能控制的，但企业可以通过调整和控制自身的营销活动来适应宏观营销环境的变化，同时也可在一定程度上改善宏观营销环境。以上宏观营销环境因素可能给企业带来机会，也可能对企业造成威胁。

2.2.1 人口环境

市场营销的人口环境是指人口状况，包括人口数量、人口结构、人口密度等，还包括人口居住地点、年龄、性别、种族、民族和职业等情况及其变动趋势。

1. 人口数量

人口数量与企业的市场销售规模有直接联系，并影响着企业的销售成本。人口是市场的主体，是市场营销活动的直接对象。市场是由具备购买欲望和购买能力的人构成的，人口越多，潜在的购买者就越多，市场规模就越大，单位产品的销售成本也就越低。世界各国的跨国公司都热衷于来华投资看中的就是我国拥有非常大的潜在市场。如果说人口数量体现的是现时的市场规模，那么人口增长率则是预测未来市场规模的依据。人口增长率越高，就意味着将来人口的绝对数量即潜在购买者的数量越多。人口增长率不仅与人口的绝对数量有关，还与人口的年龄结构以及人均收入有关。

2. 人口结构

人口结构特别是人口的年龄结构对企业营销活动会有很大的影响。不同年龄层次的人，其需求结构也会有差异。例如，在一个老龄化社会中，生产药品、老年人健身监护用品等所谓"银发产品"的企业以及一些适合老龄者的服务性企业都可以寻求到很好的市场机会。

3. 人口密度

人口密度即人口的分布状况，也会对企业的营销活动产生影响。在人口密度较高的市场，企业可以减少销售网点的设置，扩大销售网点的规模，从而节约商品的运输、仓储等费用，以便获得规模经济。

无论是人口数量、人口结构还是人口密度都在不断地发生着变化，因此具有战略眼光的经营者在分析人口情况时，不仅会考虑当前的状况，还会研究其变化趋势。

2.2.2 经济环境

市场营销的经济环境主要是指居民的实际收入水平以及受收入水平制约的实际购买水平。市场销售规模不仅取决于人口数量，还取决于人们的实际收入水平。由于所谓的市场需求是指有效需求，即具有购买能力的需求，人们的收入水平在很大程度上决定着其对商品的需求量、商品的价格水平、居民的储蓄水平以及消费者的支出模式，因此收入水平分析是市场宏观营销环境分析的重要内容。

1. 消费者收入的变化

消费者收入是影响消费者购买力和消费水平最重要的因素，其主要表现为工资、奖金、退休金、红利、利息、租金、赠与性收入等各种货币收入。受失业、通货膨胀、税收等因素的影响，人们的实际收入水平往往与上述货币收入水平不一致。因此，企业的市场营销人员在分析居民的收入水平时，必须充分考虑到各种可能影响其实际收入水平的因素，如此才能较准确地把握其实际收入水平。

2. 消费者储蓄与信贷的状况

在消费者的实际收入既定的前提下，其购买力的大小会直接受储蓄与信贷的影响。从动态的观点来看，消费者储蓄是将当前的消费推迟到未来，是将当前的购买力转变为潜在的、未来的购买力，而储蓄率的提高也就意味着当前购买力的降低。但是，消费者的储蓄倾向并不是一成不变的。在一定条件下（如在高通货膨胀率或在储蓄收益减少的情况下），人们可能会减少储蓄，如我国加征利息税就在一定程度上刺激了人们消费的增加。

消费者信贷是指消费者以个人信用为保证先取得商品的使用权，然后分期归还贷款的商品购买行为。例如，住房贷款、大件耐用消费品的分期付款、信用卡透支、小额抵押贷款等都是消费者的信贷形式。消费者信贷对市场营销的影响与消费者储蓄对市场营销的影响相反，它实际上是通过预支未来收入，将未来的消费提前到当前进行的行为。因此，消费者信贷有利于促进当前产品的销售，但对未来的销售则可能产生不利影响。消费者信贷对当前产品销售的影响与人们对未来收入的预期有关，同时也与人们的消费观念和消费模式有关。比如在一些西方国家，消费者信贷就是一种很普遍的现象；但在我国，量入为出的传统消费方式仍占主导地位，而这种方式对销售的促进作用十分有限，换言之，消费者信贷在我国有很大的发展潜力。

3. 消费者支出模式的变化

所谓消费者支出模式，是指消费者个人收入中用于不同消费品支出的比例关系。根据恩格尔定律，家庭收入中有一部分收入必须用于购买食物以维持生存，剩余部分才用于服装、交通、娱乐、保健、教育等消费以及储蓄。在不同的收入水平下，人们的支出模式是不同的。随着家庭收入的增加，用于食物方面的支出比例会相应下降，而用于服装、交通、娱乐、保健、教育等消费以及储蓄等方面的支出比例会大大提高。因此，企业还必须根据人们收入水平的变化来及时调整自己的产品结构，这样才能适应人们的支出模式。

2.2.3 自然资源环境

市场营销的自然资源环境是指企业在生产经营活动中所面对的地理、气候、资源和生态等方面的状况。例如，暖冬就会给销售御寒用品的企业带来不利影响。企业要想最大限度地利用自然资源环境因素可能带来的市场机会，从而避免自然资源环境因素带来的不利影响，就必须分析和把握自然资源环境变化的趋势。

1. 资源短缺

地球上的资源分为可无限供给的、有限但可再生的和有限不可再生的 3 种。即使一直被认为属于可无限供给的资源如空气、水等，近几十年来随着工业化和城市化的发展，在许多国家也已出现严重的污染和缺乏问题。对主要依赖于短缺资源的企业来说，资源短缺既是不利因素，如企业间对资源的争夺必将更加激烈，结果则必将是资源成本的提高，但同时也是有利因素，如给企业带来了开发替代品的机会。

2. 环境污染

当前环境污染、生态平衡破坏日益严重，因而保护环境、生态平衡的呼声越来越高。随着工业化和城市化的发展，土壤、空气、水等自然资源的污染日益严重，整个地球的生态环境遭到破坏，这阻碍着人类生活质量的改善。由此，保护自然日益受到公众的关注，许多公众结成了各种各样的民间性压力团体，要求政府制定相关法律以保护环境。同时，许多国家的政府也从社会利益和长远利益出发，加强了对自然资源和环境方面的政策干预。这对采用传统生产方式的企业来说，一方面可能会增加消除公害、保护环境的成本，另一方面则可能会提供市场营销机会，因为生态环境产业具有极大的发展潜力。

营销案例 2-1

云南的绿色产业

云南自然环境多样、气候条件优越、民族文化多元、旅游资源丰富，具有发展绿色康养产业得天独厚的优势。云南各级政府正致力于从养老、养生、养心、避暑、避寒、避霾"三养三避"方面重点推进，积极推动"康养+医药""康养+旅游""康养+文化""康养+体育"等类型融合发展，延伸产业链，壮大云南"绿色康养"品牌。云南具有丰富的生物医药资源，基于人类对生命健康的追求，结合生物医药和大健康产业发展方向，云南省不少企业积极开展疾病诊治和护理、大病康复、健康咨询、健康检查、美体美容、生活照护等医疗康复保健服务，培育集医疗、康复、保健、养生、养老于一体的规模化医药康养产业。

资料来源：云南日报

2.2.4 科学技术环境

市场营销的科学技术环境是指科学技术进步给企业与市场带来的影响和改变。科学技术的进步创造了新产品，对传统的消费模式造成了冲击，使企业的传统产品面临被新产品取代的威胁。

科学技术的进步，对传统的营销系统和营销方式也造成了很大的冲击。例如，计算机以及现代通信技术的迅速发展，大大拓宽了市场领域并丰富了市场营销的手段；又如，随着互联网的普及，网络销售成为一种重要的营销方式，它对销售人员的知识和能力提出了更高的要求。

企业如果不能及时开发新的技术、新的产品或者不能有效利用各种现代营销手段，就很难在竞争中取胜。在现代社会中，政府对技术革新的支持正在逐步加强。科学技术的发展既能给人类带来美好的福音，也能给人类带来毁灭性灾难。例如，生物技术的发展既发明了许多有利于人类的新药品、新食品，也破坏了大自然的和谐状态，违背了人类的伦理道德。因此，人们对新技术、新产品的安全性提出了更高的要求，政府对技术开发和使用的支持进一步加强，有关法律法规和政策也在逐步完善。企业在市场营销活动中如果不了解或不遵守有关法律法规和政策，或不了解消费者的态度，就可能遭受损失。

2.2.5 政治法律环境

市场营销的政治法律环境主要是指外部政治形势和状况以及法律法规给企业营销活动带来的或可能带来的影响。现代市场经济是法治经济，是在政府依法进行宏观控制下运行的经济系统。因此，政治法律环境正越来越多地影响着企业的市场营销活动。企业的营销人员如果不了解或不熟悉政治法律环境，将会招致不可逆转的损失。企业对政治法律环境的分析，主要就是了解政府制定的各项方针政策及其变化趋势对企业市场营销活动的影响。

这些方针政策对企业市场营销活动的影响有时是直接的，有时是间接的。例如，国家通过政策扶持某一产业的发展，其影响对该产业来说可能是直接的，而对另一些产业来说可能是间接的。因此，企业对政治环境的分析不能仅重视那些具有直接影响的政策，还必须关注可能造成间接影响的各种政策。企业如果开展国际化经营，政治环境分析的内容则更广泛，既要通过对目标市场国的基本政治制度的分析来判断该国政局的稳定程度、政府对外国产品的态度倾向、该国政策及其稳定性，同时又要具体分析与企业市场营销活动直接相关的种种政策，如产品进口政策、外汇政策、劳工政策等。对政治环境分析的失误招致政治风险进而带来的损失，有时是不可估量的。

企业对法律环境的分析，主要是了解国家制定的与市场营销活动有关的各项法律法规。市场经济的本质是法治经济，国家对企业的宏观管理主要靠经济手段和法律手段。因此，企业需要了解的法律很多。在现代社会中，与企业市场营销关系较为密切的法律法规主要有：《中华人民共和国产品质量法》《中华人民共和国广告法》《中华人民共和国价格法》《中华人民共和国消费者权益保护法》等，保护消费者的立法，旨在维护消费者的合法权益；《中华人民共和国反倾销条例》《中华人民共和国反不正当竞争法》《中华人民共和国专利法》《中华人民共和国商标法》等，保护生产者的立法，旨在维护公平竞争的市场秩序；有关环境保护的立法，有关资源保护的立法等，保护社会公众的利益。随着对外开放程度的加深，我国加入的国际组织和国际公约越来越多。因此，我国企业除了要了解国内的有关立法外，还要了解有关的国际法和国际惯例。总之，企业全面了解法律环境，不仅可以依法守法，而且可以运用法律手段保障自己的合法权益不受侵犯。

2.2.6 社会文化环境

市场营销的社会文化环境是指那些影响人们的消费方式、购买行为的传统风俗习惯、行为规范、思维方式和价值观念。简单地说，社会文化实际上就是一种生活方式。生活在同一文化圈内的社会成员都要受某种特定文化的制约，即表现为某种特定的生活方式。也正因如此，不同文化圈的人们才能区别开来，即表现为不同的生活方式。当企业的市场营销活动与营销圈内的生活方式相冲突时，就难以取得预期的效果。因此，企业必须针对不同的社会文化环境制定不同的市场营销策略。

社会文化环境所包含的内容非常广泛，如一国或一地区的教育状况、宗教信仰、价值观念、消费习惯、审美观念等，这些对企业的产品开发、商标设计、广告宣传、服务内容等各个方面都起着制约作用。如消费者的受教育水平不同，企业在产品功能的设计、商品的包装、产品使用说明书的撰写、广告的宣传方式等方面都可能不同。

总之，市场营销环境包含着一切可能影响企业市场营销活动的参与者及外部因素，它们以不同的方式影响着企业营销目标的实现，这就要求市场营销管理者必须对此进行全面的把握。

2.3　微观营销环境分析

微观营销环境主要包括企业本身、供应商、营销中介、顾客与用户、竞争者和公众等。企业的营销目标一般都是在盈利的前提下为目标顾客与用户服务，进而满足目标市场的特定需求。企业要完成这个任务，必须把自己与供应商和营销中介联系起来，同时必须考虑竞争者和公众对自身的影响，以接近目标顾客与用户并促使其产生购买行为。

2.3.1　企业本身

企业自身环境是指企业内部与营销活动具有密切联系的相关因素，包括组织内部与营销部门相关联的各子系统、各相关部门和各级组织成员。企业内部一般设立营销、研发、采购、生产、财务、后勤等部门。企业营销部门不是孤立存在的，它要受到企业其他职能部门的制约；它对营销计划的制订与执行，既要向其他相关的职能部门征询意见，又要同其他的相关部门协调一致。因此，这些部门共同构成了企业内部的具体环境。

2.3.2　供应商

供应商是指向企业及其竞争者提供生产经营所需的各种资源的组织和个人。供应商向企业提供的资源，一般包括原材料、设备、能源、劳务、信息、资金以及其他生产要素。这些资源供应的及时性和稳定性、供应的货物价格变化、供货的质量保证都直接影响企业产品的产量、质量以及利润，从而影响企业营销计划和营销目标的完成。

2.3.3　营销中介

营销中介在营销学历史上有两种含义：其一，营销中介是指只为营销企业提供中介服务的组织，包括市场咨询如调研公司、媒体代理如广告公司、法律服务如律师事务所等。这样，代理销售产品的中间商、分销商就不包括在其中。其二，营销中介是指企业进行销售活动、促销活动，以及把产品送达最终购买者手中所需要的一系列中介组织，包括中间商、实体分销组织营销服务机构（市场调研公司、广告公司、咨询公司等）、金融机构（银行、信托公司、保险公司等）。这些都是市场营销中不可缺少的中间机构，大多数企业的营销活动都需要有它们的协助才能顺利开展。

2.3.4 顾客与用户

顾客是指企业在营销过程中所直接面对的市场类型。由于顾客主体及其购买目的不同，企业面对的市场类型也不同。在市场营销中，一般把"顾客"和"用户"两个名词等同使用。进入互联网时代后，企业往往会提供免费的信息资源和产品，但使用者并没有产生购买行为。因此，互联网营销理念下使用"用户"一词。

顾客与用户市场一般可以分为以下几类。

1. 消费者市场

消费者市场是指由购买产品或服务用于消费的家庭和个人构成的市场。

2. 用户市场

用户市场是指在互联网市场环境下，企业提供的供用户免费使用的信息资源、产品和服务所构成的市场。

3. 生产者市场

生产者市场是指由购买产品或服务用于进行再生产活动的其他生产者构成的市场。

4. 中间商市场

中间商市场是指由基于盈利目标而购买产品或服务用于转售的经济组织构成的市场。

5. 政府市场

政府市场是指由为提供公共服务而购买产品或服务的政府及其他非营利性机构构成的市场。

6. 国际市场

国际市场是指产品或服务的外国购买者，包括外国的消费者、生产者、中间商及政府构成的市场。这是根据消费者所处的地理位置进行的划分。

由此可见，不同的市场类型具有不同的购买行为。因此，企业必须根据不同市场类型的行为特点并结合自身的优势进行适当的市场定位，进而采取不同的方式提供不同的产品或服务。

2.3.5 竞争者

竞争者是指可能对企业的市场营销活动构成威胁的其他企业。在以竞争为特征的市场经济下，企业会面临许多竞争者，企业市场营销的效果不仅受企业自身营销活动的制约，在很大程度上还受竞争者的制约。可以说，竞争者是企业市场营销活动中十分重要的环境要素。企业在市场营销活动中主要面临以下 4 种类型的竞争者。

1. 愿望竞争者

愿望竞争者是指满足消费者当前拥有的各种愿望的竞争者。例如，当消费者有对电视机、电冰箱、洗衣机、微波炉等产品的需要和购买愿望，但受条件限制又不能同时购买这些产品，只能选择其中某一产品时，电视机、电冰箱、洗衣机和微波炉的生产商之间就存在着一种竞争关系。因为消费者购买了其中某一产品就可能会放弃购买其他产品，所以这些产品的生产商就互为愿望竞争者。

2. 平行竞争者

平行竞争者是指能够满足消费者同一需求的各种产品或服务的竞争者。例如，铁路运输与航空运输之间就是功能替代关系。因为它们都能满足消费者外出旅行或货物运输的需要，所以它们之间存在着一种竞争关系，即互为平行竞争者。

3. 形式竞争者

形式竞争者是指能够满足消费者的同一需要，但在规格、型号、款式等方面存在差异的同类产品或服务的竞争者。例如，彩色电视机有模拟信号图像与数字信号图像之分，而同类的电视机生产厂商之间就互为形式竞争者。

4. 品牌竞争者

品牌竞争者是指能够满足消费者同一需要，但品牌不同的产品或服务的竞争者。例如，海信彩电和长虹彩电之间就互为品牌竞争者。

在以上 4 种类型的竞争者中，前 2 种属于不同行业间的竞争，而后 2 种则属于同行业间的竞争。同行业间的竞争表现得较为直接，竞争者也较为明确；而不同行业间的竞争则表现得没有那么直接，竞争者也没有那么明确。但真正具有战略眼光的营销者在辨识竞争者时，是不会将眼光局限在同行业范围内的，而是会全方位地考察市场态势，以便发现新的市场机会，从而扩大市场。

2.3.6 公众

企业外部存在着许多社会群体，他们是企业寻求目标市场的人群基础，亦即企业市场营销的公众环境。公众是指对企业产生实际影响和存在潜在利害关系的群体与个人。

从狭义上来讲，营销企业（或更广义地称为营销）所面对的微观营销环境的公众是指社区公众、当地公众，或者对营销产生直接影响的公众。

从广义上来讲，公众主要包括政府公众、金融公众、媒体公众、团体公众、当地公众、内部公众和一般公众。

1. 政府公众

政府公众是指政府政策的制定机构和执行机构。企业的市场营销活动受到政府政策的极大影响，因此企业制订任何营销计划前都必须了解政府的相关政策以及政策变化趋势，从而保证计划实际可行。

2. 金融公众

金融公众是指有可能影响企业获得资金的团体，如银行、投资公司、证券交易所和保险公司等。公司的股东既可视为企业的要素之一，也可视为金融公众的组成部分。

3. 媒体公众

媒体公众主要是指报纸、杂志、广播、电视和互联网等社会大众传播媒介。这些传播媒介对企业的形象、声誉以及品牌的塑造有着举足轻重的影响。

4. 团体公众

团体公众是指有可能影响企业的市场营销活动的各类消费者组织、环境保护组织及其他群众团体等。

5. 当地公众

当地公众是指企业所在地附近的居民和社区组织。这类公众由于同企业有着非常直接和广泛的联系，因此相互间极易发生利益冲突。企业在营销过程中应谨慎处理与当地公众的关系，以免与当地公众发生利益冲突。企业可通过对当地公益事业的支持来改善与当地公众的关系。

6. 内部公众

内部公众是指企业内部的成员，包括董事会、经理、管理人员、一般职工等。内部公众对企业的态度不仅影响着企业内部的生产和营销效率，而且还影响着企业外部的社会公众。

7. 一般公众

一般公众是指那些对企业产品的销售没有直接意义，但其态度会对企业形象产生影响的社会民众。企业与一般公众的关系，会影响企业潜在市场的培育。

以上所述公众都与企业的营销活动有直接或间接的关系，都会对企业营销目标的实现产生影响。为此，企业除了要设立专门的公共关系部门，负责处理与这些公众的关系外，在整个营销过程中也不能忽视这些公众因素。

营销案例 2-2

五菱："人民需要什么，五菱就造什么"

自 2020 年 5 月开始，地摊经济逐渐火热，甚至掀起一股全民摆摊的风潮。五菱从中看到了商机。6 月 2 日，五菱专用车公众号发布文章《五菱翼开启售货车——地摊经济的正规主力军!》，推出"地摊神器"五菱荣光小卡翼开启和五菱荣光新卡翼开启两款车型，一上线就销量火爆，订单甚至排到一个月后。网友对此的评价是："人民需要什么，五菱就造什么"。

资料来源：识微看舆情"2020 年最新十大经典成功公关案例"

思考题

1. 简述市场营销环境的构成以及市场营销环境的特点。
2. 试述企业营销活动和市场营销环境的关系。
3. 联系企业营销案例，分析某些宏微观环境因素和影响。

案例分析

扫码阅读

苏宁易购收购家乐福

第 3 章　市场竞争分析

【学习目标】

- 熟悉识别竞争者的方法
- 熟练掌握竞争者分析
- 掌握 SWOT 战略分析法的运用

竞争是市场的重要标志与发展基础，是企业营销无法回避的现实。企业要想在市场上占有一席之地，必须面对各种各样的竞争；而要想赢得竞争，首先要分析市场上的竞争者，并在此基础上制定相关的竞争战略和策略。

营销引例

元气森林基于竞争和需求分析来建立产品差异化领先矩阵

基于竞争者分析和消费者需求预测，2021 年，元气森林苏打气泡水推出了 3 种新口味：夏黑葡萄味、王林青苹果味、甘王草莓味。在元气森林的产品矩阵中，除了各种口味的气泡水外，还有燃茶、能量饮料、乳茶、酸奶、气泡果汁等。

从元气森林第一款上市饮品燃茶推出至今，元气森林推出新品的速度一直在加快。比如每日茶、气泡水、宠肌水、健美轻茶、乳茶、外星人电解质水、满分微气泡果汁，这些主打产品推出的时间间隔大致是 16 个月、10 个月、7 个月、6 个月、4 个月。

元气森林从产品研发、创意设计、快速迭代、差异化布局到建立产品差异化战略矩阵，一直坚持领先竞争者一个身位。

资料来源：编者根据市场资料编写

3.1　市场竞争者分析

企业在开展市场营销的过程中，仅仅了解自己的顾客是不够的，还必须了解自己的竞争者，正所谓"知己知彼，百战不殆"。市场竞争者分析主要包括：①识别竞争者；②分析竞争者；③选择主要竞争者。市场竞争者分析如图 3-1 所示。

图 3-1　市场竞争者分析

3.1.1 识别竞争者

竞争者一般是指那些与本企业提供的产品或服务相似，并且面向的目标顾客也相似的其他企业。企业最明显的竞争者是那些为顾客提供相同产品或服务，试图满足顾客相同需求的同行企业。例如，宝洁可能把联合利华视为主要竞争者；国美可能把苏宁视为主要竞争者；王老吉可能把加多宝视为主要竞争者。但企业如果仅仅是从这个角度来识别竞争者，就会患上"竞争者近视症"。实际上，企业面对的竞争者更广泛、更复杂。因此，企业也应关注其他的竞争者，它们可能会以其他的方式来满足顾客的需求。

企业一定要避免患上"竞争者近视症"，因为相比于现有的竞争者，潜在的竞争者更致命。也就是说，一个企业往往可能被潜在的竞争者而不是现有的主要竞争者打败。

1. 从行业和市场两个方面来识别竞争者

营销者可以从行业的角度来识别竞争者。行业是生产类似产品或产品种类的企业群，如汽车行业、饮料行业、家具行业。由于竞争者首先存在于本行业之中，企业首先就要从本行业出发来发现竞争者。加之同行业企业产品的相似性和可替代性比较强，彼此间的竞争就比较激烈。企业如果想成为所在行业的一个有效"表演者"，就必须明白该行业的竞争模式。

营销者也可以从市场的角度来识别竞争者。从这个角度来说，竞争者就是满足相同顾客的相同需求的所有企业。例如，顾客希望周末进行休闲娱乐，这是顾客的需求，而看电影、唱歌、运动都是休闲活动，都能满足顾客休闲娱乐的需求，那么顾客就可以在这些活动中进行选择，因此能够提供这些服务的企业之间就存在一定的竞争关系。

企业如果能将行业和市场两个角度结合在一起分析和识别竞争者，那么将是最客观的：既要考虑在相同行业中与本企业所提供的产品或服务具有相似性和替代性的企业，还要考虑能满足相同顾客的相同需求的其他行业企业。

2. 从所处的竞争地位来识别竞争者

营销者还可以从所处的竞争地位来识别竞争者。从竞争地位来看，竞争者有 4 类。

（1）行业领导者。

行业领导者是指在一个行业中，实力雄厚、市场占有率最高的企业。一般来说，行业领导者在行业规则制定、商品定价、产品开发等方面都起着带头或支配作用。

（2）挑战者。

挑战者是指在一个行业中，迅速成长、实力强、市场占有率仅次于行业领导者的企业。每个行业都有各自的行业领导者，但周围还存在着一群实力很强的挑战者。这些挑战者努力奋斗，虎视眈眈，随时准备发动进攻，挑战行业领导者，以期提高自身市场占有率，扭转市场格局。例如，家乐福是零售市场的挑战者；小米、三星是手机行业的挑战者；华为是通信设备领域的挑战者。

（3）追随者。

追随者与挑战者不同的是，它不向行业领导者发动进攻并企图取而代之，而是紧随其后自觉地维持共存局面，以免发生意外或风险。

（4）补缺者。

补缺者又称利基者，是指专门为规模较小的细分市场或较大企业不感兴趣的细分市场提供产品和服务的企业。补缺者拾遗补阙、见缝插针，虽然在整体市场上占有很小的份额，但是比其他企业更了解和满足某一细分市场，同样能通过提供高附加值得到高利润和快速成长。

3.1.2 分析竞争者

市场竞争者分析主要是指对行业内可能发生关联的其他竞争者的分析。企业只有正确把握竞争者的情况，才可能明确自己所处的竞争地位，从而制定出有效的竞争战略和策略。企业如果不了解竞争者或对竞争者了解不充分，制定的竞争战略和策略就只会是浅显的。

为了全面了解竞争者的状况，企业应关注以下问题。

（1）竞争者的优势是什么？

（2）竞争者的主要弱点是什么？

（3）竞争者经营企业的价值观是什么？

（4）竞争者的目标和战略是什么？

（5）竞争者在产业中竞争地位的决定性因素是什么？

（6）竞争者的核心能力和拥有的特殊资源有哪些？

（7）竞争者用于产品或服务的原材料构成及其优势如何？

（8）竞争者的定位是国内还是国外，是高端产品还是普适产品？

（9）竞争者的核心产品和产品开发体系怎样？

（10）竞争者新产品的开发方向是什么？

（11）竞争者技术研发的方式和途径如何？

（12）竞争者产品设计的技巧和创新怎样？

（13）竞争者新材料的开发和使用情况如何？

（14）竞争者市场营销的主要策略是什么？

（15）竞争者产品价格定位的策略是什么？

（16）竞争者人力资源的管理方式和开发方式如何？

（17）竞争者企业管理制度的建设怎样？

（18）竞争者投资的方向和规模如何？

（19）主要竞争者对本企业各种战略的承受能力如何？

（20）近年来，主要竞争者在本行业销售额和盈利排序中的位置发生了何种变化？为什么会发生这种变化？

（21）构成竞争者持续竞争优势的支持因素有哪些？

（22）主要竞争者与供应商和分销商的关系如何？

（23）新公司进入本行业和老公司退出本行业的状况如何？

（24）替代品或服务会在多大程度上对本行业中的竞争者构成威胁？

（25）竞争者对竞争的反应模式是什么？是迟钝型、选择型、强烈报复型，还是随机型？

市场竞争者分析实际上就是营销者对竞争者的关注，其关注的重点主要包括：竞争者的营销目标、战略、优势和劣势以及市场反应等。

1. 竞争者的营销目标

企业确定了谁是自己的竞争者以后，下一步需要弄清的是竞争者的目标是什么、竞争者在市场上追求的是什么、其行为推动力是什么。每一个竞争者都有一个目标组合，包括利润、市场份额、市场增长率、销售增长率、现金流、产品成本、技术领先地位、服务领先地位、品牌声誉等。例如，所有竞争者都在追求利润，但目标不一样，有些企业追求的是满意的利润而不是最大的利润，即只要企业达到既定的利润目标即可，即使可以通过其他途径赢得更多的利润，它们也会置之不理；而有的企业追求的却是利润最大化。竞争者的目标会受到很多因素的影响，包括企业的历史、规模、技术、财务状况、当前的管理状况等。

竞争者追求的目标不一样，竞争模式也不一样。企业了解竞争者的目标组合，就能预测竞争者对目前状态的满意度以及可能采取的行动。例如，日本企业和美国企业不一样，日本企业追求的是最大的市场占有率目标，对短期利润要求不高，采用的就是市场占有率最大化经营模式，其资金成本常常低于美国企业；美国企业由于股东要对当期业绩进行评价，所以一般都采用追求短期利润最大化的经营模式。因此，日本企业可以把价格定得低点，更多关注市场占有率方面；而美国企业可以把价格定得高点，更加注重短期利润。

营销者也必须监测竞争者在不同细分市场的目标，如果发现竞争者开发了一个新的细分市场，则对本企业可能是一个机会；如果发现竞争者要抢占本企业的细分市场，就要提前做好战斗的准备。

企业对竞争者营销目标的分析，一般可以通过对竞争者营销活动的分析和对从市场搜集的情报、信息的分析来把握。对市场竞争者营销目标的分析主要如下：①竞争者的经营理念分析。例如，竞争者是否重视产品开发和产品质量、对市场的地域范围是否有特殊的安排、经营理念是否已成为全体员工的行为准则等。②竞争者的组织结构分析。组织结构是实现企业战略的手段，它总是随着战略的变化而变化，不同的组织结构往往会采用不同的经营战略。因此，企业对市场竞争者的组织结构进行分析，可以大致判断出竞争者的经营目标。③竞争者的市场信息分析。例如，有关竞争者长期和短期营销业绩的信息、有关竞争者市场份额和销售利润率的信息等。④竞争者的营销策略分析。

2. 竞争者的战略

竞争者的战略首先包括总体层次战略：一体化战略、多元化战略、防御式战略。其次包括经营层次战略：差别化战略、总成本领先战略、集中战略。此外，还包括营销层次战略：竞争者的目标市场、定位和营销组合等。

一家企业的战略与另一家企业的战略越相像，这两家企业之间的竞争就越激烈。根据竞争者所采用主要战略的不同，可以把竞争者划分成不同的战略集团。所谓战略集团，就是在特定的目标市场推行相同战略的企业组合。例如在快餐行业，麦当劳和肯德基属于相同的战略集团，它们销售相似价位、相似产品的西式快餐。在同一行业中，进入不同战略集团的难易程度不一样。如果一家企业进入一个战略集团，那么该集团其他成员就被视为该企业的主要竞争者。同一战略集团的成员之间的竞争很激烈，但不同战略集团之间也存在着竞争。如此一来，营销者必须不断地观察竞争者的战略而修改自己的战略。

企业只有充分把握竞争者的战略，才能有针对性地制定自己的竞争战略。企业对竞争者战略的分析如下：①竞争者内部对已确定的竞争战略的认可程度。企业通过对竞争者竞争战略本身的评价及其企业的评价，分析其战略的可行性和可接受性，确定竞争者企业内部对已确定的战略的认可程度和实行程度。②竞争者的营销目标以及组织结构对市场环境变化的适应能力。③竞争者的特定产品、具体营销策略的业绩。④竞争者在长期的市场竞争中采取的竞争战略的效果，包括成功或失败的原因等。

3. 竞争者的优势和劣势

竞争者能否实施其战略并实现其目标，取决于其资源和能力。在市场竞争中，企业需要识别每个竞争者的优势和劣势，做到知己知彼。任何企业都会有一定的优势和劣势，而这种客观存在的强项和弱项，就是企业用来应对变化的营销环境并实现营销目标的工具。企业通常可以通过二手资料、个人经验和口碑宣传了解竞争者的优势和劣势，也可以通过对消费者、供应商和经销商的一手数据进行分析而获得竞争者的优势和劣势信息。

竞争者优势、劣势分析的主要内容有以下几个方面。

（1）产品。产品主要包括竞争者产品在市场上的地位、产品的适销性，以及产品系列的宽度与深度等。

（2）销售渠道。销售渠道主要包括竞争者销售渠道的广度与深度、销售渠道的效率与实力、销售渠道的服务能力等。

（3）市场营销。市场营销主要包括竞争者市场营销组合的水平、市场调研与新产品开发的能力、销售队伍的培训与技能等。

（4）生产与经营。生产与经营主要包括竞争者的生产规模与生产成本水平，设施与设备的技术先进性与灵活性，专利与专有技术，生产能力的扩展，质量控制与成本控制，区位优势，员工状况，原材料的来源与成本，纵向的整合程度，竞争企业内部在产品、工艺、基础研究、仿制等方面所具有的研究与开发能力，研究与开发人员的创造性、可靠性等方面的素质与技能等。

（5）资金实力。资金实力主要包括竞争者的资金结构、筹资能力、现金流量、资信度、财务比率、财务管理能力等。

（6）组织。组织主要包括竞争者组织成员价值观的一致性与目标的明确性、组织结构与企业策略的一致性、信息传递的有效性、组织对环境因素变化的适应性与反应程度、组织成员的素质等。

（7）管理能力。管理能力主要包括竞争者的管理者的领导素质与激励能力、协调能力，管理者的专业知识，管理决策的灵活性、适应性、前瞻性等。

企业在分析竞争者的优势和劣势的时候，还要监测以下 3 个变量。

（1）市场占有率。市场占有率指竞争者的销售额（量）占目标市场销售额（量）的百分比。

（2）心理份额。心理份额指当被要求"举出在这个行业中首先想到的公司"时，提名竞争者的客户所占的百分比。

（3）情感份额。情感份额指当被要求"举出你愿意购买其产品的公司"时，提名竞争者的客户所占的百分比。

4. 竞争者的市场反应

竞争者的市场反应主要是指竞争者可能采取的进攻行为，或者对来自其他企业的进攻采取的防卫行为。因此，对竞争者市场反应的分析就是对竞争者进攻行为和防卫行为的分析。这两者很复杂，常常交织在一起。有时候防卫本身就是一种进攻，有时候进攻本身就是最好的防卫。什么时候进攻，什么时候防卫，要视市场竞争的具体情况而定，但攻守平衡的态势却是竞争性企业必须维持的。企业了解竞争者的目标、战略、假设、优势和劣势等，就能在很大程度上估计竞争者可能采取的行动，或作出对竞争者采取某些竞争行动的反击行为。例如，对企业的降价活动，竞争者可能会有什么样的反应呢？不同竞争者的反应是不同的，竞争者主要有以下 4 种类型。

（1）从容不迫型竞争者。这类竞争者对竞争反应不强烈，行动迟缓，可能认为自己的客户非常忠诚；或者在关注竞争者行为方面比较迟缓；或者在采取针对性的反应措施时缺乏应有的资源。

（2）选择型竞争者。这类竞争者只对某类行为反应强烈，而对另一类攻击行为却不在意。例如，其对市场降价促销反应强烈，而对竞争者加大广告投入力度却不在意。

（3）强劲型竞争者。这类竞争者对所有的竞争行为都有强烈反应。例如，宝洁公司就是强劲型竞争者，它不会让其他厂商的某一洗涤剂轻易进入市场，对所有的进攻都采取激烈的反击行动。

（4）随机型竞争者。这类竞争者反应行为难以捉摸，对某类进攻行为有时反应强烈，有时没反应。

3.1.3 选择主要竞争者

营销者必须确定哪些竞争者是主要竞争者。

1. 强竞争者或弱竞争者

很多营销者都把目标瞄向弱竞争者，因为对弱竞争者采取进攻，成功的把握大，所需的资源少、时间少，但是相对应地，收获也少。而有些营销者却选择强竞争者，因为在这样的竞争中可以提高自身竞争能力，强竞争者也有弱点，一旦竞争成功，将收获很大。

2. 近竞争者或远竞争者

大多数企业会选择与自己最相似的竞争者展开竞争。例如，国美选择苏宁为最主要的竞争者、加多宝视王老吉为主要竞争者。企业也可能会因为打垮了一个弱竞争者，造就一个更强大的竞争者。因此识别出相似程度很小的主要竞争者也很重要，如可口可乐宣称其最大的竞争者不是百事可乐而是自来水，麦当劳认为其在中国市场最大的竞争者不是肯德基而是中式快餐。

3. "好"竞争者或"坏"竞争者

"好"竞争者按行业规则经营，合理定价，激励竞争者降低成本、提供差异化的产品等，促进行业稳定而健康发展。而"坏"竞争者经常不按行业规则经营，采用不正当手段提高市场占有率，扰乱市场秩序。例如，家具行业中大部分企业都有自己的品牌，都销售自己品牌的产品；而有些企业常常仿冒某些品牌的产品，低价为一些经销商提供仿冒家具，扰乱市场，从而打击消费者的消费信心。因此，一个企业应该支持"好"竞争者而打击"坏"竞争者。

4. 寻找无竞争的市场

具有研发创新能力的领先企业、具有商业创新能力的聪明企业、具有灵活利基能力的小微企业，在一定的时空条件下，往往能够发现、拓展甚至创造没有竞争者的市场。也就是说，企业与其和竞争者进行激烈的竞争，还不如选择没有直接竞争者的市场进行营销。

3.2 SWOT 战略分析法

随着人类科学技术与社会经济的发展，市场研究技术也在不断进步，大数据分析与云计算已成为互联网时代的常用工具。本节将重点讲述战略性分析工具即市场机会的 SWOT（Strength，Weakness，Opportunity，Threat）战略分析法。SWOT 战略分析法又称态势分析法或优劣势分析法，最早由韦里克等人提出，在战略管理领域被广泛运用，以确定企业自身的竞争优势、竞争劣势、市场机会和市场威胁，从而将企业战略与企业的内部资源、外部环境有机地结合起来。

3.2.1 SWOT 战略分析法的构成要素

所谓 SWOT 战略分析法，即基于企业内外部竞争环境和竞争条件下的态势分析，也就是将与研究对象密切相关的各种主要内部的优势、劣势和外部的机会、威胁等，通过调查列举出来，并依照矩阵形式进行排列，然后采用系统分析的思想把各种因素相互匹配起来加以分析，从中得出一系列相应的结论的方法。其结论通常带有一定的决策性。

SWOT 战略分析法中的 4 个要素分别是：优势（Strength）、劣势（Weakness）、机会（Opportunity）、威胁（Threat）。

（1）优势（S）。优势指企业自身的优势，即企业超越其竞争者的能力，或者企业特有的能力。

（2）劣势（W）。劣势指企业自身的劣势，即企业相比于其他企业所缺少的能力，或者企业自身的劣势因素。

（3）机会（O）。机会指在市场环境中对企业富有吸引力的因素，企业只要抓住这一因素就可能拥有竞争优势。

（4）威胁（T）。威胁指在市场环境中对企业不利因素的发展趋势所形成的挑战，如果不采取果断的战略行为，其将导致企业的竞争地位被削弱。

总的来说，优势、劣势是组织机构的内部因素，是企业在其发展中自身存在的积极因素和消极因素；机会、威胁是组织机构的外部因素，是外部环境对企业的发展直接产生影响的有利因素和不利因素。

3.2.2 SWOT 分析

SWOT 分析，通过识别企业自身（或称为内部）的优势与劣势，以及市场环境（或称为外部）的机会和威胁，并将 4 个因素综合起来考虑，以确定企业的市场机会。SWOT 分析如图 3-2 所示。

企业自身优势（S）	企业自身劣势（W）
1._____ 2._____ …… n._____	1._____ 2._____ …… n._____
外部环境机会（O）	外部环境威胁（T）
1._____ 2._____ …… n._____	1._____ 2._____ …… n._____

图 3-2 SWOT 分析

（1）企业自身优势分析。体现企业内部优势的因素有：有利的竞争态势、充足的财政来源、良好的企业形象、强大的技术力量、超大规模的经济、较高的产品质量、很大的市场份额、成本优势、强烈的广告攻势等。

（2）企业自身劣势分析。导致企业内部劣势的因素有：设备老化、管理混乱、缺少关键技术、研究开发落后、资金短缺、经营不善、产品积压、竞争力弱等。

（3）市场环境中的机会。企业的外部机会因素有：新产品、新市场、新需求、外国市场壁垒解除、竞争者失误等。

（4）市场环境中的威胁。企业的外部威胁因素有：出现新的竞争者、替代产品增多、市场紧缩、行业政策发生变化、经济衰退、客户偏好改变、遭遇突发事件等。

第3章　市场竞争分析

31

营销案例 3-1

某化妆品牌 SWOT 分析

企业自身优势（S）	企业自身劣势（W）
1. 产品质量好，高达 86.67% 的使用者的体验感良好 2. 产品价格面向多个层次的消费者，单品低至 28 元，系列套装高至 599 元（价格参考淘宝官方旗舰店） 3. 企业有一定知名度，84.06% 的消费者表示知道该品牌 4. 该品牌诠释"本草护肤"理念，定位汉方本草，契合当代人的养生需求	1. 使用者人数不多，仅 36.23% 的消费者使用过产品 2. 产品研发方向单一，主要集中在中草药上
外部环境机会（O）	外部环境威胁（T）
1. 人民日益增长的美好生活需求，趋向于更多的产品选择 2. 化妆品品牌的高可替代性，高达 61.35% 的消费者的品牌忠诚度较低，可发展为潜在客户 3. 消费者对网上购物的高依赖度，可增加网络方面的营销渠道 4. 消费者较为年轻化，主要集中于 18～25 岁的在校大学生，可以集中对该群体进行营销	1. 国外化妆品进入国内市场，霸占较大的销售份额。就彩妆而言，我国当前的彩妆零售额仅占化妆品市场的 7.95%，而日本、韩国彩妆零售额占化妆品市场的比例分别为 17.83% 及 16.21%，美国为 17.98% 2. 国内草本类化妆品牌的竞争激烈，如百雀羚、佰草集 3. 消费者对国内化妆品存在刻板印象，绝大多数消费者对我国本土化妆品的印象是产品质量较差、缺乏安全保障、产品可选择种类少

资料来源：编者编写

3.2.3 SWOT 战略组合分析

SWOT 战略分析法既可以作为一种战略分析工具，用于分析企业的市场机会，即识别企业自身的优势与劣势、市场环境的机会与威胁；也可以在市场分析机会的基础上，用于制定战略。建构 SWOT 矩阵，可形成 4 种不同类型的组合：优势—机会（SO）组合、优势—威胁（ST）组合、劣势—机会（WO）组合和劣势—威胁（WT）组合。企业可对 SO、ST、WO、WT 这 4 种组合进行分析，得出一系列企业未来发展的可选择对策。

对 SO、ST、WO、WT 进行组合，不是制定战略，而是进行战略组合分析，即 SO 战略组合分析、ST 战略组合分析、WO 战略组合分析和 WT 战略组合分析，如表 3-1 所示。

表 3-1 SWOT 矩阵分析

	内部优势（S）	内部劣势（W）
外部机会（O）	SO 战略组合分析 依靠内部优势 利用外部机会	WO 战略组合分析 利用外部机会 克服内部劣势
外部威胁（T）	ST 战略组合分析 利用内部优势 回避外部威胁	WT 战略组合分析 减少内部劣势 回避外部威胁

（1）优势—机会（SO）战略组合分析。这是一种依靠企业内部优势与利用外部机会的分析模式。即企业具有特定方面的优势，而外部环境又为发挥这种优势提供了有利机会。例如，产

品市场前景良好、供应商规模扩大和竞争对手遭遇财务危机等外部机会，配以企业市场份额加大等内在优势，就可以帮助企业做出收购竞争对手、扩大生产规模等决策。

（2）优势—威胁（ST）战略组合分析。这是一种利用自身优势，回避或减轻外部威胁所造成的影响的分析模式。例如，竞争对手利用新技术大幅降低成本，给企业带来很大的成本压力；材料供应紧张，其价格可能上涨；消费者要求大幅提高产品质量；企业要支付高额环保费用等。这些都会导致企业成本状况进一步恶化，从而使企业在竞争中处于非常不利的地位。但若企业拥有充足的现金、操作熟练的技术工人和较强的产品开发能力，便可利用这些优势开发新工艺，简化生产工艺过程，提高原材料利用率，从而降低材料消耗和生产成本。另外，开发新技术产品也是企业的可选择对策。新技术、新材料和新工艺的开发与应用是最具潜力的成本降低措施，同时还可提高产品质量，从而回避外部威胁对企业造成的影响。

（3）劣势—机会（WO）战略组合分析。这是一种利用外部机会来克服内部劣势，使企业改劣势为优势的分析模式。即企业虽然存在外部机会，但同时也存在一些内部劣势妨碍其利用机会，那么就可采取措施先克服这些劣势。例如，企业的劣势是原材料供应不足和生产能力不够。从成本角度来看，这会导致开工材料不足、生产能力闲置、单位成本上升、出现附加费用。在产品市场前景看好的前提下，企业可利用供应商扩大规模、新技术设备降价、竞争对手遭遇财务危机等机会，实现纵向整合战略，重构企业价值链，以保证原材料的供应；同时，可考虑购置生产线来克服生产能力不足及设备老化等劣势。通过克服这些劣势，企业就能进一步利用各种外部机会，降低成本以取得成本优势，最终赢得竞争优势。

（4）劣势—威胁（WT）战略组合分析。这是一种旨在减少内部劣势，回避外部威胁的分析模式。当企业存在内忧外患时，往往会面临生存危机，降低成本也许可作为减少劣势的主要措施。当企业成本状况恶化，原材料供应不足，生产能力不够，无法实现规模效益，且设备老化，以致在成本方面难以有大作为时，企业就会被迫采取目标聚集战略或差异化战略，以回避成本方面的劣势及成本状况恶化原因带来的威胁。

SWOT 战略分析法自形成以来，被广泛应用于战略研究与竞争分析，成为战略管理和竞争情报获取的重要分析工具。分析直观、使用简单是 SWOT 战略分析法的重要优点，即使没有精确的数据支持和更专业化的分析工具也可以得出有说服力的结论。但也正是这种直观和简单，才使得 SWOT 战略分析法不可避免地有着精度不够的缺陷。例如，SWOT 战略分析法采用定性方法，通过罗列优势、劣势、机会、威胁的各种表现，形成一种模糊的关于企业竞争地位的描述，以此为依据作出的判断，难免会有一定程度的主观臆断。所以企业在使用 SWOT 战略分析法时要注意其局限性，在罗列作为判断依据的事实时要尽量真实、客观、精确，并提供一定的定量数据来弥补 SWOT 定性分析的不足，构成高层定性分析的基础。

📖 思考题

1. 如何识别竞争者？
2. 竞争者分析的内容有哪些？
3. 运用 SWOT 战略分析法进行一个例子的分析。

📖 案例分析

恶性价格战的后果

扫码阅读

第4章 购买行为分析

【学习目标】

- 掌握消费者市场的含义、特点和消费者购买决策过程
- 熟悉影响消费者行为的个人与社会因素
- 了解组织市场的特点和购买行为

在市场交换过程中，主要存在消费者市场和组织市场，对于这两个市场的购买行为分析，对于企业是必不可少的。

营销引例

即时需求催热 664 亿元市场，"80 后""90 后"为消费主力军

艾媒咨询发布的《2022 年中国跑腿经济市场洞察报告》显示，2022 年中国跑腿经济市场规模达 131 亿元。中国跑腿经济预计 2025 年市场规模将达 664 亿元，跑腿经济市场潜力巨大。

（1）即时需求爆发，催热跑腿经济。传统的生活消费方式正在发生变化，在当前市场中，跑腿服务品牌主要为消费者提供同城取送、同城代买、帮办事 3 类服务。

（2）"急、忙、忘"为典型需求场，"80 后""90 后"为消费主力军。生活工作中的"急、忙、忘"成为跑腿服务的典型需求场景，折射出来的是消费者在快节奏生活工作中对省时、省力的根本诉求。在跑腿服务的消费者中，"80 后""90 后"群体占比较高，是跑腿消费的主力军。26~30 岁和 31~40 岁消费者使用跑腿的频率分别集中在每月 1~4 次和 5~10 次。青壮年群体大多收入较高，消费理念更重品质、重体验，倾向于满足即时需求和个性需求，对于具有快速、个性化特征的跑腿服务的接受意愿更高。

（3）跑腿经济将迎新机遇。跑腿服务市场可分为两类：一类为平台服务型，是由综合服务平台衍生出来的跑腿服务，如美团跑腿、饿了么跑腿，能借助平台的丰富商流及运力规模优势提供稳定服务体验；另一类为单一服务型，以闪送、顺丰同城为代表，主要通过自建运力提供服务。

资料来源：编者根据今日头条《即时需求爆发催热 664 亿元市场，"80 后""90 后"为消费主力军》整理

4.1 消费者的购买决策

4.1.1 消费者市场的含义及特点

市场营销就是站在卖方（企业）的角度研究买方（消费者）需求的有效交换过程。因而，

企业最重要的任务之一，就是研究消费者的购买心理和购买行为的特征。消费者市场是指为满足需求而发生消费的个人和家庭，或者说是由个人和家庭购买群体所构成的市场。

消费者市场一般来说具有以下特征。

（1）需求的无限扩展性。

（2）需求的多层次性。

（3）需求的复杂多变性。

（4）需求的可诱导性。

4.1.2　消费者的决策过程

消费者对产品和服务的偏好是经常变化的。为了把握这种经常变化的偏好并为所定义的市场制定正确的营销组合策略，企业需要对消费者的购买决策过程进行研究分析，以便正确引导消费，促进企业的营销。购买决策过程一般会经历确认需要、收集信息、评价选择方案、实施购买和评价购买行为5个步骤。

1. 确认需要

确认需要是指消费者确认自己的需要是什么。需要是购买的开始，其升高到一定的阈限时就会变成一种驱动力，驱使人们采取行动去予以满足。需要是消费者决策过程的开始，这种需要可能是由内在的生理活动引起的，也可能是由外界的某种刺激引起的。例如，饥饿会驱使人们购买食物，而鲜美的食物也会刺激人们的食欲，从而促使人们产生购买行为。

日本索尼公司的一位高级工程师曾说："我们的产品开发不涉及市场调查，公司开发的产品只迎合设计者自己的要求。"索尼公司的创始人盛田昭夫说："市场调查都装在我的大脑里，你瞧，市场由我们来创造。"其实，他们都没有否定企业的产品必须适应市场需要，只是他们强调了引发人们需要的另一个方面，即外界的刺激。当一种产品能为人们提供某种新的效用时，这种产品就能激发人们新的需要，从而创造新的市场。

2. 收集信息

有些需要可以随时随地得到满足；有些需要则属于有限制的或非常广泛的，不能随时得到满足。这时，消费者一旦确认了自己最先希望得到满足的需要以后，便会促使自己积极收集有关的信息。信息来源主要有以下4个方面。

（1）个人来源——朋友、邻居、同事等。

（2）商业来源——广告、推销员、经销商、产品说明书、展销会等。

（3）公共来源——大众传播媒介、消费者组织等。

（4）经验来源——产品的实验、比较和使用等。

从信息收集的内容看，以下3个方面是消费者较为关心的：第一，评价标准，即能够满足自己需要的商品或服务应当具备哪些基本特征。例如，消费者打算购买一台微波炉，那么一台好的微波炉应当具备哪些基本特征，这些特征便是评价标准。第二，已经存在的各种能够满足需要的商品或服务，如目前市场上有哪些型号、功能、款式的微波炉在出售。第三，各种商品或服务的特点，如市场上正在出售的各种不同型号的微波炉在功能、款式、价格等方面分别具有哪些特点等。

3. 评价选择方案

在获得信息和形成可选择的商品群之后，消费者会拟订出各种购买方案，并对这些方案按照一定的评价标准进行评价，最终作出选择。

消费者在对不同的购买方案进行评价时，对同一种商品往往有不同的评价方法。一般有以下几种评价方法。

（1）单因素评价。单因素评价即消费者根据自己需要的具体情况，只按照自己认为最重要的某一个标准作出评价。通常人们在购买一些廉价易耗品时，往往采用这种评价方法。

（2）多因素综合评价。多因素综合评价即消费者不是根据某一个标准，而是同时根据多个标准对购买方案作出综合性的评价。通常人们在购买一些高价商品时，总是要采用多个评价标准对购买方案作出评价。

（3）排除式评价。排除式评价即消费者在选择商品时，首先确定一个自己认为最基本的标准，并根据这一标准排除那些不符合要求的商品，以缩小评价范围；然后对入选的商品确定一个最低标准，再把那些不符合最低标准的商品排除在外，依此类推，直到满意为止。

（4）互补式评价。互补式评价即消费者不是根据某几个因素决定商品取舍，也不是按照最低标准决定商品取舍，而是综合考虑商品的各个特性，选择一个最满意的商品。例如，消费者在选购彩电时，虽然事先也确定了一些标准，如价格、大小、外观造型等，但在具体评价时，不是固执地坚持这些标准，而是综合评价各种因素，如价格虽然比原来的标准高了一些，但外观造型比原来设想的更美观，美观的造型弥补了价格上的缺憾，因而也能被消费者接受。

4．实施购买

经过上述评价、选择阶段后，消费者即进入了实施购买阶段。但并非所有的消费者在经过上述各个阶段以后，都必然会做出购买的决策。从做出购买决定到实施购买，还受到两个因素的影响：①他人的反对态度；②意外情况。在这些情况下，有些消费者有可能会修改购买方案、推迟购买甚至取消购买。因此，作为市场营销人员，在消费者的购买决策阶段，一方面要向消费者提供更多有关商品的信息，使消费者更全面地了解商品；另一方面则应通过各种服务，创造便于消费者购买的条件，强化消费者的购买欲望，促使其产生实际购买行为。

5．评价购买行为

消费者购买商品后，往往会通过使用、与他人交流等，对自己的购买选择进行检验，对自己的购买行为进行评价。消费者对所购买的商品是否满意以及会采取怎样的行为，对企业目前和以后的营销活动都会产生很大的影响：如果消费者通过购买商品使自己的需要得到满足，并感到满意，就会对企业及其商品产生信赖，而且还会积极地向他人宣传和推荐该企业的商品，这无形中将促进企业的商品营销。

如果购买的商品不能让消费者得到预期的满足，使其失望或在使用中遇到困难，消费者就会改变对商品的态度，不仅今后自己不会再次购买，而且还会向他人传播所购买的商品或服务的消极信息，影响他人购买。如果不满程度很高，消费者可能还会要求退换、向有关消费者保护机构或传播媒介投诉，甚至诉诸法律。这些对企业的信誉都会造成很大的不利影响。因此，企业必须重视消费者购买后的感觉和行为，注重信誉，注重口碑传播，以诚信的原则和战略的眼光进行营销，善待消费者。

4.2　影响消费者购买的主要因素

消费者的购买决策过程取决于需要，而消费者的需要以及消费习惯和行为是受个人因素和社会因素的影响而形成的。

4.2.1 影响消费者购买行为的个人因素

个人因素主要指影响消费者购买决策的个人行为、习惯和心理因素。个人因素主要包括个人的经济状况，年龄和性别，受教育程度，职业，感知觉，动机，学习，价值观，信念和态度，个性、自我观念与生活方式等。

1. 经济状况

消费者的消费行为必然受到其经济状况的制约。消费者经济状况的变化会在消费商品或服务的数量、质量、结构以及消费方式等各个方面体现出来。对消费者的消费行为产生影响的经济状况变化大致包括以下 3 种情况。

（1）绝对收入的变化。绝对收入的变化指消费者工资收入的变化、财产价值的变化（如意外的赠与、遗产，彩票中奖或意外地蒙受灾害等）会引起绝对收入的增多或减少。此外，政府税收政策的变化等因素也会使得消费者绝对收入发生变化。通常情况下，消费者绝对收入的变化会在商品或服务的消费数量、质量、结构和消费方式等方面体现出来。

（2）相对收入的变化。相对收入的变化指消费者自己的绝对收入并没有发生任何变化，而是他人绝对收入的变化使自己的收入相对变化。

（3）预期收入的变化。预期收入的变化指消费者对未来收入情况的变化产生一定的预期。如果预期未来的收入可以有稳定的增长，就可能增加现期的消费支出，甚至敢于举债消费；如果预期未来的收入不稳定或可能要减少，就可能减少现期消费而增加储蓄。

2. 年龄和性别

年龄和性别是消费者基本的个人因素。不同年龄的人有不同的需要和偏好。如青年人和老年人，由于各自的生活经历不同，接受的价值观、审美观、教育不同，因而思维方式也存在较大的差异。例如，生活在较富裕年代里的年轻一代可能觉得花半个月的工资购买一件世界著名品牌的服装很有价值，而大半辈子生活在贫困中的老年人即使目前有足够的经济实力，多数人也不会觉得花如此代价购买一件和普通服装并没有太大差别的世界名牌服装是很有价值的事。男女之间在购买内容和购买行为上也会表现出较为明显的差异。例如，女性往往偏好于时装、化妆品等商品，而男性则偏好于智能设备、数码产品等。又如，在挑选商品时，女性往往表现得比较挑剔，而男性则相对较为随意。

3. 受教育程度

受教育程度不同的人往往在价值观、审美观方面会存在较大的差异，而这种差异必然会在消费行为上表现出来。例如，文化层次较高的人群用于精神生活消费的支出往往要高于文化层次较低的人群。又如，新产品往往容易被文化层次较高的人群首先接受。因为人们接受新事物的倾向与其知识水平呈正相关，一个人受教育水平越高，对产品的相关知识了解越多，对产品性能的认识就越全面，早期尝试的可能性就越大。

4. 职业

职业实际上体现着一个人所扮演的社会角色，人的社会性决定了不同社会角色的人会形成不同的消费特征。例如，公司经理阶层和蓝领阶层在消费行为上就会有明显的不同，这是因为社会对不同职业所扮演的社会角色的要求不同。

5. 感知觉

感知觉分为感觉和知觉。感觉是人脑对当前直接作用于感觉器官的客观事物的个别属性的反映，知觉是人脑对直接作用于感觉器官的客观事物的各个部分和属性的整体反映。知觉过程是一个有选择性的心理过程，包括选择性注意、选择性曲解和选择性记忆 3 种。

（1）选择性注意。消费者时刻面临着很多刺激物，这些刺激物不可能都会引起消费者的注意，绝大多数无法给消费者留下印象。有 3 种刺激物更容易引起人们的注意，即与目前需要有关的、预期将出现的、变化幅度极大且较为特殊的刺激物。

（2）选择性曲解。消费者往往按照自己的成见或先入之见来曲解客观事物。选择性曲解是指人们有一种把外界输入的信息与头脑中原有信息相结合，按个人信念曲解信息的倾向。

（3）选择性记忆。消费者不可能记住自己所了解的全部信息。选择性记忆是指人们主要记住那些符合自己信念的信息的心理机制。

人的感觉特征对消费者的最直接影响是客观存在的，这就决定了企业在市场营销中只有反复使用有吸引力的强刺激，才能加深消费者的直观印象，突破其心理感觉壁垒。同时，企业还要考虑营销的策略和方法。

6. 动机

动机也是影响消费者是否购买以及如何购买、购买谁的、购买多少的重要心理因素。这是因为动机支配人的行为，而动机是由要满足的需要引起的。

动机引起行为、保持行为，并引导行为去满足某种需要。但是人的心理受外界刺激物的影响会产生诸多动机，这些动机既有强弱之分，彼此之间又有矛盾和冲突，因此只有最强烈的动机即优势动机才能产生购买行为。

7. 学习

消费者的行为除少数是本能的，绝大多数都源于学习。学习是通过经验或实践改变行为的过程。直接观察学习是不可能的，但是我们可以从一个人的行为推断出其学习是何时发生的。心理学的"刺激—反应（S—R）"理论认为，学习是驱动力、诱因、反应和强化等一系列因素相互作用的过程。因此，学习对消费者的购买行为有重要的影响。企业市场营销恰恰是利用了心理学关于学习的这一理论，通过市场宣传和教育来培养消费者对产品和服务不断学习的兴趣，以使消费者产生购买行为，实现企业的营销目标。

8. 价值观

学习帮助人们形成价值观，价值观反过来又有助于人们决定个性、自我观念甚至生活方式。价值观是认为某种行为方式比其他行为方式更能让本人或社会接受的持久信念。价值观对消费者行为有十分重要的影响。具有相似价值观的消费者容易对价格或其他与销售相关的刺激作出相似的反应。价值观也与消费模式相一致。例如，具有环境保护意识的人只愿意购买那些不会或较少破坏环境的产品。

9. 信念和态度

信念是指适用于自己的认识模式，是建立在知识、信任或传闻的基础之上的。态度是学习到的对某一给定事物的持续的反应倾向，包括各种相关的信念以及区分好坏、正误等标准的个人价值体系。相比较而言，态度比信念更复杂和持久。例如，世界各地的消费者对凭信用购买的态度有很大的不同。美国人一直以来都愿意为商品和服务的延期付款支付很高的利息；德国人则不愿意利用信用进行购买；而中国人不习惯通过支付利息进行购买，不愿意进行信用消费和投资，他们宁可把钱存到低息的银行或放在家里保存。

10. 个性、自我观念与生活方式

个性是指形成个人对环境的一贯反应的方式，它结合了心理特征和环境力量。个性包括人们的内在性格倾向，尤其是性格特征。因此，消费者的个性大大影响着他们的购买行为。

自我观念是指消费者如何看待自己，包括态度、感觉和自我评价等。尽管自我观念可能会发生变化，但是这种变化通常是很缓慢的。人们通过自我观念形成了他们的身份，反过来他们的身份又产生了一贯性质的行为。消费者的行为在很大程度上取决于自我观念，因为消费者想保护个人的身份，所以他们购买的产品、光顾的商店等都符合其自我观念。

生活方式是指个人行为、兴趣、思想方面所表现出的生活模式。个性和自我观念是通过生活方式表现出来的。生活方式的特点在进行市场细分和选择目标消费者方面是很有价值的。

个性、自我观念和生活方式对消费有根本性的影响。因此，企业进行市场营销就要研究其营销活动的规律，寻找、发现并利用目标消费者的个性、自我观念和生活方式，用正确的营销方法来引导消费者的购买行为，以实现营销目标。

4.2.2　影响消费者购买行为的社会因素

影响消费者购买行为的社会因素主要包括政治、人口、自然、科技、经济、社会文化等。下面主要对影响比较直接的政治、经济和社会文化因素进行简述。

1. 政治因素

影响消费者购买行为的政治因素主要包括一国的政治制度和政府政策等因素。政治制度对消费者的消费方式、内容、行为具有很大的影响。例如，我国是社会主义制度的国家，我们的商品生产和商品交换必须有利于社会主义制度的巩固，必须符合社会主义精神文明建设的需要。因此，一些在其他国家被视为合法的商品或服务在我国则可能被禁止交易。

政府政策也是影响人们消费行为的重要政治因素。政府的消费政策一方面反映了政府的偏好；另一方面也是调节宏观经济发展的需要，无论是在调节消费总量还是在引导消费方向、调节消费结构方面都起着非常重要的作用。例如，政府为了刺激消费，可以通过降低利率甚至征收利息税的方法，鼓励人们减少储蓄，增加消费。又如，政府为了促进住房商品化改革，对购买住宅采取低息贷款等一系列优惠政策。这对调节人们的消费水平、消费结构都能起到非常重要的作用。

2. 经济因素

影响消费者购买行为的经济因素主要表现在社会生产力的发展水平、社会生产关系和商品价格等方面。

（1）社会生产力的发展水平。由于市场购买活动的对象是由生产者提供的各种商品或服务，因此人们的消费水平和消费结构归根结底要受到生产力发展水平的制约。社会生产力的发展水平客观上制约了人们能够消费什么、能够消费多少。

（2）社会生产关系。不同的社会生产关系下有不同的收入分配政策，而不同的收入分配政策则决定了国民收入差距。在国民收入既定的情况下，收入分配差距必然会在消费水平和消费结构上体现出来。例如，在一个贫富差距较大的社会与在一个收入分配较为平均的社会里，即使人均国民收入相近，人们的消费结构也会表现出很大的差异。

（3）商品价格。商品价格包括价格总水平和价格结构即比价关系，它与收入水平共同作用于人们的消费行为。在名义收入既定的情况下，商品价格水平决定了人们的实际收入水平。因为此时理性的消费者为实现实际收入的效用最大化，必然会对自己的消费行为作出合理选择。例如，人们预期不久的将来可能会出现通货膨胀或通货紧缩时就可能会抢购或持币待购，即提前或推迟购买。

3. 社会文化因素

文化是影响消费行为的重要宏观因素。深层次的文化因素主要是为一个社会绝大多数人所接受并受其制约的价值观念和思维方式,而这种深层次的文化因素体现在社会生活的各个方面。当然,人们的消费行为也必然要受到特定文化的制约。

例如,新产品普及的速度往往和文化背景有关。社会学者霍尔把世界上的文化环境分为高背景文化和低背景文化。所谓高背景文化,是指在一个较大的社会群体中很少存在亚文化(即一些较小的社会群体所具有的特色文化);所谓低背景文化,是指在一个大的社会群体中存在较多的亚文化。在高背景文化中,由于社会内部较少存在亚文化,同文同种,因此相互沟通容易,信息传播快,有时信息的传播甚至无须通过语言,共同文化背景的约定俗成就能使交流双方心领神会。由于这种文化的中介作用传染性较强,因此,一种新产品一旦首先被少数人接受,很快就能普及。相反,在低背景文化中,由于诸多亚文化的存在,各亚文化群组之间相互独立,信息既不易传播,也不易被接受,因此,新产品的普及就表现为模仿者少,普及速度慢。

又如,作为社会文化重要表现形式之一的社会习俗对人们的消费行为也会产生较大的影响。社会习俗是指在长期的社会生活过程中形成的风尚、礼节、习惯等的总称。由于人们所处时代的政治经济发展水平不同,人们的文明程度、宗教信仰以及民族与地理位置等不同,社会习俗也千差万别。如不同民族的人们表达各种美好感情和愿望的方式有很大的差异,这些差异会影响消费需求。在我国,传统节日往往要通过张灯结彩、燃放鞭炮等来表达喜庆的情感,这就构成了对这些商品需求的特定的时间特征。

> **营销案例 4-1**
>
> #### 儒家文化对奢侈品消费行为的影响
>
> 由于受到儒家文化的影响,中国人注重人与人之间相互依赖的关系,偏向于依赖性的自我概念。就依赖性自我概念而言,个人行为基于和他人之间的基本联系。这些联系包括家庭、文化、职业和社会关系等。在这种自我概念的影响下,中国人特别关注与自己相关的人对自己购买行为的反应。个人总是处于为了他人的期望而生活以争得"面子"的压力之下,"面子"在中国人的消费行为中起了很大的作用。人们通过奢侈品消费,维护自己的"面子",强化他人对自己的看法,并维护自身的社会地位。
>
> 中国人追求个人和团体利益需求的平衡。在儒家文化影响的社会里,人们更强调个人对组织的趋同一致,个人行为以满足团体利益为中心,当个人欲望和团体目标发生冲突时,更倾向于牺牲个人利益来实现组织利益,用儒家传统观念来说即"先承担责任,再享受权利"。个人和团体利益需求的平衡体现为个人的利益要服从于家庭、文化、职业和社会等基本的关系需要。中国的集体意识决定了个人的成功重要的是能为家族争光,所以中国人的奢侈品购买行为很多时候并不是个人行为,而是家庭、职业等团体关系的需要。
>
> 资料来源:百度

4.2.3 消费者购买行为的类型

消费者的购买行为有很多种划分方法,也有很多种类型。但根据消费者在购买决策过程中起支配作用的心理特征,大体上可以把购买行为分为以下几种类型。

1. 理智型购买行为

理智型购买行为是指以理智为主做出商品购买决策的购买行为。这类消费者在购买商品前一般都会广泛地搜集信息，对所要购买商品的有关知识了解得较为全面，因而在做出购买决策时，较少受周围气氛和他人意见的影响。这类消费者在购买过程中往往慎重挑选，反复权衡比较，在购买后也很少后悔。

2. 情感冲动型购买行为

情感冲动型购买行为是指容易受外界因素影响而迅速做出购买决策的购买行为。这类消费者较易冲动，随意性较强，一般没有明确的购物目标，往往是在无意中发现商品，引起了兴趣，决意购买。在进行购买决策时，这类消费者往往会被商品的外观、式样、包装所吸引、所刺激，缺乏必要的考虑和比较。由于他们事先没有充分地搜集信息，对所购买商品的知识缺乏必要的了解，因此在购买过程中极易受周围气氛和他人意见的影响。这类消费者往往在冲动性购买动机支配下产生购买行动，常会出现事后的反悔，也最易出现退货现象。

3. 疑虑型购买行为

疑虑型购买行为是指缺乏主见、购买决策迟缓的购买行为。这是与情感冲动型购买行为截然不同的一种购买行为。这类消费者在做购买决策前往往会大量搜集所要购买商品的有关信息，且善于观察细微之处，行动谨慎，缺乏主见，因此，购买决策迟缓，在购买过程中小心谨慎，反复比较，疑虑重重，易受他人意见的干扰，甚至会因他人而中断购买行为。

4. 习惯型购买行为

习惯型购买行为是指消费者个人根据自己对商品的认识做出购买决策的购买行为。例如，消费者由于长期使用某种特定品牌的商品，对该品牌有信任和偏爱，购买时会不假思索地选中目标。这类消费者做出购买决策的主要依据是以往的经验和习惯，较少受广告宣传和流行趋势的影响，在购买过程中也很少受周围气氛、他人意见的影响。在一些日常生活必需品或烟、酒、化妆品、时装之类的市场上，习惯型消费者最为多见。

5. 模仿型购买行为

模仿型购买行为是指消费者模仿他人的消费行为做出购买决策的购买行为。这类消费者有很强的从众心理，他们喜欢新事物，经常被别人的生活方式所吸引，他们的购买决策强烈地受到流行趋势和他人意见的影响，他们对要购买的商品缺乏必要的了解，而且也不愿进行烦琐的信息搜集和有关知识的学习，因此在购买过程中很难在比较的基础上进行自己的判断。

6. 经济型购买行为

经济型购买行为是指消费者多从经济角度考虑做出购买决策的购买行为。这类消费者对商品价格的变化较为敏感，往往以价格作为确定购买决策的首要标准。经济型购买行为又有两种截然相反的表现形式：一种是注重商品质量，但对商品缺乏了解，只根据商品的价格高低判断质量的好坏，偏好购买高价商品；另一种是只注重商品价格，根据价格的高低选择商品，偏好选购廉价商品。

7. 情感认同型购买行为

情感认同型购买行为是指容易受感情支配做出购买决策的行为。持有这类购买态度的消费者，其情感体验较为深刻，想象力特别丰富，审美感灵敏。情感认同型消费者在购买过程中，较易受促销宣传和情感的诱导，对商品的造型、色彩及知名度都极为敏感，他们多以商品是否符合个人的情感需要来作为确定购买决策的标准。

4.3　组织市场概述

购买者不仅包括个人和家庭等最直接、最终端的消费者，还包括人类社会的一切有购买行为和可能发生购买行为的群体组织。这里所定义的组织市场，是指购买产品和服务用于组织内部消费、市场经营性消费以及非生活性消费的组织所构成的市场。

4.3.1　组织购买者的分类

根据购买主体及购买目的的不同，组织购买者可以划分为很多种类型。本书为了简便，在此沿用了较传统的组织购买者的划分方法。一般可以将组织购买者分为制造企业、中间商、非营利性组织、政府等。

1. 制造企业

制造企业是指购买产品或服务用于制造性消费的企业。制造企业是组织购买者的主要构成部分。由这部分组织购买者构成的市场通常被称为"产业市场"。

2. 中间商

中间商也称转卖者，是指所有以盈利为目的而从事转卖或租赁业务的个体和组织，包括批发商和零售商两大部分。在较发达的市场经济条件下，大多数企业的产品都是通过中间商到达消费者手中的，只有少数产品由生产者直接销售给消费者。因此，中间商在组织购买者中也占有较大的比重。

3. 非营利性组织

非营利性组织也称机构，包括学校、慈善机构、疗养院和其他为社会公众提供服务的组织和社会团体。由于这些机构通常不以营利为主要目的，因此这些机构的购买活动与一般的市场行为特点不同。

4. 政府

在大多数国家里，政府也是产品和服务的主要购买者。政府采购的主要目的除了满足政府机构执行政府职能的日常事务需要外，在很大程度上还要执行调节宏观经济的职能。因此，政府采购在购买决策、购买方式等方面与一般的民间采购具有不同的特点，如政府的采购决策要受到公众的监督。政府采购通常以竞价投标为主，且竞标者一般以国内供应商为主。

营销案例 4-2

政府采购功能

政府采购功能包括制度功能、经济功能及政策功能 3 个层面。政策功能的实现以制度功能和经济功能的实现为条件，以政府的政策取向和政府规则为前提。制度功能是基础性功能，主要包括有效配置资源、分配财政预算、监督制约政府行为及对市场规则与市场秩序进行引导等。经济功能是指通过充分竞争最大限度地降低采购成本，提高产品和服务的质量；推动相关产业的整合和发展，对产业链产生支撑和带动作用；发挥政府购买性支出的乘数效应，扩大市场规模、增加政府税收、带动国内生产总值（GDP）增长。政策功能是指利用政府采购的规模效应，发挥调节市场和贯彻国家经济政策的作用。政策功能具体包括：通过绿色采购落实节能减排、环境保护政策；对经济不发达等地区实施政策倾斜，为其提供更多的发展机会；规定中小企业在政府采购中的市场份额和价格优惠，扶持中小企业，促进中小企业的发展；优先购买本国产品以保护本国企业，增加国内就业，促进民族企业发展；优先采购自主创新产品，激发企业的自主研发能力，推动社会科技进步，提升企业的核心竞争力等。

资料来源：编者整理

4.3.2　组织市场的特点

组织购买者中有些是以盈利为目的的，有些是不以盈利为目的，或不以盈利为主要目的的。由于生产企业在组织购买者中占主要部分，下面我们主要以生产企业的购买行为为分析对象，但也兼顾其他的组织购买者。

1. 购买者数量少，但购买规模大

从市场结构和需求特征来看，组织购买者的数量比个人消费市场上的购买者要少得多。例如，美国固特异轮胎公司的订单主要来自通用、福特、克莱斯勒三大汽车制造商，而在零售市场出售的轮胎面向的却是全美 1.71 亿汽车用户。一家制造企业的主要设备往往要几年才购买一次，原材料与零配件的购买通常也都是签订长期合同。

2. 购买者在地理区域上较为集中

由于竞争激烈以及企业追求规模经济，越来越多的市场趋向于寡头垄断。在这些寡头垄断的行业里，生产往往高度集中在少数几个地区。例如，美国制造业大约一半以上的厂商都集中在纽约或加利福尼亚、宾夕法尼亚等几个州；日本制造业大部分都集中在东京、北九州、阪神、京滨等少数几个工业地带。这种地理区域的集中性有助于降低产品的销售成本。

3. 注重人员销售和直接销售

从促销方式来看，组织购买者市场往往更注重人员销售和直接销售。一方面，由于组织购买者的数量少，购买规模大，企业营销人员只需要面对少数的购买者，因此通过人员推销并不会增加太多的销售成本；另一方面，人员推销可以详细地说明、介绍产品，甚至可以现场演示，能够使购买者更全面地了解产品，促使购买者作出购买决策。另外在推销过程中，营销人员不仅可以介绍产品，还可以介绍企业。组织购买活动往往需要生产者提供售前、售后服务，因此，组织市场采用直接销售方式的较多。

4. 专业人员购买

组织购买者的购买往往由具有专门知识的专业人员负责，或委托专业的购买代理商负责，其掌握了较完备的专业技术知识以及较全面的产品信息。

5. 决策过程较为严谨

与个人消费市场上由个人决策不同，组织购买作为一种组织行为，购买决策往往要遵循一定的程序，办理一定的审批手续，一些金额较高的或非常规性的购买甚至还要经过有关专家的反复论证。因此，组织购买的决策程序更为规范，决策更趋理智。

6. 市场需求波动较大

组织购买者购买的产品中有很大一部分是用于生产性消费的，即作为投入要素的中间产品，中间产品的需求最终依存于对最终消费品的需求。例如，计算机制造企业集成电路芯片的需求，取决于计算机市场上消费者对集成电路芯片的需求；计算机市场对集成电路芯片的需求减少，计算机制造商对集成电路芯片的需求也会减少。在加速原理的作用下，最终消费品市场需求的小幅波动，都可能导致组织购买者市场需求的激烈震荡。因此，组织购买者市场需求的波动往往较大。

7. 需求弹性较小

组织购买者的需求在短期内一般不会因产品价格的变化而出现较大的变化。因为企业的生产要受市场需求和生产能力的制约，只要市场需求或生产能力没有出现太大的变化，即使中间产品的价格下降或上涨，企业通常也不会因此增加或减少对原材料的购买。

以上是从总体上描述了组织购买者购买行为的一般特征。但在实践中，不同的组织购买者在特定时点上的购买行为会有不同的特点。

4.4 组织购买行为

组织购买决策与个人消费购买决策存在两个明显的不同：其一，参与者不一样，参与个人消费购买决策的人员较少，通常就是购买者个人或其家庭，但组织购买决策通常要涉及多方面的参与者；其二，购买决策的过程不一样，详见下文。

4.4.1 组织购买活动的参与者

在组织购买过程中，参与购买决策过程的所有成员都有共同的购买目标，并分担决策风险。这些参与者大致包括以下 5 类人员。

1. 使用者

使用者是指所要购买商品的实际使用者。他们是购买需要的提出者，对规格、型号的决定具有较大的影响。

2. 影响者

影响者是指直接或间接影响购买决策的人员，其中技术人员往往是重要的影响者。

3. 购买者

购买者是指具体执行购买任务的采购人员。他们参与供应商的选择并负责谈判、签约，但在一些比较重要的购买活动中，高层管理者往往参与谈判过程。

4. 决策者

决策者是指有权决定购买项目和供应商的人员。在日常小额购买中，购买者往往就是决策者。但在重要购买中，决策者通常是高层管理者。

5. 信息控制者

信息控制者是指可控制有关信息的人员。他们可控制与购买有关的外部信息流入企业，如购买代理人、接待员等，也可以阻止供应商的推销人员与使用者或决策者接触。

4.4.2　组织购买决策的过程

组织购买决策的过程大致可分为以下 8 个前后相连的购买阶段。

1. 提出需要

与个人购买决策过程相同，组织购买决策过程起始于提出需要阶段。这种需要通常是由企业内部的相关人员在工作过程中为解决某个问题或满足某种需要提出的。

2. 确定需求内容

企业内部的相关人员提出了某种购买需要之后，就要确定购买的具体内容，如购买的品种、类型、数量等。如果是简单的购买任务，可以由购买者直接决定；如果是复杂的购买任务，就需要会同其他部门的人员，如技术人员、使用者一起，在全面了解产品特征的基础上确定购买产品的具体内容，最后按照购买产品的可靠性、耐用性、价格及其他属性，对这些属性的重要性进行先后次序排列。

3. 拟订规格要求

需求内容的确定仅仅指明了产品购买的大致方向，在实际购买时，购买者还需要对所购买产品的规格、型号等技术指标作出详细的说明。决定产品规格、型号的一种有效方法是进行价值分析。所谓价值分析，就是对产品的功能和成本进行比较分析。

4. 寻找供应商

在经过以上 3 个阶段，确定了需购买的产品以及具体的规格、型号以后，便进入寻找供应商阶段。在此阶段，企业可以通过各种途径广泛搜集有关供应商的信息，如可以向有关机构咨询、浏览各种广告、请求交易伙伴推荐和介绍、参加各种展览会和订货会等。

5. 征求报价

征求报价即在众多的供应商中，购买者按照一定的标准选择若干家合格的供应商，邀请其提供报价单，以便从中筛选。征求报价是购买活动的一个很重要的阶段，它关系到企业的生产成本，影响着企业未来的市场竞争力。

6. 选择供应商

在收到了各供应商提交的报价单以后，购买者就要对这些供应商逐一进行评估，从中筛选出最理想的供应商。在对供应商进行评估时，购买者应尽可能全面地考虑各种因素。有些因素虽然看似与购买的产品无直接关系，但有时会对购买活动造成很大影响。

7. 发出正式订单

在对供应商各方面审查完成以后，购买者将会给选定的供应商发出正式订单，也就是双方签订正式的购货合同。通常订单上要详细写明所需产品的规格、数目、交货期限、退货政策、保修条件等项目。

8. 评价履约情况

发出正式订单、购进产品并不意味着购买活动的结束。在产品购进以后，企业还必须对购进产品的使用情况、使用者的满意程度以及供应商的履约情况等进行跟踪、监督、评价，以便为下一次购买活动提供借鉴。

4.4.3　影响组织购买决策的主要因素

了解影响组织购买决策的主要因素，有利于营销人员把握组织购买活动的规律，从而制订合理的营销计划和采取有效的促销手段。

组织购买的目的多样、购买决策过程中涉及的人员多、购买程序复杂等都会影响组织的
购买行为。这些多方面的因素可以归结为环境因素、组织因素、人际因素和个人因素4类，具体如图4-1所示。

1. 环境因素

环境因素是指影响组织购买行为的各种外部因素，主要包括政府政策、经济前景、供求关系、货币成本、技术发展、市场竞争，以及法律状况等因素。例如，在经济繁荣时期，企业可能会增加产量、扩大销售，从而增加对原材料或零部件的购买；反之，则可能会减少购买。

环境因素			
政府政策 经济前景 供求关系 货币成本 技术发展 市场竞争 法律状况	组织因素		
	营销目标 组织结构 管理体制 工作程序 购买政策	人际因素	
		职　务 权　力 说服力 感染力	个人因素
			个人动机 个人经历 认识能力 性格特点

图 4-1　影响组织购买行为的主要因素

2. 组织因素

组织因素是指组织内部影响组织购买行为的各种因素，主要包括企业的营销目标、组织结构、管理体制、工作程序、购买政策等因素。例如，有些组织的集权程度较高，超过一定金额的购买必须经过高级管理层的批准；而有些组织的分权程度较高，下级管理人员有较大的购买自主权。

3. 人际因素

人际因素是指组织内部各类购买活动参与者之间的相互关系，主要包括不同职务、不同权力、不同说服力、不同感染力的各类参与者之间的关系。例如，有的参与者由于在组织中的地位较高，拥有较大的职权，对购买决策过程可能具有较大的影响力；而有些参与者虽然地位不高，但有较强的说服力，也可能对购买决策产生较大的影响。

4. 个人因素

个人因素是指组织购买行为中各个参与者的个人特征，主要包括个人动机、个人经历、认知能力、性格特点等。了解了这些个人因素，营销人员便可以对不同的参与者采取不同的促销和公关措施。

📖 思考题

1. 消费者市场有哪些特点？
2. 个人和社会影响因素对消费者购买决策有何影响？
3. 消费者购买决策包括哪些阶段？在每一个阶段，企业的任务是什么？
4. 组织市场有哪些特点？
5. 组织购买者有哪些类型？

📖 案例分析

露营产业受年轻人追捧

扫码阅读

市场营销学　理论、方法与案例（第3版）

第5章　市场需求与营销调研

【学习目标】

- 掌握不同含义的市场与市场需求的含义
- 了解市场营销信息系统的构成
- 掌握市场营销调研的过程
- 掌握市场营销调研的实地调研方法

市场营销要区分不同含义的市场，厘清不同层次市场的需求，在市场需求调研的基础上，对总体市场需求规模、地区市场需求规模、目标市场需求规模、企业实际销售和市场占有率等进行测量，并对未来市场的需求和企业未来的销售潜在市场进行预测。

营销引例

全球领先的市场调研公司

艾美仕市场研究公司在全世界的 100 多个国家开展市场研究服务,在亚太区的 18 个国家都设有分支机构，是制药和保健行业全球领先的市场情报资源提供商。这家拥有近 70 年历史的企业提供一流的商业情报产品和服务，满足客户的日常经营需求。

盖洛普咨询公司从 2005 年开始进行民生研究项目调查,至今已在 130 多个国家和地区展开，全球人口覆盖率达到 95%。其所编制的民生指数包括总体生活满意度、总体生活改善满意度、生活状况满意度、公共政策满意度等 4 个方面。

尼尔森是全球著名的市场监测和数据分析公司，总部位于英国牛津。尼尔森根据客户的具体需求来制定调查方案。对于一般性的调查需求，尼尔森拥有一套在全球范围内得到认可的专有调查方法，用于为客户提供最有力的可比性标准化数据。

资料来源：编者整理

5.1　不同含义的市场与市场需求

5.1.1　不同含义的市场

市场营销学中的市场是指买方市场，即某种商品的所有现实的和潜在的市场购买者。市场规模或市场容量，取决于市场上该商品的可能购买者的数量。

1. 总体市场

总体市场是指某市场区域所有人口的结构和数量。例如，14亿人口构成了中国的总体消费者市场。

2. 潜在市场

潜在市场是指那些对某种商品（产品和服务）有某种欲望的顾客构成的市场。如经初步估算，目前中国情感消费（情感婚姻与家庭心理服务消费）潜在用户规模达9亿人。但需指出的是，尽管消费者对某种商品有兴趣，却不一定购买或有购买力，只有在极特殊且有购买支付能力的需求条件下，潜在市场才可能等于总体市场。

3. 有效市场

有效市场是指那些有可能的购买者，即有某种购买欲望、有购买力和能够接近这些商品（不存在接触障碍或接触障碍足够小）的消费者构成的市场。例如，中国目前9亿潜在情感消费用户中，只有一部分拥有足够的支付能力，且有条件获得这方面的服务，这部分消费者就构成了情感消费的有效市场。有效市场也就是我们通常所说的市场营销学中的"市场"。

4. 有资格的有效市场

有资格的有效市场是指那些有购买欲望、有购买力、能够接近商品，同时还有资格购买的消费者构成的市场。例如，未成年人有可能属于有效市场的构成部分，但按照法律规定不能向未成年人出售香烟，因此当他们去购买香烟时会受到限制，即他们不属于香烟商品的有资格的有效市场。

5. 目标市场

目标市场是指在有资格的有效市场中，企业决定进入的、具有共同或相似需求或特征的市场。

6. 已渗透市场

已渗透市场是指已购买了企业商品的消费者构成的市场。已渗透市场通常都是企业商品在某区域市场已经获得的市场份额。如2017年10月，百度占据国内搜索引擎市场82.99%的市场份额。

不同含义的市场定义和划分如图5-1所示（图中数据为某企业商品在某区域市场的假定情况）。

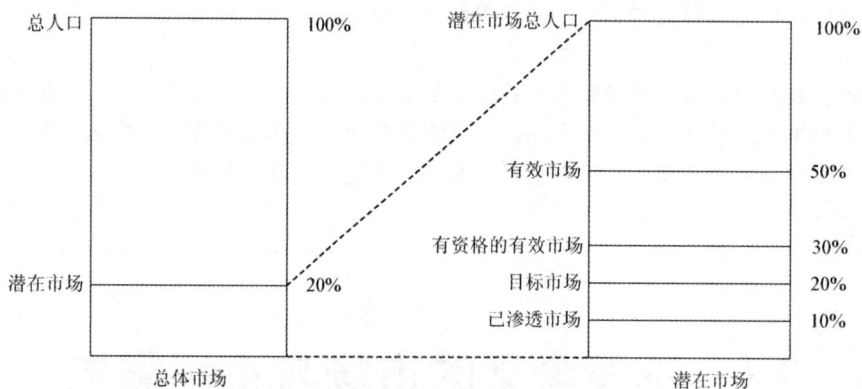

图5-1　不同含义的市场定义和划分

5.1.2　不同含义的市场需求

市场需求是千差万别、各式各样的，不同的顾客有不同的需求，不同的区域市场有不同的需求。所谓市场需求，是指一定的顾客在一定的时空区域、一定的市场营销环境和一定的市场营销态势下购买的总量。考察市场需求一般涉及以下因素。

1. 产品

考察市场需求，要确定产品的种类、产品的形式和产品线。

2. 顾客

考察市场需求，要确定顾客构成，即顾客群体的区域分布和数量构成。如考察保鲜奶的北京消费者市场，初步调研的结果是 2 000 多万人口中的绝大多数人都是保鲜奶的目标群体，而后还需要进一步考察顾客的日饮保鲜奶量和饮奶年增长量。

3. 购买

考察市场需求，要确定购买的规模和类型，即这种购买是直接购买规模、订购规模、送达规模、付款规模，还是消费规模。如对北京的保鲜奶市场购买方式及规模的调研。

4. 市场地理区域

考察市场需求，要限定市场地理区域范围。市场地理区域的限定范围不同，产品销量和销售额的预测结果也不同。如对北京保鲜奶市场地理区域的调研。

5. 时间

考察市场需求，要确定时间。不同时间，市场需求规模也不同。如确定北京保鲜奶市场的考察时间为 2019 年 1-3 月。

6. 总量

市场需求有多种表述方法，一般多用产品实体数量或销售金额的方法表述。考察市场需求，要对需求总量进行界定。如对北京保鲜奶市场消费总量的调研。

7. 市场营销环境

市场需求深受市场营销环境的影响，因此考察市场需求，还要分析市场营销环境。如对北京市场营销环境的消费影响分析。

8. 市场营销态势

考察市场需求，要分析市场营销态势，即企业在市场营销过程中采取的策略手段，以及营销投入对顾客购买的影响程度所形成的状态。如对北京保鲜奶品牌的策略分析。

从以上影响市场需求的诸因素可以看出，这些因素的相互作用可以形成数百种甚至上万种不同含义的需求，且每一种需求又可划分为强市场需求、一般市场需求和弱市场需求。因此，企业考察市场需求，对当前和未来市场需求进行预测，首先要对不同含义的市场需求进行细分，选择企业特定的市场需求进行考察、测量和预测。换言之，企业应选择明确的目标市场，对其需求进行测量。

5.2 市场营销信息及其系统概述

5.2.1 市场营销信息

市场营销信息是指对企业营销产生影响的市场环境的信息。市场环境信息亦称市场信息，是指在一定时空条件下，市场环境中各种因素的实际状况、特征、相互关系的消息、资料、情报和数据的总称。

市场信息是一种资源，其最为突出的特征是时效性。时效性是市场信息的价值体现，不失时机地掌握市场信息已成为企业市场营销成功的关键性因素之一。

5.2.2　市场营销信息系统

市场营销信息系统是指由人、智能机器和程序所构成的相互作用的系统，通过及时准确地对所需要的信息进行采集、分类、分析、评估和传递，提供给营销决策者使用，以使营销决策具有科学性和效率性。市场营销信息系统既是决策的支持系统，也是数据库的营销系统。

市场营销信息系统是企业采集、处理并利用相关环境信息的工具。市场环境包括宏观环境与微观环境。市场环境处于变动的复杂状态，采集、处理并利用有效的市场环境信息，对企业市场营销的成功起着关键作用。

5.2.3　市场营销信息系统的构成

市场营销信息系统由内部报告系统、营销情报系统、营销调研系统和营销分析系统 4 部分构成，如图 5-2 所示。

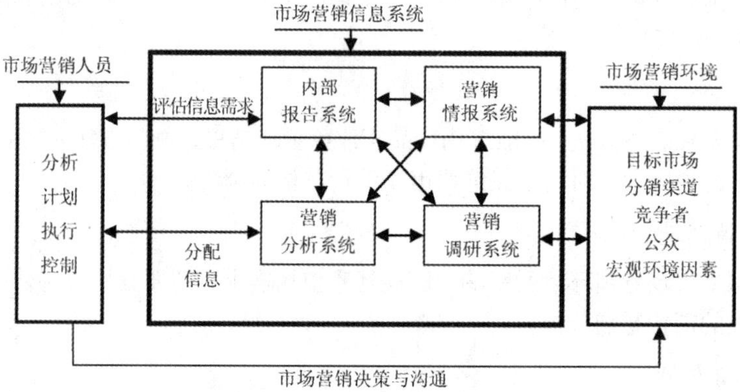

图 5-2　市场营销信息系统

1. 内部报告系统

内部报告系统是指存储企业内部各管理部门的各种信息报告的系统。管理者往往利用内部报告系统来定期获取各种数据。从企业内部获取信息通常比从企业外部获取信息更为及时，但这些信息通常不是以营销为中心而采集的，对营销决策往往不尽适用。因此，内部报告系统必须对从内部获取的信息进行分类和分析处理，以便进行决策和管理时使用。

2. 营销情报系统

营销情报是指每时每刻发生的有关营销环境变化情况的信息。企业必须掌握这些信息，以便营销人员制订和调整营销计划。营销人员可以从多种渠道获得情报信息，如可以从互联网上下载情报信息，可以从电视、报刊、政府处获取情报信息，可以从与顾客、供应商、中间商等的沟通、交谈中获得情报信息，还可以向专门的信息机构购买情报信息。

3. 营销调研系统

企业在市场营销管理过程中，要获取真实、具体的情报信息，还需要经常通过专门的调研来采集。营销调研系统是指企业为了实现营销管理和做出营销决策而对有关信息进行系统的采集、分析和报告，并存入计算机数据库进行处理和储存的过程。营销调研系统可以通过信息把营销者同顾客和公众联结起来，营销者借助这些信息可寻找和发现营销机会，控制和调整营销活动，甚至通过这种信息交流和沟通促进营销。企业可设立自己的营销调研部门进行调研，也可委托专业调研机构进行调研，还可二者兼有。

4. 营销分析系统

营销分析系统是由统计库和模型库构成的。其中统计库包括系统统计程序，模型库包括一系列数理模型。这些智能分析系统可以对采集到的信息做进一步分析，得出分析数据，供营销决策者使用。

5.3　市场营销调研

市场营销调研在企业的市场营销过程中起着关键作用，它向决策者提供现有营销组合的有效性及所需变动的信息。市场营销调研指营销人员通过对营销调研问题的设计和实地的调研分析，得出直观、具体、真实的信息，提供有力的决策依据，成为市场营销信息系统的信息来源。

营销案例 5-1

未来中国食品饮料行业发展的四大趋势

根据欧睿预测，中国包装食品及软饮市场未来五年能实现5%的销售复合增长率，同时未来食品饮料行业发展将形成四大趋势。第一大趋势是美味，体现在消费者喜爱浓郁的口味和刺激的口感，新奇的口味和异域风情也非常受欢迎。第二大趋势是方便，高增长的品类不仅包括食品中的预制菜、复合调味料等，厨房小家电的销售也能印证这一趋势。第三大趋势是消费者对健康的追求越来越全面和细致。根据欧睿的消费者调研，46%的中国消费者在食品饮料消费方面更追求健康成分，健康维度包括营养、减糖、减盐、减脂等，具备这些属性的产品往往具有较高的成长性。第四大趋势则是可持续发展。根据欧睿的行业支撑调研，全国80%的食品饮料企业将开发可持续产品作为优先级最高的项目并纳入其未来5年的发展规划中。

资料来源：每日经济新闻　2022年第二届中国食品饮料资本论坛

5.3.1　市场营销调研的主要类型

市场营销调研是指系统地设计、采集、分析并报告与营销决策有关的信息资料和研究结果的过程。依据实战问题导向原则，市场营销调研的主要类型包括描述性调研、诊断性调研和预测性调研。市场营销调研的范围和内容十分广泛，涵盖了与市场营销活动有关的所有问题和方面。

1. 描述性调研

市场营销调研的最主要目的之一，就是对市场营销活动中的各种问题及市场状况，通过调研来搜集信息，并把这些信息反映出的实际情况描述出来，提供给营销决策者，以便营销决策者分析研究，从而作出正确决策。市场营销调研的描述作用就是指通过市场营销调研，能真实而全面地描述市场的实际状况，避免信息的遗漏、偏差和主观，导致营销决策者得不到真实和全面的信息，从而影响决策的质量。对于市场营销调研的描述作用，我们可以形象地形容为：

当企业运用市场营销调研来描述市场的整体轮廓时，市场营销调研相当于素描；而当企业运用市场营销调研来描述广告、促销等各类营销活动的实际效果时，市场营销调研就相当于成绩单。

2. 诊断性调研

市场营销调研的另一个目的和能起到的作用是诊断。营销调研诊断主要是对市场的实际信息进行分析、评价和解释，从而找出营销决策和营销活动的关键症结，保证营销决策的有效和营销活动能够顺利实现营销目标。营销调研诊断是在大量调研信息的基础上，及时发现和分析问题，准确判断问题，并评价和解释问题，从而给营销决策和营销活动过程计划的调整提供及时和准确的依据。对于营销调研的诊断作用，我们也可形象形容为 B 超和体温计，B 超能帮助企业诊断营销中存在的各种问题，体温计则用于向企业预警。

3. 预测性调研

市场营销调研的预测作用是指在描述和诊断的基础上，对营销决策和营销活动存在的问题，作出如果选择按某种方案执行，会出现什么样的结果的评估。营销调研预测是市场营销调研的重要组成部分，尤其是在竞争日益激烈的现代市场环境条件下，竞争者和市场环境对企业营销的影响和渗透使营销决策面临复杂的选择，营销决策不仅是最高管理者或最高管理层的任务，同时也是贯穿营销活动始终的决策。因此，要求营销决策是一个决策体系，每个管理层次、不同的管理部门都要参与决策，构成决策体系或决策过程流。从这个意义上说，市场营销调研的预测作用越来越重要，它是决策体系中不可分割的部分。我们可以将营销调研的预测作用形象地形容为罗盘，为企业提供未来的行动方向。

5.3.2　市场营销调研过程

市场营销调研过程是为营销决策获取尽可能多的精确资料信息和有价值结果的一种科学方法。市场营销调研过程由一些重要的步骤相关联而成，虽然不同的调研人员和营销理论研究者对其会有不同的划分或表述，但其内在的构成是一致的。本书采用的市场营销调研过程如图 5-3 所示。

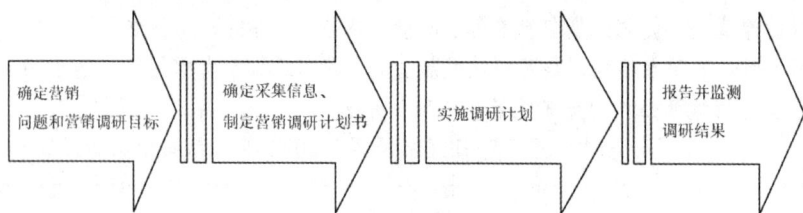

确定营销问题和营销调研目标　确定采集信息、制定营销调研计划书　实施调研计划　报告并监测调研结果

图 5-3　市场营销调研过程

1. 确定营销问题和营销调研目标

市场营销调研的起因就是企业在市场营销过程中存在需要解决的问题，并需要确定这些问题是什么、是如何产生的、应该怎样解决，即营销调研的第一个步骤：确定营销问题和营销调研目标。

（1）确定营销问题。无论企业在市场营销过程中处于好的还是不好的状态，都会存在一些好的或不好的、明显的或隐匿的问题。要准确、及时地发现这些问题，并找出导致问题发生的真正原因，是很困难的。确定问题往往需要对企业、产品、市场、环境和竞争情况等影响因素进行深入了解，在充分分析的基础上，判断出营销要解决的关键问题，并明确这些问题，以进一步确定营销调研目标。

（2）确定营销调研目标。确定营销调研目标时，要使营销调研目标具有明确性、准确性、可操作性和战略性。营销调研目标一般可分为以下 3 种。

①描述性目标。描述性目标是指通过调研如实记录和描述客观实际情况的营销调研目标。如对顾客态度和行为的调研描述、对营销广告投放效果的市场监测等。

②探索性目标。探索性目标是指为了了解企业需要调研的问题是什么，或者在知道问题的情况下要了解问题是如何产生的、问题的症结何在等的营销调研目标。如企业产品的市场销量下降，但不知道是由什么原因引起的，或者知道可能的一组原因，但无法确定究竟是其中的哪一种或哪几种原因引起的。

③因果分析目标。因果分析目标是指为了测试假设因果关系的正确性的营销调研目标。如将广告成本增加 10%，能否使销售量增加 10%。

2. 确定采集信息、制定营销调研计划书

制定营销调研计划书，首先要明确营销决策需要哪些资料信息，然后要确定如何有效地采集这些资料信息，最后要形成书面营销调研计划（俗称调研方案）。

采集资料信息一般可分为采集二手资料信息（案头调研）和采集原始资料信息（实地调研）两大类，如图 5-4 所示。

（1）采集二手资料信息。采集二手资料信息是指收集经别人采集、整理过的资料信息，可以通过企业组织内部和企业组织外部环境收集。二手资料信息一般都是向公众公布的。

二手资料信息依据其具体来源，主要包括：以纸为信息载体的资料信息；以计算机和互联网为信息载体的数据库信息。计算机和互联网智能信息化的数据库减轻了收集二手资料信息的繁重负担。智能化数据库是任何人都可以通过适当的计算机设备进入的公共信息集合，几乎任何调研者感兴趣的问题都会被包含在某个数据库中。

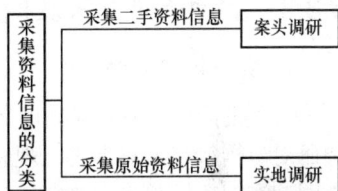

图 5-4　采集资料信息的分类

虽然计算机和互联网数据库给二手资料信息的采集提供了广阔的空间和极大的便利，但二手资料信息往往并不能满足决策的需要。这是因为：第一，很多信息并不能通过案头调研得到；第二，即使能够得到，但由于信息的时效性差，无法作为当前决策的依据；第三，二手资料信息的质量和准确性无法有效鉴别，导致其也不能完全作为决策的依据。

（2）采集原始资料信息。采集原始资料信息是指调研人员通过发放问卷、进行访谈、开展观察或进行市场实验等方式采集第一手资料信息。由于二手资料信息时常存在可获性、时效性和准确性等方面的问题，为有效解决这些问题，使决策者能够及时、准确地获取足够的信息，调研人员必须尽可能多地通过实地调研采集原始资料信息。实地调研一般要对调研技术和抽样设计进行选择。

（3）制定调研计划书。调研计划书要写成书面材料，报请审批。调研计划书中应明确以下各项内容。

①企业面临的营销问题（或称营销课题）。

②调研目标。

③需要采集的信息（即调研内容）。

④信息采集的方式方法。

⑤调研范围、对象及数量。

⑥调研时间进度安排。

⑦调研预算。

⑧调研结果对营销决策的帮助等。

3. 实施调研计划

按调研计划实施调研主要包括采集信息和分析信息。

（1）采集信息。调研过程中的采集信息阶段是最耗费精力和成本的，同时也是最容易出现失误的。因此，调研人员在采集信息时，要尽可能准确地按照计划和要求进行，以使得到的数据尽可能真实，把误差控制在允许范围内。

（2）分析信息。信息采集完成后，营销调研便进入分析信息阶段。分析信息的目的是对采集到的大量信息进行整理、解释，并得出结论。

4. 报告并监测调研结果

对调研得出的结论，不仅要进行口头报告，还必须撰写出书面报告。报告首先要有一个对调研目标清晰简明的叙述，然后要简要完整地说明调研设计或采用的方法，最重要的部分是对调研分析和得出结论的表述。另外，报告的结论还应包括向管理层提供的决策建议。

调研结果的监测主要是指了解管理层为什么实施或不实施报告中的建议。

5.3.3 实地调研方法及抽样技术

1. 实地调研方法

（1）询问法。营销调研时最常用的采集原始资料信息的方法是询问法，即调研人员通过与调研对象接触来了解事实、观念以及态度。询问法最适宜于采集描述性信息。按照调研对象的不同，询问法可分为一般性访问（如访问对象为普通消费者）和特殊性访问（如访问对象为专业人士）；按照调研对象数量的不同，询问法可分为个别访问（每次访问一个访问对象）和集体访问（开展焦点小组座谈会）；按照调研接触形式的不同，询问法可分为直接访问（如入户访问、商城拦截访问等）和间接访问（如电话访问）；按照调研工具和访问具体要求的不同，询问法可分为标准化访问（访问工具为标准化问卷）和非标准化访问（访问工具为非标准化的访问提纲）。

（2）观察法。观察法指通过观察有关人员的行为及现场情况来采集原始资料信息。采用观察法主要是为了获得那些被观察者不愿或不能提供的信息。如调研人员在超市中观察本企业产品的陈列位置、消费者购买同类产品的品牌选择、本企业产品的销售情况等。

（3）问卷法。问卷法指在无访问员进行提问和记录答案的情况下，由访问对象自行填答问卷来完成调研的方法。一般来说，问卷通过邮递（包括印刷在报纸、杂志等媒体上投递）、发邮件、人员送发留置或访问对象自取（包括点击有网络调研问卷的网页）等各种方式，送达访问对象并由其完成自我管理式调研。完成的问卷通过邮递、网络提交或人员取回等方式收回。

（4）实验法。实验法指调研人员选择一个或多个变量（如价格、广告主题、广告费用、包装设计等），观察这些变量对其他变量（通常是销量）的影响。实验法最适宜于采集有因果关系的信息。如调研广告对销售的影响，在其他因素不变的情况下，通过对比广告投放前后销售量的变化，就可以测量出广告的效果。

营销案例 5-2

中国首款计量式泵头装的诞生

从生产喷雾型清洁剂起家，到以抑菌洗手液打响知名度，从开创中国洗衣液时代，到持续推动行业浓缩升级，蓝月亮凭借对洁净事业的专注，通过对消费者需求的精准洞察，不断突破行业想象空间，在专注洁净并超越洁净的路上稳步前行。蓝月亮推出国内首款计量式泵头装"浓缩+"洗衣液——机洗至尊，并在此后持续升级，推出了至尊生物科技洗衣液等系列浓缩产品。那么在包装设计上，蓝月亮是怎么做到创新的呢？

基于中国家庭的洗涤习惯，蓝月亮团队调查了包含凝珠在内的几乎所有洗涤剂包装，发现泵头相较于其他包装，具备可灵活调整用量、包装对环境更友好等优势，因此决定用泵头。而泵头的选择也并不简单。调查 10 000 户家庭后，蓝月亮发现一个三口之家每日洗衣件数相当于 8 件成年男士短袖衬衫，对应地，用 8 克至尊"浓缩+"洗衣液能够洗净。要是能够一次一泵出液 8 克，刚好就能洗净 8 件衣服，将极大提升消费者使用便利性。在经过上万次的实验后，中国首款计量式泵头装"浓缩+"洗衣液才得以诞生，这款专利采用大容量泵头，一次出液 8 克，精准可控。

资料来源：北京商报

2. 抽样调研

营销调研往往需要从局部的调研中得出有关整体的调研结论，因此进行抽样调研比较有效。抽样调研的设计包括：调研哪些人，即抽样对象；调研多少人，即样本大小；如何抽样，即抽样程序。

（1）概率样本（随机样本）。样本是指一个比较大的人口范围的一个子集。调研时要确定样本数量，即样本组。概率样本是指从每个元素都具有已知的被选择统计可能性的集合中取出的样本。它最有价值的特点是可以用科学规律确保样本能代表总体。概率样本的类型之一是随机样本。随机样本是指以群体中的每个个体都有均等机会被选为样本的方式进行抽样取出的样本。概率样本有以下 4 种类型。

①简单随机样本。简单随机样本指群体中每个个体都有已知的均等的被选择机会。

②分层样本。分层样本指将群体按某种特征（如性别、年龄）分成相互独立的组，然后从每个组中随机抽取的一定数量的样本。

③分群样本。分群样本指将群体按某种特征（如地理区域）分成相互独立的组，并随机抽取其中的一些组形成的样本。

④系统样本。系统样本指抽样后获取的总体名单。如针对所有在建设银行开设经常账户的人，先确定抽样跨度（抽样跨度是用总体规模除以样本规模得出的）。如果样本规模为 100，银行有 1 000 个顾客，那么抽样跨度就是 10。起始号码是在跨度范围内随机确定的。如果起始号码是 8，那么跨度模式就是 8，18，28…998，这些跨度模式中的号码个体就是系统样本。

（2）非概率样本（非随机样本）。非概率样本是指不是通过客观的随机抽样得到的，而是通过调研人员主观行为得到的样本。非概率样本即不是群体中的每个人都能有机会被选作样本，它具有非代表性特点，但它的成本低，容易得到。只有掌握这些特点，注意群体的样本成员在接受调研、回答问题时的真实性，才可以使用非概率样本进行调研。应该强调的一点是，在营销调研中，非概率抽样的各种具体形式如便利抽样、判断抽样、配额抽样以及滚雪球抽样等，使用的频率和概率抽样的各种具体形式一样高。营销调研中所谓的抽样调研，是广义的抽样调研，既包含概率抽样形式，也包含非概率抽样形式。

（3）调研误差。只要在营销调研中采用样本，就会产生误差。误差主要有测量误差和抽样误差。测量误差产生于调研想要得到的信息与测量过程提供的信息有差异的时候。抽样误差产生于样本不能代表目标群体的时候。

市场调研应该把误差率控制在一定的允许范围内，以确保调研的准确性。

5.3.4 营销调研的应用

1. 改善决策质量

营销管理人员可以借助市场营销调研来研究各种营销策略，从而提高营销决策水平，改善营销决策质量。娃哈哈集团决定生产并销售某系列产品，通过市场营销调研发现，中国的可乐和果味饮品市场潜力巨大，可口可乐、百事可乐品牌虽然占据了很大的市场份额，但仍存在一定的市场空隙。娃哈哈集团基于这一调研结果，推出该系列产品，在产品质量、饮品口味、营销组合上都进行了精心设计，很快便打入了目标市场，并获得了巨大成功。

2. 追踪问题

营销管理人员运用市场营销调研的另一个目的是找出营销决策和营销计划在执行过程中的问题，通过对问题进行调研分析找出其症结所在，并重新调整营销决策。

3. 培育顾客的价值观和质量观

21世纪，企业营销的市场环境的竞争性、灵活性和复杂性更为突出，对企业的影响日益加深。顾客对产品和服务的优质化要求越来越高，容许企业市场营销失误的机会越来越少，保持顾客满意度和忠诚度越来越难。因此，采取关系营销战略，建立并保持与顾客的长期关系，培育市场、培育顾客的价值观和质量观，显得格外重要。只有这样，才能给企业带来长期的利益。例如，在可口可乐进入印度市场失败后，百事可乐却成功进入印度市场。在经过事先大量的市场调研分析，找出可口可乐失败的原因之后，百事可乐制定了正确的营销战略，主要包括与政府合作，与印度当地企业组织和公共组织建立公共合作关系，加强与印度公众的亲善沟通，并将这些策略转化为一种战略，前期投入巨额资金，同时把3年的营销利润用于印度的慈善福利事业来培育市场，培育顾客的价值观和质量观。通过这些努力，百事可乐终于在印度市场获得了成功。

5.3.5 企业开展营销调研的方式

营销调研是企业制订营销计划和进行营销决策的基础，其重要性已被越来越多的企业所认识和肯定。一般来说，企业开展营销调研可采用两种方式：一是委托专业市场调研公司来做；二是设立市场研究部门，自己负责此项工作。在具体操作过程中，企业应根据自身情况和项目特点与要求，综合考虑之后加以选择。

由于营销调研是一门科学，营销调研项目的开展要求相关人员有极强的专业性。因此，没有系统学过市场调研的人是不可能做好这项工作的。不科学的、非专业的营销调研工作不但不能对企业的营销起到促进作用，相反会误导企业。因此，尽管在一些简单的市场调研项目上完全可以由企业自己组织实施，但其实没有必要，它也不可能完全拥有市场调研公司的所有职能。因此，对于一些涉及重要营销决策、规模较大、范围较广、时效性和成本方面有较高要求，以及操作专业化程度要求高的项目，企业最好委托专业的市场调研公司进行营销调研。具体原因如下。

（1）专业的市场调研公司能有效减小误差，提高调研的准确性。专业的市场调研公司拥有完整的抽样框和全面的抽样技术，而企业一般不具备抽样框和抽样技术，容易导致抽样不科学，调研方法不专业，样本整体代表性差，这样会人为地增加抽样误差。

（2）专业的市场调研公司拥有专业的调研网络和调研人员，同时拥有一整套科学的操作规程和质量监测体系，可大大减小调研误差，而一般企业不具备这样的条件。

（3）专业的市场调研公司拥有丰富的研究经验、卓有成效的研究方法和专业的研究队伍，既能保证项目方案设计的科学性，又能保证研究结果的真实性和实用性。如果方案设计不科学，再严格的操作、再真实的数据也无法帮助研究员写出真正实用的研究报告。而调研方案虽设计科学，但不能按科学的操作规程操作，无法获取真实的数据资料，那么再优秀的研究员也写不出优秀的研究报告。其中的各个环节是相辅相成的，企业很难做到。

（4）专业的市场调研公司站在第三者的角度客观地研究和分析问题，有利于发现新问题和找出新对策。而当事企业、当事人往往摆脱不了情感因素，难以做到客观、公正地分析。同时，受企业以往管理思路和接触群体的影响，企业分析出来的结果往往存在较大的局限性，难有突破。

因此，对于具有一定实力和条件的企业来说，尽管委托市场调研公司开展营销调研项目需要一笔不菲的费用，但相比于不经过营销调研或只由企业自行进行简单和非专业的营销调研然后就盲目决策，为获得真实的营销信息和专业的市场分析及策略建议进行的必要投入是完全值得的。企业委托专业的市场调研公司开展营销调研的流程和工作参与内容如图 5-5 所示。

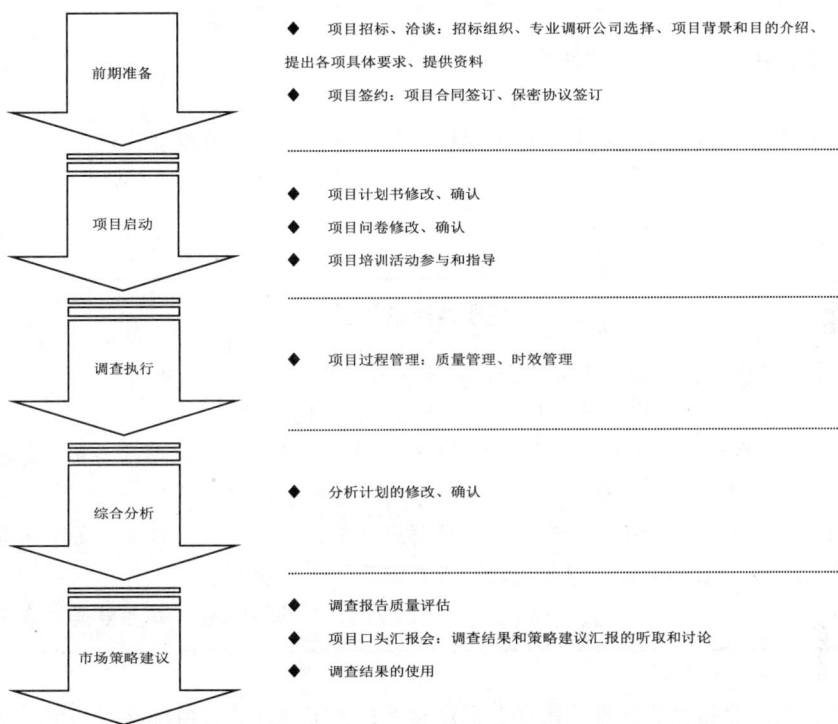

图 5-5　企业委托专业的市场调研公司开展营销调研的流程和工作参与内容

思考题

1. 结合不同含义的市场定义，举例分析有效市场。
2. 经过调研获得的信息一定是可靠的吗？如何从调研信息中去伪存真？
3. 某股份制商业企业想了解目前"80 后"消费者的理财行为，请你为此拟订一份调研计划。

案例分析

Z 世代消费行为分析与思考

扫码阅读

第6章 目标市场战略

【学习目标】

- 熟练进行市场细分
- 掌握选择目标市场的方法
- 掌握企业进行市场定位的方法

战略是指为实现某种目标而制订的大规模、全方位、长期性的行动计划。

营销引例

关于战略的论述

"战略是从全局、长远、大势上进行判断和决策。"

"要善于进行战略思维，善于从战略上看问题、想问题。"

"正确的战略需要正确的策略来落实。策略是在战略指导下为战略服务的。战略和策略是辩证统一的关系，要把战略的坚定性和策略的灵活性结合起来。"

上述关于战略的科学论断对我们正确理解战略与策略的关系、制订既高瞻远瞩又务实管用的营销计划、取得营销管理的成功，具有重要的指导意义。

资料来源：编者根据网络资料整理

市场营销战略是指企业在现代市场营销观念下，为实现其经营目标，对一定时期内市场营销发展进行的总体设想和规划。它涉及市场营销活动过程的职能战略，指导企业的市场营销活动。在企业经营中，战略应该解决企业的目标是什么、企业目前在市场上处于什么位置以及企业如何实现目标这3个基本问题。因而，市场营销战略的核心战略是目标市场战略，也可以简称为STP战略，即市场细分（Segmenting）、选择目标市场（Targeting）和市场定位（Positioning）的组合战略。

6.1 市场细分

市场分析是市场细分的基础，实行市场细分和选择目标市场是制定市场定位战略的前提。市场细分、选择目标市场与市场定位即STP战略，它是企业市场营销战略的核心，它实施地好坏是决定营销成败的关键。

6.1.1　市场细分的含义

　　市场细分是指企业按照一定的基准，把一个市场划分为两个或两个以上的子市场的活动。子市场又可称为"细分市场"。一个细分市场内的消费者具有类似的需求特征。换言之，不同的细分市场之间会表现出明显的需求特征的差异。20 世纪 50 年代，美国市场学家温德尔·史斯密（Wendell R.Smith）发现不少企业成功的秘诀是根据市场需求的差异提供不同的商品，于是在总结这些成功经验的基础上提出了著名的市场细分的观点。

　　需求的异质化是市场细分的客观基础。换言之，"市场的异质化"特征已表现得越来越明显。面对异质化的市场，如果企业仍然只能提供同质化的商品，显然难以很好地满足市场的需求。因此，以满足市场需求为宗旨的企业市场营销活动就必须根据客观存在的不同消费者的需求差异而提供不同的商品。市场细分就是企业根据市场需求出现的异质化倾向而对市场营销战略进行调整的结果。

6.1.2　市场细分的原则

　　企业进行市场细分时必须考虑其可能会导致生产成本和营销成本增加，甚至可能会牺牲规模效益。比如某个细分市场的规模较小，把这样的细分市场作为目标市场就难以适应规模经济的要求。可见，市场虽然可以进行无限细分，但并非所有的市场细分都是有效的。一般来说，有效的市场细分应遵循以下战略原则。

　　1. 可区分性原则

　　可区分性原则是指选择的某个细分市场应具有区别于其他细分市场的明显特征，而且这种特征是可以观察和衡量的。细分市场内的消费者有着共同的需求特征及类似的购买行为，与其他的细分市场存在一定的区别。市场细分是企业为自身创造经营特色的一种手段，细分市场的特征越明显，越有利于形成企业的特色。

　　2. 可进入性原则

　　可进入性原则是指企业所选择的目标市场能使其有能力进入。企业进行市场细分虽然可以减少竞争者，但必须根据自己的人力、物力、财力等各种经营资源的积累情况选择合适的细分市场，以便充分发挥自己的优势，从而保证自己在目标市场上具有较强的竞争力。

　　3. 盈利性原则

　　盈利性原则是指企业所选择的目标市场能够给企业带来战略性的利益，能够维持一定的利润水平。企业作为以盈利为目的的经济组织，能否使企业实现盈利是判断企业活动是否合理的重要标准。如果市场细分导致营销成本过高，或细分市场的规模过小导致生产成本过高，不能维持一定的利润水平，这样的市场细分就是无效的。

　　4. 可持续性发展原则

　　可持续性发展原则是指企业所选择的细分市场应具有一定的发展潜力，通过企业的开发有可能发展为一个大市场，能够给企业带来长远的利益。如果企业选择的是一个已经衰退的或即将衰退的成熟市场，虽然短期内可能会给企业带来一些利益，但可能会使企业将来的发展受到制约。可见，细分市场的选择实际上是企业经营领域的选择，具有战略意义。因此，细分市场的战略必须符合企业长期发展的战略。

6.1.3 个人消费市场细分的依据

个人消费市场上的需求千差万别，影响因素错综复杂。因此，市场细分没有一个绝对标准的方法或固定不变的模式，各行业、各企业可采取不同的划分标准。通常来说，企业主要按照以下 4 类因素对个人消费市场进行细分。

1. 地理因素

地理因素是指根据不同地域消费者行为的特征来细分市场，如细分为国家、地区、省市、南方、北方、城市、农村市场等。由于各个地域的地理条件、自然气候、人口密度、文化传统、经济发展水平等因素不同，不同地域的消费者的消费习惯和偏好也不同。例如，我国有些出口产品在东南亚市场上很受欢迎，而在欧美市场上却难以打开销路，这是由于东南亚一带华人较多，消费习惯受到中国文化的影响。又如，中国北方城市和南方城市的居民，由于地域文化传统的差异，审美也存在不同的偏好。北方城市居民一般偏好较鲜艳的色彩，而南方城市居民则偏好更接近自然的色彩。

2. 人口因素

人口因素是指根据消费者的年龄、性别、家庭情况、职业、文化程度、收入、宗教信仰、民族、国籍、社会阶层等因素来细分市场。以服装市场为例，根据消费者年龄的不同，可以细分为童装市场、青年服装市场和中老年服装市场；根据消费者性别的不同，可以细分为男装市场和女装市场；根据消费者收入的不同，可以细分为中低档服装市场和高档服装市场等。

在根据人口因素进行市场细分时，企业可以综合运用多个标准对市场做进一步的细分。例如，在青年服装市场的基础上，可以按照收入和性别把它进一步细分为中低档女装市场和高档女装市场。

人口因素是影响消费者行为的一个很直接的因素，而且在消费行为上的差异表现得很明显。一般情况下，高收入者与低收入者在消费结构、购买决策、购买行为上都会表现出明显的不同。例如在对待新产品的态度上，由于新产品的功能、性能、质量等的不确定性较大，而且通常价格较高，因此购买新产品具有一定的风险性。高收入者由于风险承受能力较强，对新产品就比较容易接受，购买决策较为果断；而低收入者由于风险承受能力较弱，因此往往要等到新产品的功能、性能、质量等经别人使用被证实不错、价格下降以后才会购买，购买决策较为犹豫。二者的购买决策表现出明显的差异。

3. 心理因素

心理因素是指根据消费者的心理特征或性格特征来细分市场。在市场营销活动中常常可以发现，在地理因素和人口因素相同的情况下，人们的消费行为和消费偏好仍然可能会表现出较大的差异。比如在收入较高的年轻白领中，有些人在穿着上喜欢追求名牌，把收入的大部分用于购买名牌服装。

生活方式是影响消费者行为的一个重要的心理因素。人口因素中的一些变量（如职业、文化程度、宗教信仰、收入等因素）与个人的心理特征结合在一起，就形成了个人特定的生活方式。人们追求的生活方式不同，消费倾向及消费特征也不一样。当前，越来越多的企业开始重视生活方式对市场营销的影响。

个性也是影响消费行为的一个较重要的心理因素。消费者的个性必然会体现在其消费行为上，因而消费过程就是消费者自觉或不自觉地展示自己个性的过程。目前，越来越多的消费者开始追求与众不同的个性消费。如在美国，过去奔驰轿车被视为财富和地位的象征，大公司的高级主管们都把奔驰作为自己的座驾。而近年来，大公司的高级管理人员趋向年轻化，他们认为奔驰虽然看上去很稳重、高贵，但没有太多的变化，于是一些特别重视个人形象的年轻高级主管开始根据自己的喜好选择其他座驾，以展现自己的个性。

营销案例6-1

奔驰微博卖车

奔驰smart新年特别版在新浪微博限量发售666辆，仅490分钟就被抢购一空。从参加淘宝团购到登录京东商城再到如今微博卖车，奔驰smart几乎每年都会以一种特别的方式走进大众的视野。尚扬媒介互动营销总经理何嘉琳告诉《广告主》杂志："市场上十几万元的小车很多，我们不希望大家仅仅将smart看作这样一辆小车，也不要求他们用枯燥专业的术语来衡量它，而是要让新鲜、活力、创意成为该品牌给消费者的第一印象和独特标签。"该公司罗天兰说："虽然奔驰品牌有着120多年的历史，但是公司希望smart的品牌形象年轻化、富有生命力和活力、喜欢社交。"

资料来源：《广告主》

4. 行为因素

行为因素是指根据与消费者购买行为相关的因素来细分市场。行为因素包括消费者购买和使用商品的时机、追求的利益、使用状况、购买的数量和对品牌的忠诚度等。

（1）按消费者购买和使用商品的时机来细分市场。有些商品的销售具有很明显的季节性，如学生在平时和开学前购买文具的行为有很大的差异；有些服务性行业的经营具有时机性，如一些被认为是吉利的日子、平常的日子以及被认为是不吉利的日子里的消费行为都有很大的差异。这些都是不同的细分市场，企业应当根据其差异来制定不同的营销方案。

（2）按消费者购买商品所追求的利益不同来细分市场。有的消费者购买手表是为了将其作为计时工具，而有的消费者购买手表是为了将其作为身份象征，或是为了将其作为礼品赠送亲友。不同的用途对手表有不同的要求：将手表作为计时工具的消费者可能注重手表的使用寿命和价格；将手表作为身份象征的消费者可能注重手表的品牌和声望；而将手表作为礼品的消费者可能更注重手表的外观和包装。因此，企业可以根据消费者购买手表所追求的利益不同把手表市场划分为不同的细分市场，生产不同的商品并运用不同的营销方法。

（3）按消费者对商品的使用状况来细分市场。按对商品的使用状况，可以将消费者分为初次使用者、经常使用者、准备使用者等不同类型。不同类型的使用者对商品的认识不一样，购买行为也不一样。因而针对不同的使用者，企业应当有不同的营销方法。例如，对未使用过商品的消费者，重点应放在如何通过广告、宣传等手段使他们认识商品并愿意购买，从而成为初次使用者，进而成为经常使用者；而对经常使用商品的消费者，重点则应放在如何降低购买成本、改善服务，使他们继续经常购买或加大购买力度。

（4）按消费者购买的数量来细分市场。在使用同一种商品的消费者中，有的是大量使用，有的是少量使用，有的是难得使用，据此可以将消费者细分为大量用户、中量用户、少量用户等几个不同的消费群体。以啤酒为例，有的消费者每天饮用且量多，有的消费者只是休息日在家饮用，有的消费者只是亲朋好友聚会时饮用。不同的消费者，购买行为也不一样：大量饮用者可能有自己偏好的品牌，不注重包装而对价格较敏感；少量饮用者可能较重视口感；而难得饮用者可能更注重品牌或包装。因此，企业在商品价格、销售渠道、销售形式、广告宣传等方面也要区别对待，以体现出针对性。

（5）按消费者对品牌的忠诚度来细分市场。不同的消费者对品牌的忠诚度不一样，据此可以将消费者细分为以下几类。

①单一品牌忠诚者。他们固执地只信任某一个品牌的商品，而不愿意尝试其他品牌的商品。如有的消费者终生只饮用某一个品牌的咖啡，如果所到商店缺货，他们宁愿去其他商店购买甚至不喝。

②动摇的忠诚者。他们同时忠诚于某几个品牌的商品，会轮流使用这几个品牌的商品，而不使用其他品牌的商品。如有的消费者在购买服装时，冬衣可能只购买某几个品牌的服装，而夏衣可能只购买另外几个品牌的服装。

③转移的忠诚者。他们经常转换品牌偏好，不固定忠诚于某一品牌，一段时间忠诚于某个品牌，之后可能忠诚于另一个品牌。

④非品牌者。他们或者是毫无品牌意识，购买商品只考虑其他因素而根本不考虑品牌（如一些低收入的中老年消费者）；或者是为了追求多样化，喜欢尝试各种不同品牌的商品。

每个市场上都同时存在着上述 4 类消费者，并且每类消费者对不同商品的品牌忠诚度也不一样。例如，有的消费者在购买家用电器等高档耐用消费品时，非常注重品牌，并只购买某几个品牌的商品；而在购买服装时则不考虑品牌，只注重款式。

6.1.4 集团消费市场细分的依据

集团消费市场与个人消费市场具有共性，因此个人消费市场细分的一些因素也可用于集团消费市场的细分。但集团消费者的外延要大得多，采购商品的用途也要广泛得多。因此，集团消费市场还要考虑按以下因素来进行细分。

1. 按消费者对商品的不同要求来细分市场

按消费者对商品的不同要求来细分市场是一种较常用的细分方法。在集团消费市场特别是产业市场上，同一种商品可以有各种不同的用途，因此对商品的要求也不一样。例如，不同的集团购买者购买炸药的用途可能大相径庭：军工企业购买炸药可能是为了制造军火，建筑企业购买炸药可能是为了爆破。又如，同样是面粉，制作西点的食品厂和生产面条的加工厂对其要求可能也不一样。也就是说，最终消费者的每一种要求都可以形成企业的一个细分市场。

2. 按消费者对商品的需求规模来细分市场

消费者的规模决定了消费者对商品的需求量，决定了消费者对企业的重要性。有的消费者的购买量很大，它们占企业销售总量的比重很高；而有的消费者的购买量可能很小，它们占企业销售总量的比重很低。因此，企业要在一视同仁的前提下，区分大、中、小消费者，对他们采用不同的营销方法。

3. 根据消费者的地理位置来细分市场

由于集团消费市场上，生产企业占有相当大的比重，而生产企业的分布往往受到特定自然资源、自然条件、社会环境、历史等各种因素的制约，因而形成各具特点的产业地带，如我国的东北地区是重工业集中的地区、东南沿海地带是高科技产业轻工产品的主要生产地区等。这些不同的产业地带对不同的商品具有相对集中的需求。选择消费者较为集中的地区作为企业的目标市场，不仅可以享受市场营销的规模经济，降低运输成本和营销成本，而且联系方便，信息反馈快，能够更好地满足消费者的需求。

6.1.5 细分市场的评价

评价细分市场是选择目标市场的基础，通常可以从以下 4 个方面进行。

1. 细分市场的潜在规模

细分市场的潜在规模是指消费者对产品的潜在需求量。细分市场的潜在规模决定了企业营销的发展空间，潜在规模过小则意味着企业在该市场上难以有大的作为。但也并不是说细分市场的潜在规模越大越好，规模过大则说明：一方面，市场细分得不够，还可按照某种标准进一步细分；另一方面，会吸引更多的企业进入，意味着将面临更加激烈的竞争。总之，细分市场的潜在规模适当才最具吸引力。

2. 细分市场的竞争状况

市场细分的目的之一是减少竞争者以缓和竞争，使企业获得市场营销优势。如果一个细分市场内的竞争者过多，则市场细分就没有达到其本来的目的。因此，企业在选择目标市场时，要正确估计各细分市场的竞争状况以及自身的竞争地位。企业应选择那些竞争者较少，而自身又具有较大竞争优势的细分市场作为自己的目标市场。

竞争者既包括各细分市场上已经存在的其他企业，也包括尚未进入但可能要进入该细分市场的其他企业。因此，企业在分析竞争状况时，不仅要考虑市场上已经存在的竞争者，还必须考虑潜在的竞争者。潜在竞争者的多少，一方面取决于一个细分市场的市场容量和吸引力的大小，另一方面取决于一个细分市场进入壁垒的高低。

3. 细分市场的特征与企业积累的资源

企业营销在目标市场上能否具有较强的竞争力，取决于其积累的资源在该市场上是否具有较明显的优势，以及这种资源优势在该市场上能否得到充分的利用和发挥。如果细分市场的特征能够促使企业的资源优势得到充分发挥，则企业就可能具有较强的竞争力。因此，企业必须分析各个细分市场的市场特征和企业自身资源的积累状况，以及它们是否能够相互匹配、互补。

4. 细分市场的可盈利机会

细分市场的可盈利机会是企业评价细分市场的一个基本标准。盈利时机往往与产品的生命周期、市场的竞争程度、产品主要顾客的特征等有关。例如，一种产品在投入市场初期，其购买者往往是收入水平较高的顾客，所以通常定价较高，利润也较丰厚；而随着产品逐步趋向成熟，价格会逐步下降，利润率也会随之降低。因此，如果企业选择的细分市场处在产品生命周期的早期阶段，就可能获得较高的营销利润。

6.2　选择目标市场

目标市场是指企业营销要进入的市场，是企业根据自己的资源优势、竞争优势和营销目标选择的一个或几个细分市场。因此，目标市场选择战略是企业制定营销战略的基础，对企业的生存与发展具有重要意义。通过对市场的细分，企业也许会发现具有较好营销机会的细分市场不止一个。这时，企业将面临是重点选择其中某一个细分市场作为自己的目标市场，还是把所有有机会的细分市场都作为自己的目标市场的问题。目标市场选择战略就是企业针对这个问题做出的既具有现实意义，又具有长远意义的战略选择。

6.2.1 无差异性营销战略

无差异性营销战略就是将整个市场所有的细分市场作为自己的目标市场的战略。换言之，无差异性营销战略就是不进行市场细分的覆盖市场战略。选择这种战略的前提是市场上所有消费者对该类产品具有相同的需求和偏好，即需求的核心相似，不存在差异性，或者差异性很小。例如，可口可乐公司的营销活动采用的就是较典型的无差异性营销战略。

1. 无差异性营销战略的优点

无差异性营销战略最大的优点就在于成本的经济性。企业通过大批量生产无差异的标准化产品，可以降低产品的生产成本和提高设备的利用率，同时还可以节约差异产品的开发费用，有利于企业以价格优势来争取最广泛的消费者。

2. 无差异性营销战略的缺点

无差异性营销战略的缺点也很明显，即不能满足消费者的不同需求，难以适应现代市场需求的频繁变化。因此，这种战略只适用于那些消费者需求差异性较小的产品（如可口可乐、纯净水等），或产品供不应求的市场状态。而即使是消费者需求差异性较小的产品，或在产品供不应求的市场状态下，企业也不宜长期使用这种战略。

6.2.2 差异性营销战略

差异性营销战略是指企业在细分整体市场的基础上，针对各个细分市场不同的需求特征设计和生产不同的产品，制定并实施不同的市场营销组合方案，以差异性产品满足差异性市场需求。无差异性营销战略和差异性营销战略的共同之处在于它们都是以所有的细分市场（即整体市场）为目标市场，不同之处在于差异性营销战略是针对不同的细分市场提供不同的产品和不同的营销方案。选择差异性营销战略的前提是不同细分市场上消费者的需求特征存在明显的差异，且细分市场的收益大于细分市场的成本。

1. 差异性营销战略的优点

差异性营销战略的优点主要有以下几个：①能够实现产品的多样化、丰富化，可以满足不同消费者的不同需求，从而繁荣市场。②有利于提高企业的竞争力。由于企业同时在多个细分市场上开展活动，如果在各个细分市场上都能取得较好的营销效果，则既能扩大销售，又能提高企业的知名度，帮助企业树立良好的形象。③能增强企业经营的灵活性，即使在某一个细分市场上失败，在其他细分市场上也可能获得成功。

2. 差异性营销战略的缺点

差异性营销战略的缺点主要有以下几个：①由于产品品种多，销售渠道和广告宣传方式多样化，产品改进成本将大大增加，可能会造成规模的不经济。②对企业资源积累的要求较高。采用差异性营销战略的企业，必须有较强的产品开发能力、技术开发能力以及市场营销能力。例如，根据最终用途把汽车市场细分为卡车、农用车、乘用车等细分市场，这些汽车的生产过程、销售对象以及分销渠道、促销手段都有很大的差异。如果把这些细分市场都作为目标市场，企业就必须配备不同的汽车生产线，建立不同的营销网络以及有足够的各种产品的营销人员和管理人员。

6.2.3 集中性营销战略

集中性营销战略也称密集性营销战略，是指企业选择一个或少数几个细分市场作为目标市场，集中力量在较少的目标市场上开展营销活动的战略。集中性营销战略和差异性营销战略一样，都是为市场提供差异性产品，但集中性营销战略只在一个或少数几个细分市场上提供差异性产品。例如，德国的奔驰公司就选择了高档汽车市场作为它的目标市场，而日本的铃木汽车公司、大发汽车公司等就选择了廉价的轻型汽车市场作为它们的目标市场，并都取得了成功。

1. 集中性营销战略的优点

集中性营销战略的优点主要有以下几个：①由于目标集中，可以对目标市场有较深入的了解，使产品能更好地满足该细分市场上消费者的需求；②实行集中性营销战略的企业选择的细分市场通常是企业的资源优势能够得到最充分发挥的市场，因此在该市场上往往具有较强的竞争力。例如，日本的铃木汽车公司集中生产轻型汽车，多年来积累了丰富的经验，它生产的轻型汽车不仅在日本市场上拥有相当大的份额，在国际市场上也拥有相当大的份额。

2. 集中性营销战略的缺点

集中性营销战略的缺点主要为目标市场比较单一和狭小，正如"将所有的鸡蛋都放在一只篮子里"，一旦市场情况发生变化，如消费者偏好发生转换、购买力下降等，企业就必须寻找新的支撑点，因此风险较大。所以，选择集中性营销战略的企业在积累了一定的成功经验之后通常会逐步扩大自己目标市场的范围。

营销案例 6-2

棕榈航空（Palmair）的集中性营销战略

全世界最小的航空公司是英国一家仅有一架客机的航空公司——棕榈航空，它因管理者的亲善服务态度和礼貌周到而感动了不少乘客，跑赢了国际上不少有地位的航空公司，令人刮目相看。该航空公司在 1957 年成立，初期仅靠租赁飞机经营，只飞往西班牙的马霍卡岛，1991年才买下自己的波音 737 客机。棕榈航空共有机组人员及地面勤务人员 129 人，每年总载客量仅为 7.5 万人次，航线也不多，飞往西班牙、葡萄牙、希腊及克罗地亚等 14 个欧洲地区。

目标顾客：专注于细分市场上的客户——到欧洲度假的企业经理人。

定位特色：把自家花园里的花带上飞机；提供商务舱的双人床服务；飞机上提供美容保健服务等；在伦敦机场提供 18 个淋浴房；在机场休息厅开设独特的健康和美容俱乐部，提供美容服务、图书馆、音乐室、酒吧等。

资料来源：环球旅讯

6.2.4 影响目标市场战略选择的因素

企业在选择目标市场时，必须根据自身的具体情况，谨慎权衡利弊得失。一般来说，进行目标市场战略的选择需考虑以下因素。

1. 企业的资源积累

不同的目标市场战略对企业资源积累的要求不一样，无差异性营销战略和差异性营销战略（特别是差异性营销战略）都要求企业有较雄厚的资源积累，如企业拥有大规模的生产能力、较强的产品和技术开发能力，或拥有广泛的销售网络和著名商标等。因此，采用无差异性营销战略或差异性营销战略的企业通常是资源积累较雄厚的企业；而一些资源积累较少、实力较弱的企业往往较多地选择集中性营销战略，以便自己有限的资源优势能得到充分发挥。

2. 产品特性

有些产品的差异性较小，如食盐等可被视为同质性产品，对这类产品宜采用无差异性营销战略，若刻意追求其差异性则可能成本过高，得不偿失。而对一些差异性较大的产品，如服装、汽车等，则宜采用差异性营销战略或集中性营销战略。

3. 市场特性

消费者对有些产品的需求比较相近，在购买习惯上没有太大的差异，对市场营销刺激的反应较为一致。如对一些廉价的一次性产品，消费者通常不会有什么特殊要求。对这类产品，采用无差异性营销战略可大大降低生产成本。而对消费者需求差异性较大的产品，如汽车、手表、化妆品等，则可采用差异性营销战略或集中性营销战略。

4. 产品生命周期

产品处于生命周期的不同阶段，就需要采用不同的目标市场战略。当产品处于生命周期的导入期或成长初期阶段时，由于竞争者较少，品种比较单一，消费者对产品尚不太了解，因而需求的差异性表现得也不明显，通常可采用无差异性营销战略。当产品处于生命周期的成长期或进入成熟期以后，市场上生产同类产品的企业增多，竞争加剧，消费者需求的差异性也逐步变得清晰起来，这时宜采用差异性营销战略或集中性营销战略，以更好地满足不同消费者的需求，从而维持和延长产品生命周期。

5. 竞争者的营销战略

目标市场营销是企业获得竞争优势的手段之一。为了获得竞争优势，企业在选择目标市场战略时，还必须了解竞争者采取何种战略。例如，当竞争者采用无差异性营销战略时，企业可采用差异性营销战略，使自己的产品能更好地满足不同消费者的不同需求，以获得竞争优势。

6.3　市场定位

企业在选定目标市场之后，还要考虑怎样占领市场。尽管细分市场可能躲避得了一些竞争对手，但是竞争仍然存在。企业要想在细分市场上拥有较强的竞争力，就必须在产品营销的某个方面创造出自己的鲜明特色，以开拓市场，争取消费者，从而战胜竞争者。可以说，市场定位就是企业必选的市场营销战略。

6.3.1　市场定位的概念

市场定位指确定企业及其产品在目标市场上的位置，也就是确定企业及其产品在消费者心目中的位置和形象。企业及其产品要想在消费者心目中留下深刻的印象，并且使这种印象成为消费者购买产品的动因，就要打造出不同于其他企业产品的鲜明个性和特色，而且这种个性和特色应确实能够满足消费者的某种特殊需求。

6.3.2　市场定位的依据

市场定位的依据，即企业及其产品在目标市场上如何定位、如何塑造形象。产品（品牌）

定位的依据有很多，一般可分为4种主要类型。

1. 以产品（品牌）质量、价格和服务定位

以产品（品牌）质量、价格和服务定位即通过产品（品牌）的质量、价格、服务，或几种因素的组合来进行市场定位。例如，海尔品牌的产品以高质、高价和优质服务来进行定位。

营销案例 6-3

小米手机的市场定位

用户群体定位："80后""90后"。

市场定位：网购市场。"80后""90后"有一个共同的特性：喜欢新事物，尤其是对智能手机的追求非常强烈。他们要的是便宜、实用。而要想产品便宜、实用，企业就要降低成本。众所周知，在传统的生产、销售过程中最增加成本的就是销售渠道。因此，减少销售渠道是降低成本最好的办法。小米选择了网络销售，这无疑让用户买到的产品的价格要便宜不少，同时大大降低了自己的成本。

品牌定位：根据用户和市场的特点以及智能手机经常出问题的特点，小米的品牌定位优势是配置高、价格低。同时，小米还提出了"为发烧而生"的产品理念。曾经，小米采用尾数定价即非整数定价策略，将产品价格定为1 999元，让消费者觉得该产品未过2 000元大关。

资料来源：编者根据资料整理

2. 以使用者类型定位

以使用者类型定位即通过不同类型的使用者来进行市场定位。例如，劳斯莱斯轿车定位于高收入的知名人士；又如，迪士尼乐园的卡通动画片以少年、儿童为主，定位于制造并销售快乐。

3. 以使用场合或特殊功能定位

以使用场合或特殊功能定位即通过特定的使用场合或产品的特殊功能来进行市场定位。例如，绿箭口香糖能使人"口气清新自然"；又如喜临门白酒从品牌名称到广告都强调它是适用于喜庆场合的宴酒。

4. 以区别竞争对手的不同属性定位

以区别竞争对手的不同属性定位即通过本企业产品的特殊属性区别于竞争者的产品来进行市场定位。例如，海南柳树牌矿泉水以"江水湖水，来自纯天然矿泉之水"进行定位，来区别于乐百氏纯净水、娃哈哈纯净水和农夫山泉矿泉水。

6.3.3 市场定位的步骤

企业的市场定位一般包括3个步骤：首先，通过市场调查确认潜在的竞争优势；其次，准确地选择相对竞争优势；最后，体现竞争优势。

1. 确认潜在的竞争优势

企业在进行市场定位时，首先必须充分研究竞争者和自身的资源积累情况，明确自己的竞争优势所在，这样才能充分发挥自身的优势，形成不同于竞争者的鲜明特色。

（1）要研究竞争者的定位情况。研究竞争者的定位情况即了解竞争者正在提供什么样的产品，其产品在消费者心目中的形象如何，并估测其产品成本和经营情况。对于竞争者，不仅要研究其现状，还要深入研究其潜在的竞争优势。

（2）要研究消费者对产品的评价标准。研究消费者对产品的评价标准也就是研究消费者需求的核心，即消费者在购买此类产品时最关注的因素是什么。根据消费者最关注的因素打造自己的特色，往往最容易给消费者留下深刻的印象。企业如果能够比竞争者更了解消费者的需要，就能获得竞争优势。

（3）要研究企业自身的资源积累情况。市场定位的目标应当是企业力所能及的和可以实现的，企业要根据自身目前资源积累的情况进行判断，比如自己在哪些方面有可能创造出特色、与竞争者相比自己哪些方面更具优势等。

2. 选择相对竞争优势

相对竞争优势是指相对于竞争者的竞争优势。在充分研究竞争者及自身条件的基础上，企业应进一步确定自己的竞争优势所在以进行市场定位。相对竞争优势通常来自两个方面：一是价格优势，二是产品的差异性优势。

（1）价格优势。价格优势是指本企业产品的价格比竞争者产品的价格更能吸引消费者购买。价格优势来自成本优势，如果企业拥有较多的融资渠道，或有稳定低廉的投入要素的供给源，或有较低的劳动力成本、高效率的生产设备、良好的管理体制和分销渠道或规模经济等优势，总之就是在降低成本方面比竞争者有更大优势，就可以选择"廉价"作为自己的特色。

（2）产品的差异性优势。产品的差异性优势是指产品在功能、质量、造型、服务等属性的某一个方面或某几个方面区别于竞争者的产品，能够为消费者提供更大的满足，从而吸引消费者购买。

3. 体现竞争优势

企业的相对竞争优势要形成企业特色，而企业特色必须是被消费者所认可、所接受的。要使企业的相对竞争优势成为企业及其产品的特色，就必须让消费者知道企业的优势所在，而让消费者知道企业优势所在的方法就是把竞争优势体现在产品上，使之成为产品优势。企业必须通过各种有效的方式加强自身同消费者的沟通，如通过广告宣传、演示、试用等各种方式凸显产品的特色，强化消费者对特色的认识和认同。

6.3.4 市场定位战略

市场定位战略实际上是企业在目标市场上与竞争者展开竞争的一种竞争战略。市场定位战略不同，竞争态势也不一样。从理论上讲，企业可选择的市场定位战略主要有以下 3 种。

1. 寻找市场空隙战略

市场空隙是指市场上尚未得到满足的那部分市场需求。寻找市场空隙战略就是企业将自己的产品定位在目标市场上的市场空隙部分，因此也可称为拾遗补阙战略。企业如果能首先进入这部分市场，既能够避开与竞争者的直接竞争，又能够占据有利的市场地位，从而成为该市场上的领先者。通常是一些资源积累优势较小，难以与大企业展开正面竞争的弱小企业采用寻找市场空隙战略，这样能为企业今后的发展奠定很好的基础。现实中，有很多小企业就是通过这种战略迅速发展为市场领先者的。

2. 追随市场领先者战略

追随市场领先者战略是指将企业和产品定位在市场领先者之后的战略。如果把一个市场上的企业及其产品在消费者心目中的地位想象为一个系列，那么追随市场领先者战略就是把自己定位在第二个层次上，即与领先者和平共处，只是紧紧跟随领先者而不去刺激它。

例如，日本的松下公司就是采用这种战略的典型。虽然松下公司在新产品、新技术的开发方面总是落后于索尼，但其生产规模很大、市场占有率很高，部分原因就是其享受了作为市场追随者的种种优势。

3. 市场挑战者战略

市场挑战者战略是指要向位居前列的竞争者发起挑战，以取而代之。这是一种竞争性最强的市场定位战略。采用市场挑战者战略的企业通常在目标市场上进一步发展的空间很小，又难以向其他细分市场或其他行业发展，只能通过在原有的目标市场上抢占竞争者的市场份额来谋求进一步的发展；同时企业拥有较雄厚的资源积累，且有足够的信心战胜竞争者。

思考题

1. 企业如何进行合理的市场细分？
2. 企业如何进行市场定位？
3. 影响目标市场战略选择的因素有哪些？

案例分析

扫码阅读

平安银行的目标市场战略分析

第7章 产品策略

【学习目标】

- 掌握产品的整体概念
- 熟悉新产品开发程序和产品生命周期
- 掌握产品组合策略
- 熟悉产品包装策略

产品是一个企业生产活动的中心，产品策略则是一个企业开展市场营销的支柱和基石。在现代市场经济条件下，每家企业都应致力于产品质量的提高和产品组合的优化，随着产品生命周期的发展和变化调整市场营销方案，及时开发新产品，以便更好地满足市场需求。

营销引例

家庭早餐场景成"兵家必争"之地，思念酥皮速冻馅饼异军突起

营养、美味、制作方便快捷的馅饼，正成为家庭早餐消费场景的新秀，市场空间巨大。思念2020年推出的酥皮馅饼新品，成长迅猛，尤为引人注目。

线下推广得力，产品复购率高。思念推出酥皮馅饼，酥脆的产品特色，深受消费者喜爱。思念组织了数万场线下试吃推广活动，向消费者面对面推介，开展品尝、试吃、买赠等促销活动。

线上频繁曝光，消费者认知度高。热播的某电视剧中，出现了思念馅饼的身影。在小红书和微博上，不少购买过思念馅饼的消费者自发分享体验。

好品质，在消费者中形成绝佳口碑。酥脆，是思念酥皮馅饼有别于其他品牌最大的差异化卖点，它还原了传统盘丝工艺，产品煎好后饼皮层次分明，酥脆但不油腻，搭配一杯牛奶，就是一顿营养美味的活力早餐。

口味丰富，带给消费者更多选择。思念酥皮馅饼除了经典陕西风味的腊汁肉饼，还有黑椒牛肉、香辣鱿鱼、葱香猪肉、牛肉等口味，给消费者提供了更多的选择空间。

思念馅饼的成功，也向行业展示出了家庭早餐消费的广阔前景，这依然是个难得的增量市场。

资料来源：今日头条《家庭早餐场景成"兵家必争"之地，思念酥皮速冻馅饼异军突起》

7.1 产品概述

在市场营销组合中，最重要的决定性因素是产品，因而产品策略处于中心地位，其他策略则以产品策略为基础。

7.1.1 产品的整体概念

传统观念中的产品是有形的实物，而现代营销观中产品的概念发生了根本性的变化。企业营销是通过市场交换，向消费者提供产品与服务，以满足其需求的过程。消费者的需求是多方面的，不但有生理和物质方面的需求，而且还有心理和精神方面的需求。有学者认为："产品就是为消费者提供某种预期效益而设计的物质属性、服务和标记的组合。"该定义具有以下两个特点：①广泛性。定义中的"预期效益"既可指消费者的需求、欲望，也可指再加工者、转手贸易者所期望获取的利益。该定义既适用于消费品，也适用于工业品。②完整性。定义中的"物质属性、服务和标记的组合"指出了一个完整的产品是有形物体与无形部分——服务、设计、包装，甚至某种情趣、魅力的组合。

因此，市场营销中的产品是指有形实物、创意和服务的整体概念，即产品至少应该包括 3 个要素：实体产品、创新和服务。产品一般包括核心产品、有形产品和附加产品 3 个层次，如图 7-1 所示。

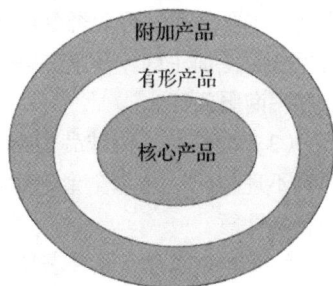

图 7-1 产品的整体概念

1. 核心产品

核心产品是产品的最基本层次，是满足消费者需要的核心内容，即消费者真正要购买的基本效用、利益和使用价值。核心产品主要包括产品的性能、功能用途、使用价值等。例如，在铁路运输中，旅客真正要购买的是"到达目的地与代步过程"。核心产品是企业营销活动的基础，同时又是企业具有营销活动能力的标志。

2. 有形产品

有形产品是产品的基本形式，是消费者在购买产品时希望和认同的一系列属性和条件。例如，可供旅客"到达目的地与代步过程"的列车，既构成了供旅客到达目的地与代步过程的基本形式，同时又包括为旅客在旅行过程中提供的各种舒适用品。

3. 附加产品

附加产品是为产品增加的服务和利益，以形成产品的特色。附加产品把企业所提供的产品与竞争者的产品予以明显的区分。例如，旅行列车提供的录放机、清洁用品、鲜花、美味晚餐及完美的服务等。从本质上说，产品的竞争主要是附加产品层次的竞争。市场竞争的关键并不在于企业能生产出什么样的产品，而在于企业能为其产品增加什么，包括外在包装、广告宣传、客户咨询、售后服务等，以及消费者所重视的其他价值。

企业在提供附加产品时，必须注意以下几点：①每一项附加利益都会提高产品的成本，营销人员必须考虑消费者是否愿意为附加利益增加支出；②附加利益很快会变成期望利益，如旅客最初发现列车里有闭路电视会喜出望外，但很快就会习以为常，这意味着企业必须进一步寻找特色和利益并加入产品中；③当企业为提供附加产品而提高价格时，竞争者则可能会反其道而行之，以低价为消费者提供期望产品，这样企业反而可能因此失去部分市场。

7.1.2 产品的分类

产品有许多不同的分类方法，下面介绍其中两种。

1. 根据消费者购买习惯的不同分类

（1）便利品。便利品是指消费者经常使用，通常不用花费很多时间和精力去购买的产品。便利品可进一步划分为：①日常使用的产品，如牙膏、香皂、毛巾等；②即兴购买的产品，如书报杂志、纪念品、工艺品等；③特定情况下购买的产品，如雨伞、蚊香、药品等。便利品的营销要表现出在时间、地点和销售方式上能为消费者提供最大限度的便利。

（2）选购品。选购品是指品种功能复杂、挑选性强，在质量、价格、特色、样式等方面需要反复比较和考虑才能决定购买的产品。选购品可进一步划分为：①同质品。同质品指消费者认为质量类似但品牌和价格不同，购买时主要是通过对价格、品牌知名度和售后服务的比较来选择的产品，如电视机、电冰箱、摩托车等。②异质品。异质品指消费者对产品特色比对价格和品牌更重视，主要是通过看能否令自己称心来选择的产品，如服装、家具等。选购品的营销要在质量和特色方面特别注意。企业在提供选购品的同时，还应配备训练有素的营销人员，为消费者提供信息和咨询服务等。

（3）特殊品。特殊品是指特定品牌或具有特色的，由特定消费者群专门购买的产品，如天津狗不理包子、北京全聚德烤鸭、瑞士劳力士表等。特殊品的营销要在服务和产品的可靠性方面特别注意。

（4）非寻求品。非寻求品是指消费者不知道的，或虽然知道但一般情况下不想购买的产品，如人寿保险、具有传世特色的字画、功能特点不被人所了解的新产品等。非寻求品的营销要在广告和人员推销等方面花费很大的力气。

2. 根据产品的有形性和耐用性分类

（1）非耐用品。非耐用品是指使用周期短、容易消耗的有形产品，如食品、化妆品等。这类产品消耗快，购买频率高，因此与之相对应的营销策略有：让消费者能随时随地购买到；采用低盈利价格；通过广告宣传来吸引消费者使其形成偏好。

（2）耐用品。耐用品是指使用周期相对较长，不容易消耗的有形产品，如家具、汽车等。这类产品一般较多采用人员推销和服务的形式营销，要求销售者提供较多的担保条件。

7.2　新产品开发策略

在现代市场经济环境下，产品的开发可谓日新月异。企业为了保持或提高自己的市场份额，必须不断地推陈出新，才能够适应市场需求，满足消费者需要。开发新产品和新产品开发策略是企业实现市场营销目标、保持市场竞争优势的基本前提。

7.2.1　新产品的概念

从生产角度来讲，新产品是指在结构、性能、材质等某一方面或几方面较原有产品有显著改进和提高，或独具创意的产品。营销学中新产品的概念是从消费者需求方面定义的，即指在结构、功能或材质等某些方面发生改变，并能满足消费者某些新的需求的产品。新产品一般可分为以下4类。

1. 同类新品牌新产品

同类新品牌新产品与社会群体固有的消费模式基本一致，不会令消费者对其产生陌生感。这种产品与原有产品相比较，只是在式样、质量、功能等方面略有变化。

2. 改良新产品

改良新产品与社会群体固有的消费模式差异程度不大,是对现有产品改良后的结果。这种产品能更好地满足消费者的需求。不同市场上的改良新产品与消费模式的差异程度可以不同。某些国家、地区的市场,产品变化比较迅速,消费者接受新产品的速度也较快。例如,不断翻新的家具式样等。

3. 更新换代新产品

更新换代新产品与社会群体固有的消费模式差异程度较大,但还没有要求建立新的消费模式。人们的生活环境总是在不断变化着,这种变化发展到一定程度就会要求人们改变固有的消费习惯。不同的消费者对这种变化的敏感性有较大差异,因而对这种新产品持有不同的态度。例如,更新换代的电动剃须刀、冷冻食品等。

4. 非新发明的新产品

非新发明的新产品为人们提供了一种新的消费模式,其诞生往往是科学技术的突破使得人类某种可望而不可即的需求最终得以实现。例如,飞机、计算机、电视机等都属于此类产品。现代市场激烈的竞争造成市场细分过度,新产品面对的市场越来越狭窄;社会和政府对新产品的要求不断提高,使得创新速度减慢,产品设计和广告决策复杂化;研究与开发费用、制造费用和营销费用的不断上升,导致资本短缺;同样的新产品往往可能有多家公司同时开发,因此不得不缩短开发周期;竞争者对新产品的模仿速度加快,新产品的生命周期缩短。

新产品的开发有两种基本方式:①企业购买外部的技术专利权或特许权,取得开发权;②企业自行研究开发新产品,或与其他企业联合开发新产品,或与专门的研究开发机构签约,委托其开发新产品。

7.2.2　新产品开发的程序

新产品的开发分为程序式开发和非程序式开发,此部分重点讲解程序式开发。程序式开发主要分为 7 个阶段。

1. 新产品创意

创意是新产品开发的第一阶段。创意是指为满足某种市场需求而提出的设想,它是灵感、经验、知识、技能、构想和设计等创造性思维的产物。新产品创意来源于多方面,主要包括:消费者、营销人员、新产品开发机构、竞争者、分销商和供应商以及其他方面。

从市场营销的观念出发,消费者需求是新产品创意的起点。因此,企业应当有计划、有目的地通过对消费者的调查分析来了解消费者需求。向消费者询问现行产品的缺陷,是企业产生新产品创意的有效方法。营销人员因经常接触消费者,从而了解消费者的需求状况和消费者对产品的不满程度,并对此提出一些有价值的建议。对竞争企业的密切关注,有利于企业新产品创意的产生;对竞争企业产品的详细分析,能帮助企业改进自己的产品。企业还要向分销商和供应商听取意见,分销商直接从事购销,熟悉市场动向,可将消费者的意见和要求反馈给企业,供应商可以向企业提供有关新技术和新材料方面的信息,二者都有助于企业产生新产品创意。企业新产品开发机构的工作人员是产生新产品创意的中坚力量,上述各种人员的新创意只有被这些工作人员所接受、理解,才有可能成为有效的新产品创意。

2. 创意筛选

由于受资源、精力等的限制,企业只能对大量新产品创意中有限的一部分进行开发。企业进行创意筛选时要注意避免两种倾向：①误舍，即删减了有价值的新产品创意；②误取，即保留了过多无价值的创意。

企业要完全避免这两种错误倾向是不可能的，只能依靠一定的措施、方法，并凭借工作人员的判断力尽量减少。企业应当清楚，筛选的目的是尽可能早地发现没有价值的创意，以减少新产品的开发成本，缩短新产品的开发周期。从此目的出发，企业进行筛选时一般采取分级评分法，即首先确定对有关创意进行评价的重要因素，规定它们的权数，然后从每一个因素出发对各个创意进行评分，将其得分与有关权数相乘后再相加得出每个创意的总评分，评分结果可供决策者参考。

3. 新产品概念的形成

从社会群体产品创意向新产品概念的转化是抽象概念向具体概念转化的过程。一个社会群体产品创意可以转化成几个新产品概念，新产品开发人员需要逐一研究这些新产品概念，并进行选择、改良。在明确了新产品概念之后，新产品开发人员还需对新产品概念进行定位。

新产品概念的形成还要通过消费者测试，测试的主要问题如下。

（1）该新产品概念是否清晰易懂。

（2）该新产品是否具有明显的优点。

（3）与市场现有产品相比较，该新产品是否更优越。

（4）该新产品是否能满足消费者的真实需要。

（5）该新产品是否可以进行进一步改良。

（6）与价格、目标市场等有关的问题。

4. 商业分析

在确定了新产品概念后，企业还要详细分析这一新产品的开发在商业上的可行性，即详细审核预计销售量、成本、利润、投资收益率和未来营销成本等。如果可行，就进一步开发。在新产品的开发过程中，企业要多次进行商业分析，并确认新产品的商业价值和可行性。

5. 设计与试制

在进行商业分析以后，企业要将新产品概念转化成实体样品。实体样品的生产必须经过设计、试验、再设计、再试验的一个反复的过程，待确认有开发价值后则可交付生产部门试制出来。对试制出的样品，企业还要在实验室和现场进行性能、分量等的测试和鉴定。最后，企业要决定新产品的品牌名称、包装、营销方案。

6. 试销

试销是指将产品投放到具有代表性的市场进行销售，以了解消费者对新产品的反应及态度，从而对市场进行估计。通过试销，企业可获取大量的信息，如新产品的目标市场情况，营销方案的合理性，新产品在设计、包装方面的缺陷，新产品的销售趋势等。利用这些信息，企业可进一步完善产品，选择更好的营销方案，以确保大规模销售的成功。事实上，有相当比例的产品是在试销过程中才发现其具有严重缺陷而被终止开发的。

7. 商业化

在试销取得成功之后，企业还须慎重地考虑产品的商业化问题，即确定产品的生产规模，决定产品的投放时间、投放区域、投放的目标市场、投放方式（营销组合方案）。

新产品的程序式开发需要有一套科学的程序，并有计划、有步骤地进行。很多新产品，尤其是生产制造型企业的产品和工艺精密复杂的高科技产品的开发，都属于程序式开发。但也有些新产品的开发属于非程序式开发。非程序式开发往往是在产品构思和市场创意比较奇妙，不能得到大多数人同意的情况下进行的，这时就需要有高层管理者对市场进行深刻洞察、准确决策，才能使独到的新产品问世。

7.3　产品的生命周期

产品具有生命周期，企业营销策略不仅要能够适应产品生命周期的不同阶段，还要能够延长产品的生命周期，增加销售利润，以应对市场经济环境的变化和竞争者的攻击。

7.3.1　产品的生命周期的概念

产品的生命周期是指产品的市场寿命，即从产品的开发成功到投入市场，在市场上由弱到强又从盛到衰，直至被市场淘汰的全过程。产品生命周期的长短受消费者需求变化、产品更新换代速度等多种市场因素的影响。

产品的生命周期与产品的自然使用寿命是不同的。产品的自然使用寿命是指产品投入使用到损坏报废所经历的时间，受产品的自然属性和使用频率等因素的影响。切不可将产品的使用寿命与产品的生命周期混为一谈。比如，火柴、蜡烛、鞭炮等的使用寿命很短，但生命周期很长；某些一度流行的时装生命周期很短，而使用寿命却可以很长。

处于生命周期不同阶段的产品，其市场表现以及企业所采取的营销策略也都不一样。不同产品的生命周期往往是各不相同的，如医药产品、服装产品的生命周期可能较短，而石油产品、电力产品的生命周期可以很长。鉴于产品的生命周期，企业必须不断地开发新产品以取代那些正在衰退和即将衰退的产品，从产品所处的不同阶段出发制定不同的营销策略，并在规划产品组合时考虑产品的生命周期这一重要因素。

7.3.2　产品的生命周期曲线

产品生命周期的标准曲线呈波浪形，产品的生命周期通常可分成产品的市场导入期、产品的成长期、产品的成熟期、产品的衰退期 4 个阶段，如图 7-2 所示。

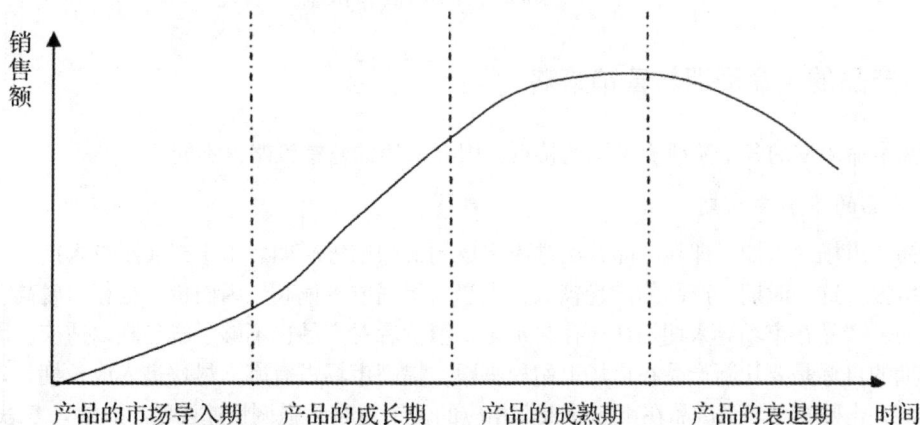

图 7-2　产品的标准生命周期曲线

产品的生命周期曲线一般都不是标准均匀的，西方管理学家确定了 6 ~ 17 种不同的产品生命周期形态。

图 7-3 展示了 3 种常见的形态。图 7-3（a）展示了"成长—衰退—成熟"形态。例如，西方电动刀具在首次进入市场时的销量迅速上升，但市场很快饱和，销量下跌，然后就维持或僵化在某水平上。这一僵化水平之所以能维持，是因为后期采用者的首次购买与早期采用者的更换行为。

图 7-3（b）展示了"循环—再循环"形态。例如，制药公司积极推销其新药，于是出现了第一个周期，后来销量下降，公司对新药发动第二次促销，于是产生了第二个周期，但规模小于第一个周期且持续期短于第一个周期。

图 7-3（c）展示了"扇形"形态，它是基于发现了新的产品特性、用途或用户而使其生命持续向前的。例如，可口可乐就显示了这种扇形性的、持续的阶段性增长曲线。

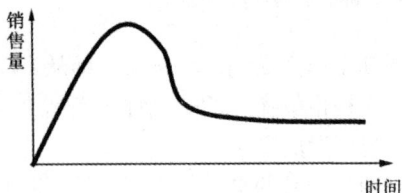
（a）成长 — 衰退 — 成熟

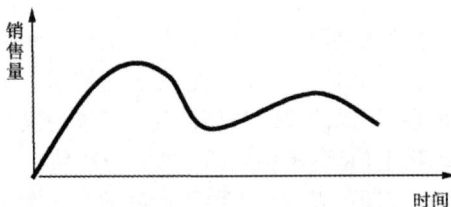
（b）循环 — 再循环

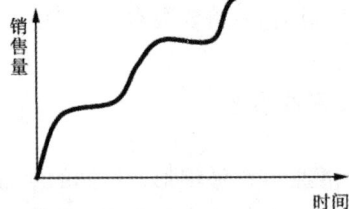
（c）扇形

图 7-3　不同产品的生命周期形态

7.3.3　产品的生命周期与营销策略

产品生命周期的各个阶段有不同的特点，因此采用的营销策略也不同。

1. 产品的市场导入期

产品的市场导入期，即新产品首次进入市场的最初销售时期。由于产品刚进入市场，销售一般较缓慢。这一时期，产品的产量较低，生产与促销成本偏高，因而价格也相对较高。这些特征表明，产品在市场导入期往往还存在不足，消费者对产品也不够了解且难以适应。因此，这一时期的目标是要让新产品在市场上站稳脚跟，提高市场占有率，尽快进入成长期，以取得较高利润并击败竞争者。产品在市场导入期相应的营销策略是强调快速营销，如果只考虑价格，营销时可以采用 4 种策略，如图 7-4 所示。

		高	快速撇脂策略	缓慢撇脂策略
价格水平		低	快速渗透策略	缓慢渗透策略
			高	低

促销水平

图 7-4 产品在市场导入期的 4 种营销策略

（1）快速撇脂策略。快速撇脂策略也称双高策略，即高价格水平和高促销水平并重。企业采用高水平价格是为了在每单位的销售中尽可能获取更多的利润，而采用高水平促销是为了向市场说明该产品的价值所在，以加快向市场渗透。采用这一策略的条件是：潜在市场的大部分人还未了解该产品，而已经了解的人渴望得到该产品并希望有能力照价付款；企业面临潜在竞争，期望形成品牌。

（2）缓慢撇脂策略。缓慢撇脂策略也称选择性渗透策略，即高价格水平与低促销水平组合。其目的是从市场上攫取大量利润，推行高水平价格以提高每单位的销售利润，而推行低水平促销以降低营销费用。采用这一策略的条件是：市场规模有限；大多数市场已知道这种产品；购买者愿出高价；潜在竞争还未近在眼前。

（3）快速渗透策略。快速渗透策略也称密集性渗透策略，即低价格水平与高促销水平组合。其目的是期望能获取最快的市场渗透和最高的市场份额。采用这一策略的条件是：有广阔的市场；市场对该产品不了解；大多数购买者对价格敏感；潜在竞争很激烈；随着生产规模的扩大和制造经验的积累，企业的单位制造成本下降。

（4）缓慢渗透策略。缓慢渗透策略也称双低策略，即低价格水平和低促销水平并重。若企业确信市场需求对价格弹性很高，而对促销弹性很小，即可采取这一策略。低价格水平有利于市场迅速接受该产品，低促销水平有利于企业实现较高净利润。采用这一策略的条件是：有较广阔的市场；有较高的产品知名度；市场对价格相当敏感；存在潜在竞争。

对于以上 4 种策略，企业必须根据市场条件、企业实力、企业总体战略目标来慎重选择。同时，除了在价格、促销方面采取适当的策略外，企业在分销、产品质量等方面也须有相应的策略配合，以确保新产品在市场上站稳脚跟，并获得尽可能高的市场份额和尽可能大的利润。

2．产品的成长期

产品进入成长期，销售快速上升，市场迅速扩大。领先使用者广泛传播对该产品的喜爱，吸引了大量追随者。同时，竞争者纷纷开始进入市场，并对产品进行改进，努力增加分销网点的数量。在需求迅速增长的同时，产品价格则基本不变或略有下降。企业维持同等的促销规模或略有提高，继续培育市场。销售快速上升，促销费用与销售额的比率不断下降。成长期的产品成本明显下降，利润明显增加。根据产品成长期的特点，企业进行市场营销时可以采取下列策略。

（1）改进产品质量，增加产品的特色和式样。

（2）增加关联产品和产品系列。

（3）拓展新的分销渠道。

（4）寻找并进入新的细分市场。

（5）以品牌传播为主进行营销。

（6）适时降价，让利于消费者，以刺激他们购买。

采取这些策略，一方面可以提高企业的竞争地位，但另一方面又会增加企业的成本。这时企业面临的是增加投入、提高市场占有率、建立市场优势地位或及时获取当前高利润的选择。

3．产品的成熟期

产品进入成熟期的标志是销售的增长速度减缓，市场份额趋于稳定。产品处于生命周期的成熟阶段，营销管理者所面对的问题是如何保持企业产品的市场份额，避免落入生命周期的陷阱。产品成熟期的特点是：产品的市场占有率高、增长率低，产品的利润高、成本较低。

当产品进入成熟期以后，企业要系统考虑市场、产品和营销组合，并对某些策略加以调整，具体如下。

（1）市场改进。企业通过争取竞争者的顾客和进入新的细分市场等，可以拥有更多的用户。此外，企业通过努力发现产品的新用途，鼓励用户更频繁、更大量地使用该产品，可以增加用户对该产品的使用量。将这两种策略结合起来，可有效增加产品的销售量。

（2）产品改进。产品改进指以产品自身的改进来满足顾客的不同需要，增加市场销售量。产品改进包括：改进质量，即注重改善产品的功能特性，如耐用性、可靠性、速度等；改进特点，即注重增加产品的新特点，如多功能性、安全性或便利性；改进式样，即注重增强对产品外观的美化，如款式、颜色、包装等，以增强产品的吸引力。

（3）营销组合改进。营销组合改进指通过改进营销组合要素来刺激销售，延长产品的成长期和成熟期。常用的方法是通过降价提高产品的竞争力，从而吸引顾客。此外，提高促销水平、充分利用广告工具、增加销售途径、提高服务质量等手段都可加以运用。

4．产品的衰退期

产品进入衰退期的明显标志是销售量急剧下降，利润明显减少。对此，企业要认真研究分析，以识别出真正的夕阳产品。如果判断失误，就会遭遇危险，或者过早断送产品，失去原可获取的利润；或者延误产品的更新，消耗高额成本并削弱企业的盈利能力。企业在产品衰退期一般会选择收缩或退出等策略。

7.4　产品组合与产品线策略

企业为了满足目标市场的需求，提高自身的市场竞争力，提供给目标市场的往往不是单一产品，而是产品组合。产品组合由多条产品线组成，每条产品线包含若干产品项目，而每个产品项目又包含不同品种、规格、式样、档次的产品。因此，企业要在产品组合、产品线和产品项目上作出决策，采取积极有效的策略。

营销案例 7-1

产品线延伸：派克的失败与丰田的成功

美国派克公司创立于 1888 年，一直致力于制造"更好的笔"，并以其质优价昂闻名于世，被英国皇室授权，成为皇室御用物品的品牌。

20 世纪 80 年代，钢笔市场竞争激烈，日本新颖便宜的一次性笔开始进入美国市场，另外一家钢笔制造厂克罗斯公司也开始在高端笔市场占据一席之地。1982 年，派克公司新任总经理詹姆斯·彼特森为了应对竞争，决定去争夺低档笔市场，即大力生产经营每支售价 3 美元以下的大众化钢笔。由于进入低档笔市场较晚，派克公司的低端笔销量令人失望。

与此同时，派克公司高档笔市场也遭到对手克罗斯公司的冲击，以致市场占有率下降到17%，而克罗斯公司轻而易举地获得了50%的高档笔市场占有率。可见，低档产品有可能会破坏品牌的原有形象。

相比之下，日本丰田汽车公司采取的产品线扩展策略则取得了成功。丰田公司创立于1933年，早期一直坚守一个信条——模仿比创造更简单，因此一直生产安全、牢固、经济、传统的汽车，而不是创新性的汽车。所有的丰田车都具有这样的特点，使得丰田品牌在消费者心目中树立了"低档、省油、廉价"的形象。20世纪80年代，丰田公司决定争夺高档豪华车市场。为了不受原有丰田低端品牌形象的影响，丰田专为高档车推出了一个全新品牌——凌志（后更名为雷克萨斯），品牌标志采用全新的图案，车身上没有任何丰田的标志，以此切断了消费者对丰田公司传统品牌与新品牌之间的任何联系，使丰田成功打入高端汽车市场。如果高端的凌志车上标着丰田中低端品牌的标志，那么能跟宝马、林肯、奔驰这些早已令大家钦羡不已的豪华品牌一决高下吗？

资料来源：广告门网站

7.4.1 产品组合及相关概念

1. 产品组合

产品组合也称产品搭配，是指一个企业提供给市场的全部产品线和产品项目的组合，即经营范围和结构。例如，海尔集团的"六大知名品牌"即是企业的产品组合。

2. 产品线

产品线又称产品大类，是指相互关联或相似的一组产品。对产品线的划分可依据：产品功能相似；消费上具有连带性；供给相同的顾客群；有相同的分销渠道；处于同一价格范围。例如，化妆品产品线、炊事用具产品线、洗涤用品产品线等。

3. 产品项目

产品项目是指产品大类中各种不同品种、档次、质量和价格的特定产品。例如，某购物中心经营鞋、服装、包、帽等4类产品，每类中又包含若干个具体品种，即产品项目。又如，服装产品线中有男装、女装、童装3个产品项目。

7.4.2 产品组合决策

产品组合决策是指企业在产品组合的宽度、长度、深度和关联度等方面的决策。以某公司生产的消费品为例，该公司的产品组合如图7-5所示。

1. 产品组合的宽度

产品组合的宽度也称产品组合的广度，是指一个企业生产经营的产品线的数量。图7-5中产品组合的宽度是5，即5条产品线。

2. 产品组合的长度

产品组合的长度是指企业所有产品线中产品项目的总数。图7-5中产品项目的总数是25，即产品组合的长度是25。如此，每条产品线的平均长度是25÷5=5。

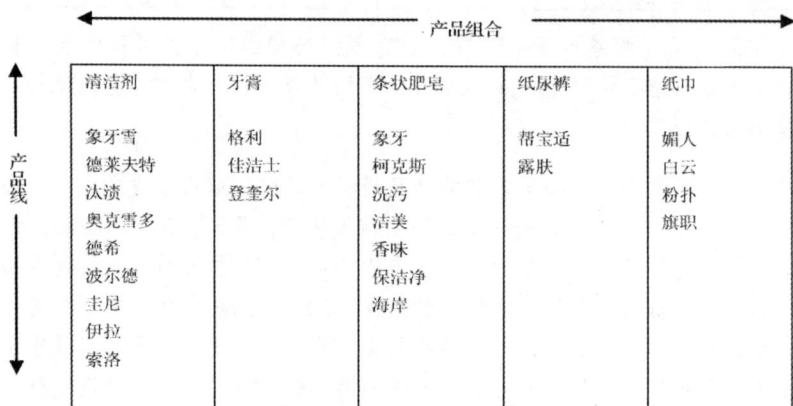

图 7-5 某公司的产品组合

3. 产品组合的深度

产品组合的深度是指产品线中每一个产品项目的品种数（即花色、口味、规格等的数量），如象牙牌条状肥皂有 4 种规格和 3 种配方，则象牙牌条状肥皂组合的深度是 4×3=12。

4. 产品组合的关联度

产品组合的关联度是指各产品线在最终使用、生产条件、分销渠道及其他方面的相关程度。

5. 产品组合的要素价值

产品组合 4 个方面的要素对营销决策有着重要的价值，具体为：①增加产品组合的宽度，扩大经营范围，可充分发挥企业各项资源的潜力，同时给每种产品增加更多的变化因素；②增加产品组合的长度，可使产品线丰满，同时给每种产品增加更多的变化因素；③增加产品组合的深度，可满足不同顾客的需求，吸引更多的购买者；④提高产品组合的关联度，可帮助企业在一定领域内加强竞争能力和获得声誉。企业要依据市场需求和关系的变化，经常对产品组合进行分析、评估和调整，力求为顾客提供最适当的产品组合。

7.4.3 产品线长度决策

产品线是指企业中密切相关的一组产品，或者能够满足类似的需求，或者能够配合使用，它们所面对的顾客群和销售渠道相似，销售价格在一定范围内变动。例如，某企业有饮料、纯净水、奶品、儿童食品 4 条产品线，每条产品线由若干种产品组成，它们可能又会形成若干产品线，如饮料可以细分为汽水、果汁等分产品线，果汁分产品线有橙汁、芒果汁、椰子汁、草莓汁等产品品种。

企业设置产品线面临的主要问题之一，就是确定产品线的最佳长度。如果通过增加产品项目能够提高利润就说明现有的产品线太短；反之，如果削减产品项目能够提高利润就说明现有的产品线过长。产品线往往受到企业总体目标的制约，同时产品线自身也具有不断延长的趋势，但是在产品项目增加的同时部分成本费用也会相应上升。因此，企业对产品线的增减必须从提高利润和降低费用两方面着眼，在实践中不断调整。

1. 产品线扩展策略

产品线扩展策略是指企业延长产品线超出原有范围。产品线延伸成功的因素有很多，如企业生产能力过剩、推销人员和分销商希望以更为全面的产品线去满足顾客的需求、企业希望开拓新市场而谋求更高的销售量和更大的利润等。产品线扩展策略大致有向上延伸、向下延伸和双向延伸 3 种形式。

（1）向上延伸即原来定位于低档产品的企业，向高档产品市场发展。其原因或是为高档产品的高增长率和高利润率所吸引，或是为了能把自己定位成完整产品线的制造商。向上延伸可能带来的风险主要有：①原来高档产品的生产者会不惜一切坚守阵地，并可能诱发其向下扩展进攻低档产品市场；②顾客可能因对其高档产品的质量不信任而不愿购买；③企业的营销人员和分销商因不能为高档产品市场提供服务而影响销售。

（2）向下延伸即原来生产高档产品的企业，向低档产品市场发展，也就是将产品线向下扩展。采取这一策略的原因在于：①企业在高档产品市场上受到攻击，想要通过拓展低档产品市场来反击；②高档产品市场增长缓慢而不得不开拓低档产品市场；③企业在高档产品市场达成树立优质形象的目标后，向下扩展以提高市场占有率；④填补市场空隙，防止竞争者乘虚而入。

采取向下延伸的策略也有一定风险，如可能会激发原低档产品生产者将品种、品目向高档产品转移而对自身造成冲击；企业的经销商也可能出于对产品盈利能力和自身形象的考虑，而不愿意经营低档产品。

（3）双向延伸即原来生产中档产品的企业在市场上同时向产品线的上下两个方向扩展。

2. 产品线填补策略

产品线填补策略是指企业在现有产品线经营范围内增加新品种来延长产品线。采取这一策略的动机与采取产品线扩展策略有相似之处：①获取增量利润；②满足经销商的要求；③充分利用剩余的生产能力；④争取成为产品线完整的领先者；⑤填补市场空隙，阻止竞争者进入。

产品线的填补有可能造成新老产品的"自相残杀"，以及在顾客中发生混乱。所以，要采用这一策略，企业必须使新产品与老产品有明显差异，以便顾客能够区分；企业还应核查新产品是否能满足市场需求，而不是仅仅出于填补企业自身空隙的愿望而制造新产品。

3. 产品线现代化策略

产品线现代化有两种方式，即渐进式和一步到位式。渐进式的优点在于：一方面可以给企业留出时间观察和了解顾客与经销商对新产品的偏好程度，另一方面投入较低。其缺点是容易被竞争者察觉而采取类似的行动。一步到位式的情况则正好相反。高科技产品由于竞争激烈，升级换代频繁，产品线现代化必不可免。其关键在于如何选择改进产品的最佳时机，时间过早，会使现有产品线的销售受到不良影响；时间太迟，竞争者会先行推出先进产品并树立起强有力的产品声誉。

4. 产品线特色化策略

产品线特色化有两种方式：一是对低档产品的型号进行特色化，以使其充当"开拓销路的廉价品"；二是对高档产品的项目进行特色化，以提高产品线的等级。

5. 产品线削减策略

产品线削减即缩短产品线的长度。一般在两种情况下，企业应削减产品线：一种是产品线中某些产品滞销导致利润下降，这时可以通过对销售额和成本的分析来识别疲软的项目；另一种是产品品种过多，企业生产能力不足，此时可以通过检查各项目的获利程度来集中生产高利润项目，削减微利或无利润项目。

7.5 包装的功能和包装策略

包装是指放置产品的容器或包装物及其设计装潢,是产品整体的一个重要组成部分。目前包装已成为企业之间相互竞争的重要手段,也是企业在市场营销中不可忽视的环节。

营销案例 7-2

山姆森玻璃瓶——一个价值 600 万美元的玻璃瓶

可口可乐的玻璃瓶包装,至今仍为人们所称道。1898 年,鲁特玻璃公司一位年轻的工人亚历山大·山姆森在同女友约会时,发现女友穿着一套筒型连衣裙,显得腰部和腿部纤细,非常好看。约会结束后,他突发灵感,根据女友穿着这套裙子的形象设计出一个玻璃瓶。经过反复的修改,亚历山大·山姆森不仅将瓶子设计得非常美观,很像一位亭亭玉立的少女,还把瓶子的容量设计成刚好能盛一杯水。瓶子试制出来之后,获得大众交口称赞。有经营意识的亚历山大·山姆森立即到专利局申请了专利。当时,可口可乐公司的决策者坎德勒在市场上看到了亚历山大·山姆森设计的玻璃瓶后,认为非常适合作为可口可乐的包装。于是,他主动向亚历山大·山姆森提出要购买这个瓶子的专利。经过一番讨价还价,最后可口可乐公司以 600 万美元的天价买下此专利。要知道在 100 多年前,600 万美元可是一项巨大的投资。

实践证明,可口可乐公司这一决策是非常成功的。亚历山大·山姆森设计的瓶子不仅美观,而且使用起来非常安全,不易滑落。此外,由于瓶子的结构是中大下小的,当用它盛装可口可乐时,给人的感觉是分量很多。采用亚历山大·山姆森设计的玻璃瓶作为可口可乐的包装以后,可口可乐的销量飞速增长,在两年的时间内翻了一倍。从此,采用亚历山大·山姆森玻璃瓶作为包装的可口可乐开始畅销美国,并迅速风靡世界。600 万美元的投入,为可口可乐公司带来了数以亿计的回报。

资料来源:编者根据网络资料整理

7.5.1 包装的功能

包装的基本功能是使产品在市场流通过程中完整无损,清洁卫生,以保持产品的使用价值。

1. 保持产品的使用价值

包装主要用以防止在产品的储存和流通过程中发生渗漏、损耗、散落、收缩、变质和偷盗等。包装的出现和发展,延长了产品的储存期,加大了产品的运输距离,也扩大了产品的销售区域。这样,既能增加消费者的利益,也有利于企业的大规模生产,从而提高生产者的利润。近年来,各种创新包装,尤其是用于食品保鲜的包装大量出现,使消费者的利益不断得到增进。因此,创新的企业获得了相当可观的利润。

2. 便于经营和消费

良好的包装可为产品的买卖、展示、储运等提供便利;同时,也可为消费者的选购和使用提供方便,从而更好地满足消费者的需求。这样就会扩大销售,提高利润。

3. 便于识别产品

包装已成为产品有形实体的一个组成部分。装潢美观、造型别致的包装给人以款式新颖、质量上乘、产品高档的印象。包装也可作为产品的特定标志同竞争产品相区别，有利于表现消费者的个人价值和品位。

4. 促进产品销售

包装是营销活动中一种重要的手段，能提示产品效用的包装可起到广告牌的作用。这样，包装又成了企业推广产品、展示产品知名度的竞争手段。"货卖一张皮"，包装有时的确能够起到"无声的推销员"的作用。

7.5.2 包装策略

由于包装在营销活动中有十分重要的作用，并耗费巨大，所以企业应当认真考虑包装策略，一般涉及下列内容。

1. 统一包装

统一包装指企业对其推向市场的各种产品，在包装上采用相同或近似的形状、色彩、图案，使它们具有共性或相似性，以便消费者快速辨认和记忆。统一包装也是企业形象的视觉识别。

2. 配套包装

配套包装指企业把几种消费上相关联的产品放在一个特制的包装物中进行销售。

3. 再使用包装

再使用包装指包装容器内的产品使用完毕后，包装容器还可作他用。例如，某些食品包装可用作冷冻碗。在国内，这是一种比较有效的包装策略。企业在考虑出口产品的包装时，则应注意所选包装策略在不同经济发展地区以及不同文化群中的有效性。

4. 附赠包装

企业通常会在产品包装内附赠奖券或实物，这便是附赠包装。它能吸引消费者光顾，促进产品销售。

思考题

1. 产品的整体概念包括哪些内容？
2. 什么是产品组合？分析产品组合策略的要素。
3. 分析产品不同生命周期阶段的市场特征。
4. 分析可口可乐产品生命周期的形态。

案例分析

扫码阅读

中国新茶饮出海记

第8章 品牌策略

【学习目标】

- 理解品牌的含义及特征
- 掌握品牌的管理策略
- 熟悉品牌战略与品牌资产的含义
- 熟悉品牌的战略构建过程

品牌是企业的战略目标，品牌通过差异性的价值、利益、形象等获得消费者的认同。高认知度的品牌可以通过获得消费者的优先选择、忠诚购买、高附加值回报，甚至可以帮助企业应对产品生命周期的挑战。

营销引例

传承和创新"中华老字号"品牌

老字号所传承的独特产品、精湛技艺和经营理念，具有不可估量的品牌价值、经济价值和文化价值。老字号承载着优秀的中华民族文化，是国家文化软实力的重要组成部分，历经数百年变迁发展，有着深厚的历史文化底蕴，既是中国的宝贵遗产，也是现代中国的特色品牌。

2017年，享誉"食在广州第一家"的中华老字号广州酒家敲开了资本市场的大门，成为广东省率先上市的饮食集团。如何让这家创建于1935年的中华老字号焕发新的生机与活力，更是一个需要长期思考的课题。老字号要想增强市场竞争力，就必须坚守品牌信誉、激发创新势能。2019年7月，广州酒家收购了拥有100多年历史的中华老字号"陶陶居"，有效整合了老字号品牌资源，从而形成了1+1>2的协同效能，焕发出百年老字号新活力。随后广州酒家推动"陶陶居"完成了混合所有制改革，实现了经营业绩显著提升。

资料来源：证券时报网

8.1 品牌内涵

8.1.1 品牌的含义

美国市场营销协会（AMA）认为品牌是"用以识别一个或一组产品或服务的名称、术语、标识、象征物、设计及其组合，以和其他竞争者的产品或服务相区分"的标记。品牌使得企业所提供的产品或服务与能够满足同一需求的其他产品或服务有所差异。这些差异可以是功能性的、物理性的或者有形的，可以与产品的性能有关，也可以是更加象征性的、情绪化的和无形的，即与品牌所代表的事物有关。戴维森（Davidson）于 1997 年提出"品牌冰山"的概念，指出通常人们所看到的品牌标识和名称只是冰山露在外面的一小部分，而品牌所蕴含的无形价值、独特文化和价值观却深藏在冰面以下。

因此，要准确理解品牌就要从以下几个关键点展开。

（1）品牌是一个差异性的标识工具。品牌作为一个标识性符号，是品牌特征、品牌价值、品牌利益、品牌个性的符号，用以区别竞争者和同类品牌。有形的差异性很容易被模仿，无形的差异性则很难被模仿。

（2）品牌是一个以消费者为主体的概念。品牌的内外在属性，如内在的功能、利益和象征性内涵，以及外在的品牌个性与形象特征，只有为消费者所感知、所认同才具有意义。同样，品牌的差异性只有被消费者感知并接受才能成立。

（3）品牌是一个集合体的概念。如"品牌冰山"所形容的，除了产品和服务之外，它还有包括品牌所代表的品牌利益、品牌文化、品牌个性、消费方式以及消费者群体在内的一个综合概念。营销者在理解、分析与管理品牌时，不仅应强调突出特征，更应注重整体性。

（4）品牌适用范围非常广泛。品牌适用范围包括产品或服务、公司或非营利性组织、城市或风景区、个人、活动、理念与主张等。

8.1.2　品牌的特征

品牌是差异性的符号化综合，那么是不是只要在一定层面上体现出差异性就可以成为品牌呢？其实不尽然。一个品牌只有在属性、利益、价值、文化、个性与使用者层面都表现出清晰的、与众不同的特征，才能给消费者带来价值，才能为企业实现价值与创造经济效益提供防护墙，才能真正称得上是可以在激烈的市场竞争中获得竞争优势的强势品牌。换言之，只有在下面 6 个维度上体现出差异性，才可以被界定为品牌。

（1）属性。一个品牌必须具有鲜明的、为消费者所熟悉的功能性、物理性或其他方面的属性特征。例如，一提到"小米"，消费者就会清晰地将其界定为性价比非常高的手机。

（2）利益。所谓利益，指的是品牌带给消费者基于属性的特征可以转化为具体的消费者利益。小米"性价比非常高"带给消费者的是两方面的利益：价格低廉和品质保障。

（3）价值。价值就是消费者对品牌利益评估的结果，其基点是与同类消费进行对比。与同类手机相比，"小米"的价值在于"方便、实用、不落伍"。

（4）文化。只有具备可以清晰辨识的文化特征才能称得上是品牌。"小米"的文化就是"互联网精神和平民文化"，其宣扬"为发烧而生"的本质即在于此。

（5）个性。一个品牌只有具备鲜明的个性特征，才能够被识别与追随。"小米"的"雷布斯"个性特征目前已经被广为传播。

（6）使用者。品牌还必须有一群忠实的使用者，且这群使用者的人口统计特征或个性具有清晰边界。

当然，品牌在不同维度上的特征并非一成不变的，会随着时间的推移逐渐改变。

8.1.3　品牌的相关概念

1. 品牌名称

品牌名称也称"品名"，是指品牌中可以用语言称谓的部分，通常由文字构成，如海尔、长虹等。

2. 品牌标志

品牌标志也称"品标"，是指品牌中可以被认出、易于记忆但不能用语言称谓的部分，通常由图案符号、标记和颜色等构成，如海尔的两个卡通儿童形象。

3. 商标

商标是指品牌或品牌的一部分在政府有关部门依法注册并取得专用权的标志。商标受到法律保护，是一项重要的工业产权和知识产权。我国习惯上将一切品牌不论其注册与否统称为商标，而事实上另有注册商标和非注册商标之分。注册商标受到法律保护，非注册商标不受法律保护。

4. 品牌形象

品牌形象是品牌区别于竞争性品牌在消费者心目中的形象，是消费者头脑中所具有的关于品牌的感知、联想、评价的总和。品牌形象是消费者在品牌认知的基础上产生的一种心理行为，是品牌特征在消费者心目中的具体体现。

5. 品牌关系

品牌关系是指品牌和消费者之间通过互动而形成的关联状态。该定义通过借用人际关系的形式来描述品牌对消费者的影响程度。研究学者将品牌关系分为普通朋友、忠实伙伴、最佳友谊、分场合的友谊、亲缘、回避、依赖、短期尝试、敌对、秘密关系和奴役关系等形式。

营销案例 8-1

王老吉的"百家姓"

国家知识产权局官网显示，王老吉的关联公司从 2021 年 2 月就开始申请百家姓王老吉商标，为此后的营销做铺垫。据统计，王老吉关联公司共申请了 100 个百家姓系列商标，其中有 90 个商标已经申请注册成功。姓氏是中华文化的重要符号，大部分人对姓氏有强烈的归属感，王老吉这波营销，将中国传统文化元素与定制款相结合，确实受到了消费者的青睐和追捧。王老吉红罐包装极富中国味道，使其成为节日中的吉祥符号，姓氏定制更是赋予它送礼意义。王老吉的"百家姓"强化了品牌与消费者的关联度，为品牌带来了事半功倍的效果，使新年营销实现了"开门红"。

资料来源：编者整理

8.2 品牌的管理策略

8.2.1 品牌归属策略

实行品牌化涉及品牌的归属问题，即品牌归谁所有、归谁负责的问题。品牌归属策略一般有以下 3 种。

1. 自有品牌策略

自有品牌策略是指企业使用属于自己的品牌进行营销活动，这种品牌叫作企业自有品牌或生产者品牌。企业拥有自己的品牌，更能使企业获得品牌所带来的超越本身的附加利益。由于品牌这种附加利益的存在与增值是企业营销努力的结果，因此为实现品牌增值，企业就必须培育、维护通过品牌建立起来的企业与消费者的关系。

企业自有品牌的获得途径主要有：①企业自行设计的品牌，如上海家化自主开发设计的"佰草集"；②外来品牌，即从其他企业购买或并购的有独立商标专用权的品牌，如联想公司购买商务笔记本电脑品牌"ThinkPad"。

2. 他人品牌策略

他人品牌策略是指企业使用属于他人但企业拥有使用权的品牌进行营销活动，如苏宁公司销售白色家电时使用"惠而浦"品牌。企业借用他人品牌推出产品的优点有：①实现借誉入市，有利于产品销售；②节省塑造品牌形象的各种宣传费用。他人品牌策略是企业战略营销过程中的"权宜"之举，而要想取得品牌战略的成功必须策划"计"。他人品牌有中间商品牌和其他生产者品牌两种形式。中间商品牌是指中间商拥有所有权并投入运营的品牌。中间商拥有品牌意味着中间商要承担品牌标定下产品的全部责任，要履行品牌对消费者的各种承诺，使消费者满意并获得品牌利益。而其他生产者品牌是指企业使用其他生产者的品牌实现产品销售并引导行为发展。其通常的做法是企业接受拥有盛誉品牌的生产经营企业的委托加工，实施贴牌生产。

3. 自有品牌与他人品牌共有策略

自有品牌与他人品牌共有策略是指企业对同一种产品，一部分使用自有品牌销售，另一部分使用中间商品牌或其他生产者品牌销售的做法。对一些企业来说，其自有品牌的市场影响力较小，仅局限在一个相对狭小的销售区域内。但在这一销售区域内，该品牌有一定的知名度和美誉度。企业欲扩大产品销售区域、占领异域市场，则可以采用自有品牌与他人品牌共有策略的营销方式。例如，建设银行与天河城公司推出联名信用卡，该信用卡是建设银行借助天河城的零售影响力针对经常在天河城百货购物消费的区域性市场消费者进行的品牌拓展策略。

8.2.2 品牌统分策略

品牌除了要考虑归属问题外，还要考虑命名问题，即考虑大部分或全部产品都使用一个品牌，还是各种产品分别使用不同品牌，这就是品牌的统分问题。品牌统分策略主要有以下3种形式。

1. 统一品牌策略

统一品牌策略又称单一品牌策略，是指企业生产经营的所有产品（包括不同种类的产品）统一使用一个品牌的做法。例如，美国的"IBM"、日本的"SONY"、我国的"海尔""长虹"等都使用的是统一品牌策略。

（1）优点。企业采用统一品牌策略的优点有：①所有产品共用一个品牌，可以比多品牌节约品牌设计、传播和保护等费用，从而降低企业营销的总成本；②可在企业品牌已赢得良好市场信誉的情况下顺利推出新产品；③能使得统一品牌下有多种产品同时销售，而优良的品牌有助于塑造企业形象。

（2）缺点。企业采用统一品牌策略的缺点有：①若统一品牌下的某种产品因某种原因出现问题，就可能发生连锁反应，影响品牌其他种类的产品，从而影响全部产品和整个品牌的声誉；②统一品牌也存在着容易相互混淆、难以区分产品质量档次等问题，给消费者带来不便；③统一品牌下的产品差异较大，以致消费者产生购买心理障碍，从而会淡化品牌个性，使品牌的整体形象受损。

2. 个别品牌与多品牌策略

个别品牌策略是指企业对各种不同的产品分别赋予不同的品牌的做法；多品牌策略是指企业同时为一种产品设计两种或两种以上相互竞争的品牌的做法。例如，联合利华通常的做法是为每种产品命名一个品牌，牙膏品名为"洁诺"、洗衣粉品名为"奥妙"等。又如，宝洁公司同时为洗发水这种产品设计了"飘柔""海飞丝""潘婷"3个品牌。

（1）优点。企业采用个别品牌与多品牌策略的优点有：①可以在产品分销过程中获得更大的市场空间，如货架空间等，进而挤占竞争者的市场空间；②可以借助不同的品牌突出各自的产品特性，如海飞丝的"头屑去无踪，秀发更出众"，飘柔的"头发更飘、更柔"，潘婷的"拥有健康，当然亮泽"等，以便消费者能识别出不同质量、不同品质、不同标志的产品，产品的品牌细分是对市场进行细分的重要方法；③能够较好地分散风险，有利于增加企业利益和提升整体信誉。

（2）缺点。企业采用个别品牌与多品牌策略的缺点有：①营销费用高；②品牌分散，不利于塑造整体形象；③多品牌之间存在竞争，会增加管理难度。

3. 分类品牌策略

分类品牌策略是指企业在将所有产品分类的基础上，分别使用不同的品牌的做法。采用这种策略的大多是大型中间商企业或产品类别复杂的企业。例如，科龙集团的冰箱品牌是"容声"、空调品牌是"科龙""华宝"等。

企业市场营销的策略不同，采用的品牌策略也不同。每种策略各有其优缺点，企业应根据自身的能力和市场的变化而定夺。

营销案例 8-2

长城汽车的多品牌策略

长城汽车旗下拥有哈弗、魏牌、欧拉、坦克及长城皮卡五大整车品牌，以及面向纯电豪华市场的科技品牌——沙龙机甲。

长城汽车和其他车企在品牌建设的路径上有所不同，长城汽车以品类来打造品牌。例如坦克300这款车型，它的成功奠定了坦克系列的品牌基调。从用户的角度来看，目前市面上的硬派越野车一方面是贵，另一方面是在日常生活中使用起来不方便。坦克系列要做的就是解决这两个问题，于是坦克300应运而生。它既能满足用户在城市中穿梭出行的日常需要，又有足够硬核的越野能力支撑。

长城汽车2021年的财报显示，长城汽车2021年研发投入达90.7亿元，同比增长76.05%，占营业收入的比重达6.65%。更重要的是，长城汽车的研发投入效率比十分可观，在2021年全球汽车专利大数据平台榜单中，长城汽车以专利公开量3 710份及专利授权量3 256份位居中国民营车企第一。战略与技术都已胸有成竹的长城汽车，未来的发展前路可期。

资料来源：财讯早知道

8.2.3 复合品牌策略

品牌归属策略和品牌统分策略讨论的都是一品一牌策略。复合品牌策略讨论的则是一品两牌或一品多牌策略。复合品牌策略是指赋予同一种产品两个或两个以上品牌的策略，一般可分为主副品牌策略和品牌联合策略。

1. 主副品牌策略

主副品牌策略是指同一产品使用一主一副两个品牌的做法。例如，可口可乐品牌推出零度无糖可乐。它兼容了统一品牌策略与个别品牌策略的优点，即企业产品均在主品牌下借势受益。同时，副品牌的优点有：①能直观、形象地表达产品的个性特征；②能减少宣传费用，增强促销效果；③有利于推出新产品；④有利于扩展品牌，且能避免个别品牌的失败给整个品牌带来损失的负面影响；⑤有利于烘托并提升主品牌形象。

2. 品牌联合策略

品牌联合策略是指对同一产品使用不分主次的两个或两个以上品牌的做法。品牌联合可以使两个或更多品牌有效地协作、联盟，相互借势，从而提高品牌的市场影响力与被接受程度。品牌联合策略一般可分为自有品牌联合并用和自有品牌与他人品牌联合并用。

（1）自有品牌联合并用。

为了适应市场竞争的需要，冲破不同地理区域的文化阻碍，以顺利抢占异域市场，企业在市场营销实践中常常为不同市场的同一产品设计不同的品牌。例如，美国的"Coca-Cola"在中国称为"可口可乐"；德国的"BENZ"在中国称为"奔驰"；瑞士的"Nescafe"在中国称为"雀巢咖啡"等。如果将同一产品的不同品牌联合在一起使用，就会在一定程度上把另一品牌的市场声誉转接到新市场上，使消费者产生信任。如"Coca-Cola""Coke""可口可乐"这3个品牌并用，就会使人感到"可口可乐"与美国的"Coca-Cola""Coke"是相同的。鉴于"Coca-Cola"和"Coke"已得到美国市场的信赖，市场声誉很好，因此人们会认为"可口可乐"是值得信任的。这种做法比单独使用"可口可乐"效果要好。

（2）自有品牌与他人品牌联合并用。

对不知名的品牌而言，自有品牌与他人品牌联合并用，可以借助知名品牌的盛誉，消除消费者心中的疑虑，接受并信任知名品牌托起的不太知名的品牌及产品。同时，自有品牌与他人品牌联合并用的品牌策略也是企业间相互合作的一种有效方式。例如，英特尔（Intel）公司与世界主要计算机厂商的合作。早在1991年英特尔公司推出奔腾系列芯片时，就制订了一个鼓励计算机制造商在其产品上使用"Intel Inside"标志的促销计划，最终使得几乎所有的计算机厂商都贴上了"Intel lnside"标志。

8.2.4 互联网域名策略

域名是网络信息时代一种新的品牌形式。互联网域名策略是品牌策略的重要组成部分。

1. 域名具有商标属性

域名作为互联网的单位名称和在互联网上使用的网页所有者的身份标志，不仅被用于区别不同网站主页的网络地址，向人们传递很重要的信息，而且还具有商标属性。域名相当于一个单位在互联网上的门牌号码，其可识别性已成为品牌建设的重要关注点。互联网域名之所以具有商标属性，是因为域名的专用权属于注册者。

2. 域名不完全等同于商标

尽管互联网域名具有商标属性，但是域名和商标之间还存在着许多不同之处。互联网域名的特性有：域名比商标具有更强的可识别性；域名具有全球唯一性；域名注册的要求比商标注册的要求简单。在网络购物已经成为主流购物模式的背景下，域名变得越来越重要。

8.3　品牌战略与品牌资产

品牌战略与品牌资产是密不可分的，企业战略性创建品牌的过程就是动态积累品牌资产的过程。

8.3.1　品牌战略与品牌资产的含义

品牌战略是企业将品牌作为核心竞争力，以获取差别利润与价值的企业经营战略。品牌战略的核心问题是品牌资产的培育、获取和增值。品牌战略管理、品牌战略建构的过程都是基于品牌资产的创建来实现的，而品牌资产源于顾客的认知价值和品牌形象的影响。营销专家大卫·奥格威认为，所有营销行为都会对品牌资产产生影响。品牌资产的创建需要进行长远的、系统的规划，以及坚持不懈的营销行动积累。品牌战略建构的过程也是如此。

品牌资产（brand equity）反映了顾客对该品牌的想法、感受和所采取的行动，以及品牌带给品牌所有者销售产品的溢价能力、市场份额优势和盈利能力。品牌资产是一项重要的无形资产，对企业来说具有很大的财务价值。对品牌资产的定义通常是从顾客视角出发的，基于顾客的观点认为品牌资产建立在顾客的心智基础之上。在相同情况下，如果顾客对产品及营销方式反应良好，则称品牌具有正向的品牌资产；如果顾客对产品及营销方式反应较差，则称品牌没有很好的品牌资产甚至具有负向的品牌资产。

这样的定义包含 3 个关键因素：其一，品牌资产源自顾客的不同反应。如果顾客的反应不存在差异，品牌产品实际上可以归结为一般商品或产品，此时竞争的重点只有一个：价格。其二，顾客反应差异是由顾客对品牌的认知积累所引起的，包括与品牌相关的所有想法、感觉、形象、经验以及由此形成的信念等。其三，顾客对品牌资产的差异化反应通过其认知、偏好和行为表现出来。

品牌资产源自顾客反应，它可以为品牌战略建立独特的优势，带来切实的利益。第一，消费者对产品性能的感知度有所提高。第二，消费者可能拥有更高的品牌忠诚度。第三，企业不易受到竞争性营销活动的影响。第四，企业可获得比竞争者更高的利润率。第五，企业更能抵御品牌营销的危机，如公关危机。第六，企业可获得更强有力的商务合作和支持，如获得赞助与竞标资格等。第七，企业有机会进行特许经营。第八，有利于企业推出新产品或进行品牌延伸。

营销案例 8-3

东方美学走向国际

通过推进产品设计、文化创意、技术创新与品牌建设的融合发展，花西子、李宁等品牌积极将中华文化元素有效融入中国品牌，深度挖掘品牌文化的价值内涵，打造"中国风+时尚"，在全球掀起了"中国潮"。花西子以"东方彩妆"入局市场，产品以花卉、草本精华为主要成分，首创雕花系列产品设计，复刻东方微浮雕工艺，将杜鹃、仙鹤、锦鲤、凤凰等具有东方意象的动植物刻画在美妆产品之上。非遗高定系列产品、国风音乐《花西子》等产品的推出和亮相 2021 春夏中国国际时装周等的创新跨界传播，让世界看到了更多更美的中国制造。运动服饰品牌李宁抓住年轻消费群体日益增长的民族认同感和展示个性的需求，将经典中国元素与潮流相结合，陆续推出了崭新的品牌形象"中国李宁""LI-NING 1990"，把握住了运动时尚文化的精髓，并充分融合了中国艺术文化元素，将古法蓝染技艺、宋代彩陶美学图案等设计元素融入产品设计，呈现出极具华夏艺术文化格调的全新形象。

资料来源：证券时报网

8.3.2 品牌的战略建构

凯勒主张创建强势品牌应包括以下 4 个步骤，具体通过品牌出现、品牌性能、品牌形象、品牌判断、品牌感受和品牌共鸣 6 个阶段实现。

（1）建立适当的品牌形象。建立适当的品牌形象能够确保消费者对品牌产生认同，确保在消费者的脑海中建立与特定产品或需求相关联的品牌联想。

（2）创造适当的品牌含义。创造适当的品牌含义是指战略性地把有形、无形的品牌联想与特定资产联系起来，在消费者心中建立稳固、完整的品牌含义。

（3）引起消费者对品牌的正面反应。品牌独到的内在气质和差异化的外在品性，能够引起消费者的注意，能够刺激消费者正面的购买欲望和购买行为，并给消费者留下深刻的印象，从而引导消费者的消费感觉。

（4）创建与消费者之间适当的品牌联系。创建与消费者之间适当的品牌联系是指将消费者对品牌的反应转换成品牌共鸣，以及消费者和品牌之间紧密、积极、忠诚的关系。

以上 4 个步骤体现了消费者和用户普遍关心的基本问题。

（1）这是什么品牌（品牌识别）？

（2）这个品牌的产品有什么用途（品牌含义）？

（3）我对这个品牌产品的印象或感觉如何（品牌响应）？

（4）你和我的关系如何？我们之间有多少联系（品牌关系）？

这 4 个问题对应了品牌建立的 4 个步骤，即品牌阶梯中的顺序是品牌识别、品牌含义、品牌响应、品牌关系。

在品牌的创建阶段，品牌建构与品牌资产生成的金字塔如图 8-1 所示。金字塔左侧是建立品牌的"理性路径"，右侧则代表建立品牌的"感性路径"。只有当品牌处于金字塔塔尖时，才能产生具有深远价值的品牌资产。

1. 品牌识别

第一阶段为品牌识别，它主要解决"品牌是谁"的问题，品牌显著度越高，消费者就越清楚品牌是什么。

建立品牌识别的主要内容是提升品牌显著度。品牌显著度表明了品牌在消费者心中的地位，品牌认知程度就是品牌显著度的一个重要指标。品牌认知是在不同情形下消费者回忆与再认品牌的能力。提升品牌显著度可以从提升品牌认知的深度和广度着手。品牌认知的深度，关系着品牌在消费者脑海中出现的可能性。品牌认知的广度，关系着品牌在消费者脑海中出现的不同场合。在消费者的脑海中，第一层次是产品信息，其次是产品类别信息，再次是产品型号信息，最后一层次是品牌信息。

2. 品牌含义

第二阶段为品牌含义，即品牌内涵，它解决品牌"代表什么""有何内涵"的问题。品牌传递给消费者的是功能性利益和象征性利益。创建品牌含义包括建立品牌形象，即品牌具有什么特点，以及它在消费者脑海中所代表的含义。品牌含义包括两种类型：品牌功效和品牌形象。

品牌创建的步骤

在每个阶段品牌建设的目标

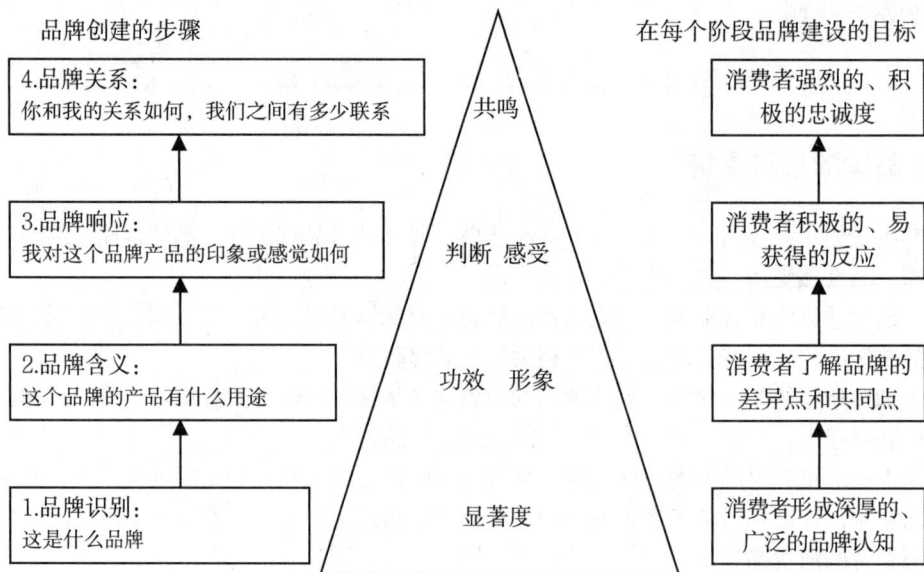

4.品牌关系：
你和我的关系如何，我们之间有多少联系

共鸣

消费者强烈的、积极的忠诚度

3.品牌响应：
我对这个品牌产品的印象或感觉如何

判断 感受

消费者积极的、易获得的反应

2.品牌含义：
这个品牌的产品有什么用途

功效 形象

消费者了解品牌的差异点和共同点

1.品牌识别：
这是什么品牌

显著度

消费者形成深厚的、广泛的品牌认知

图 8-1 品牌创建过程（基于消费者的品牌资产金字塔）

（1）品牌功效。产品本身是品牌资产的核心，好产品是成功营销的先决条件。品牌功效是指产品或服务满足消费者功能性需求的程度，主要包括 5 类属性，分别是产品的主要成分及次要特色，产品的可靠性、耐用性及服务便利性，服务的效果、效率及情感，风格与设计，价格。每类属性都能给消费者带来不同的利益，让消费者产生不同的品牌联想。

（2）品牌形象。品牌形象是消费者对品牌的所有联想的集合体，它反映品牌在消费者记忆中的图景。品牌形象超越了产品的具体属性，体现了品牌的抽象概念。消费者既可以通过自身的品牌使用体验构建品牌形象，也可以通过产品广告、他人口碑等方式构建品牌形象。根据品牌形象的来源，品牌形象大体上有以下 3 类。

①使用者形象。品牌的使用者形象往往是品牌形象的一个重要部分。使用者形象对品牌形象的作用是通过人们对使用者群体的刻板印象实现的。

②品牌使用情境。品牌使用情境是指消费者应在何种情况下购买并使用该品牌。例如，冷酸灵牙膏形成了对付冷热酸甜的消费情景，而云南白药牙膏则形成了治疗牙龈出血的消费情景。

③品牌个性。珍妮弗·阿克（Jennifer Aaker）在研究品牌个性时，根据西方人格心理学中的"大五"模型，以美国品牌为研究对象，发现品牌具有五大个性：真诚（sincerity，如诚实、健康、愉悦）、刺激（exciting，如激情、富有想象力、时尚）、能干（competent，如可靠、睿智、成功）、教养（sophisticated，如高贵、迷人）、粗犷（ruggedness，如外向、硬朗）。优秀的品牌总是有自身鲜明的个性。例如，哈雷·戴维森摩托车具有粗犷的个性，给人以大胆、英勇的感受；IBM 具有能干的个性，给人以可信赖的、成功的、专业的感受。

强有力的、正面的和独特的品牌联想有助于消费者对品牌产生行动。满足上述 3 个维度的品牌形象有助于提高消费者对品牌的判断与感受。

3. 品牌响应

第三阶段为品牌响应，表明了消费者对品牌的反应，体现了消费者对品牌如何"判断或感受"。

（1）品牌判断。品牌判断，主要是指消费者对品牌的个人喜好和评估。它涉及消费者如何将不同的品牌功效与形象联想结合起来以产生不同的看法。品牌判断主要有4种类型：品牌质量、品牌信誉、品牌考虑和品牌优势。

①品牌质量。品牌质量指消费者对品牌的整体性评价，是消费者选择品牌的基础。消费者对品牌的态度通常依赖于品牌的具体属性和利益。

②品牌信誉。消费者可根据专业性、可靠性和吸引力3个指标判断品牌可以信任的程度。品牌信誉反映消费者是否认为品牌背后的公司或组织是优秀的，公司是否关心消费者及其消费偏好。

③品牌考虑。品牌考虑取决于个人消费者是如何看待该品牌的。

④品牌优势。消费者是否相信该品牌具有其他品牌所没有的优势。

（2）品牌感受。品牌感受，是指消费者在感情上对品牌的反应。品牌感受有温暖感、乐趣感、兴奋感、安全感、社会认同感、自尊感6种主要类型。

①温暖感。品牌能让消费者有一种平静或安详的感觉。消费者可能对该品牌怀有感伤、温暖或者挚爱的心情。

②乐趣感。品牌能让消费者感到有趣、轻松、开心、好玩、愉悦等。

③兴奋感。品牌能让消费者充满活力，并感到他们正在做一些特殊的事情。

④安全感。品牌能给予消费者安全、舒适和自信的感觉。

⑤社会认同感。消费者会觉得周围人眼里的自己在言行举止方面都很棒，这种感觉要么直接源于对某品牌的认可，要么源于使用了该产品。

⑥自尊感。品牌能让消费者觉得自己很优秀，从而有一种自豪感和成就感。

前3种类型的感受是即时的和体验性的，其强度会不断增加；后3种类型的感受是持久性的和私人的，其重要性会不断提升。

4. 品牌关系

第四阶段是品牌关系，反映了消费者与品牌之间的关系问题。品牌关系是指消费者对品牌的态度和品牌对消费者的态度之间的相互作用。这种相互作用体现在两方面：一方面，品牌通过定位战略形成品牌个性，展示在消费者面前；另一方面，消费者对品牌个性会形成自己的态度，即消费者如何看待品牌。

品牌关系位于金字塔模型的顶端，是通过消费者与品牌的心理联系的深度和强度来衡量的，同时也是通过他们的行为形成的品牌忠诚来体现的。总的来说，品牌关系有两个维度：强度和行为。强度是指消费者品牌态度依附和品牌社区归属的程度；行为是指消费者购买和使用某品牌的频率，以及介入和购买与消费无关的活动和产品的程度。品牌关系的这两个维度，可分解为以下4个方面：行为忠诚度、态度依附、社区归属感、主动介入。行为忠诚度是起点，而态度依附和社区归属感对主动介入来说是必不可少的。

①行为忠诚度。可用重复购买同一品类的数量或份额来衡量行为忠诚度。品类份额是指消费者购买一个品牌的频率及数量。

②态度依附。态度依附是指强烈的个人依附，即消费者对某种品牌具有特殊偏好。

③社区归属感。社区归属感是指在品牌社区内，消费者基于品牌而相互之间形成关联。品牌社区可以是线上的，也可以是线下的。

④主动介入。主动介入表现为消费者自愿投入的时间、精力、金钱以及其他超越购买该品牌所必需的花费。

8.3.3 品牌资产的创建

从策略角度看，企业可以通过 3 种主要途径创建品牌资产：①初步选择品牌元素；②设计营销活动和营销方案；③利用次级联想将该品牌与其他实体相关联，这些实体包括公司、地理区域、其他品牌、人物、事件等。从营销管理的角度看，品牌资产的驱动因素包括 3 种类型：①组成品牌的元素或标志的初始选择（品牌名称、logo、品牌口号、标语以及形象代言人等）；②产品和服务以及机构的所有相关营销活动和支持性的营销项目（如品牌关系活动、周年庆典、客户联谊活动等）；③通过将品牌与其他某些元素（人、场景与事物）建立起关联来间接传递品牌联想。品牌资产创建的常规化步骤如下。

1. 定义品牌架构

一个成功的品牌就是一个好的产品或服务使购买者或使用者获得独特的最能满足他们需要的价值，其成功源自面对竞争能够继续保持附加价值。因此，创建品牌的基础和前提是品牌必须有清晰的品牌架构。从普通层次上说，它是指品牌满足了消费者什么样的需求；从期望层次上说，它是指通过更好地匹配资源，品牌满足了消费者基本需求之外哪些情感性与体验性的需求，以坚定消费者对所支持品牌的信心；从潜力层次上说，它是指品牌必须表现出创造力。除此之外，品牌架构还需要从增值层面对品牌价值进行规划。例如，苹果手机除了手机功能、身份象征以及个性等方面的特征表现突出外，还提供了其他品牌提供不了的 Apple Store 功能。

2. 选择品牌元素

品牌元素是指用来识别和区分品牌的商标设计、品牌标志、品牌故事、形象广告及特殊性的公共活动。值得强调的是，企业需要对上述品牌元素所塑造的品牌能力进行检验，即需要了解消费者对上述品牌元素的看法和想法是否与预期一致。例如，某厂商推出"锤子手机"，如果其名称引起众多非议，就会对品牌创建造成不利影响。狭义上的品牌元素包括品牌名称和 logo 等；广义上的品牌元素包括众多范畴，具体如下。

（1）VI 系统。VI 系统即品牌的视觉识别系统，包括品牌名称、logo、广告口号以及其他识别系统。

（2）品牌故事等内容。任何品牌的创建都要经历一个过程，而在这个过程中适合广为传播的人物、故事和场景都可以成为品牌传播的元素。例如，在互联网时代迅速崛起的小米手机，雷军的故事、每次小米手机的发布会视频以及过往产品发布时的经典场景都是该品牌传播的关键元素，都可以准确传递或代言品牌内涵、品牌使命与核心价值观。

（3）客户体验。现在兴起的直播"带货"营销更加注重体验，或者说新一代消费者和用户更加注重体验，从现场的场景、产品与服务体验，到快速简捷的移动体验，再到深度虚拟的体验，可以说体验已成为现代营销策略层面一种深度组合的过程与感受。当代消费体验过程，无论是线下的、线上的还是组合的，都需要进行深度挖掘、打造出差异化并拥有先进的技术资源配置，才能够完成消费者多层面需求的体验。

（4）广告与其他赞助活动。几乎每一个知名品牌都有其经久流传的广告，即广告与品牌之间是画等号的，如哈根达斯。此外我们还注意到，一些品牌和一些体育经典赛事有着长达几十年的合作关系，如安联保险和汽车拉力赛。

通常，选择品牌元素时应该注意以下标准：①符合品牌定义，能够准确传递品牌内涵。例如，"抖音""快手"等这些互联网品牌与其早期导入市场的品牌定位极其匹配，并且在用户和受众中迅速形成了认知占领，非常符合其品牌定义。②易于记忆和识别。在购买和消费时，该元素要易于记忆和识别。例如，腾讯的"企鹅"动漫标志所产生的漂移认知的势能巨大，腾讯被网友吐槽并亲昵地称为"鹅厂"，这种粉丝自发形成的定义和集聚性认知，具有超大的联想认知价值。③有意义。有意义是指其品牌包含着可以信赖并与相应类别有关联的元素，能够令人想起某些成分或某些品牌使用者。例如，百事可乐酷酷的色系能让人想起它的代言人或者某种生活方式。④讨人喜欢。品牌元素应具有美学感染力并在视觉、语言或其他方面具有内在的让人喜欢和亲近的特性。例如，王老吉的红色罐装标志。⑤可修改、易使用。例如，华为品牌的中文名称和标识图案，使人们从文字和花的图案中既感受到了单一、专一的意义，又发现了很多可挖掘的、变化的元素，因为花的标识，华为被一些网友亲切地称为"菊厂"。

3. 设计全方位的营销活动

著名营销学者卢泰宏认为，创建品牌资产，最根本的投入来自产品和服务以及为其所做的营销活动。品牌不仅是靠广告建立的，还需要消费者通过大量联系和接触点（观察和使用、口碑传播、与公司员工打交道、消费者相互之间交流、在线与电话体验，以及其他专业媒体的评价等）逐渐进行认知和了解。因此，营销人员在设计、塑造品牌时应强调3个重要主题。

（1）个性化营销。个性化营销是为了在营销的过程中通过品牌元素以及营销策划活动赋予品牌鲜明的个性，从而获得消费者的关注和认同。正如人际交往一样，没有个性的品牌很难被市场深刻记忆并追随。创建一个富有个性的品牌，可以大大提高销售额和利润，而且不需要用昂贵的宣传费去吸引大众。因此，个性化营销对非传统或补缺产品的营销人员来说尤为重要。营销人员要想具备这项技能，首先就要做到在目标市场中让意见领袖激动起来并提供个性化的体验，从而创造口碑。想象力是关键，一个有想象力的广告可以迅速地赋予品牌个性。其次就要通过供给和分销增强产品的吸引力。例如，小米所谓的饥渴式分销模式使得其市场关注度迅速得到提升。

（2）整合营销。整合营销是指混合和匹配各种营销活动以最大化其整体效果的传播安排。尽管企业可以利用大量差异化营销活动增强其品牌承诺，但整合对营销传播者来说尤为重要。整合营销传播从根本上来说，就是要求传播围绕消费者来推进。首先，营销传播者从内容上要对品牌概念的不同层级进行整体性管理，并通过各种渠道让消费者感知信息的一致性。其次，营销活动与工具之间要基于接触点进行整合。在品牌创建期，营销传播活动需要将重点放在影响力大、传播面广的工具使用上，比如广告。在品牌维护期，客户关系活动的作用和地位就变得更加重要，可以使得口碑传播效应得到最大化。最后，营销传播者要充分整合各种传播主体进行营销传播。在传播的过程中不能只有以品牌所有者为主体的传播，还要尽可能地利用消费者、第三方媒体以及员工本身，这样传播的效应才可以最大化。

（3）借助第二次联想。品牌资产创建的第三条路实际上是"借用"，即通过品牌联想与其他的相关记忆实体建立联系，从而创造辅助性的品牌联想。这样一来，通过将品牌与某些记忆建立关联，并向消费者传递某种有意义的信息，就能够创建品牌资产。品牌的来源因素有很多，如企业（通过品牌战略）、国家或地理区域（通过产地识别）、分销渠道（通过渠道战略）。此外，品牌的来源因素也包括其他品牌（联合与背书品牌）、特征（通过特许经营）、代言人（通过赞同和支持）、体育与文化赛事（通过赞助）或者其他第三方资源（通过奖励与评论）等，如图8-2所示。

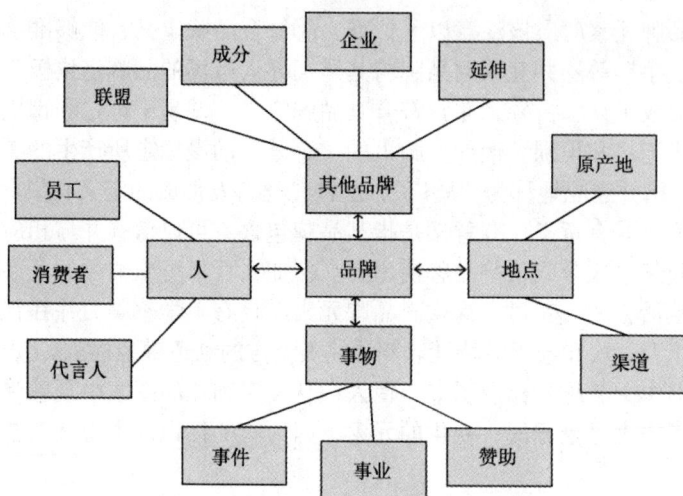

图 8-2　借助第二次联想的品牌来源因素

1. 为什么很多"中国老字号"没落了？举例阐明原因。
2. 星巴克等品牌在欧洲其实是大众化品牌，为什么来到中国就变得"高大上"了？
3. 选择 2~3 个中国市场上的知名品牌，分别指出其品牌的管理策略，并讨论这些策略的优缺点。
4. 可以通过哪些途径进行品牌资产的创建？

案例分析

扫码阅读

品牌的跨界联名

第9章 定价策略

【学习目标】

- 理解定价决策必须考虑的因素
- 熟悉需求导向定价法的特点与具体方式
- 熟悉竞争导向定价法的常用方法

在企业市场营销中，定价被公认为一项至关重要的工作。它不仅在很大程度上决定着产品能否迅速进入市场，而且影响着企业的销售收入和利润。这就要求企业在定价时既要考虑生产成本、销售成本的补偿问题和利润的获取问题，同时还要考虑消费者对价格的接受能力和对产品的购买能力。因此企业进行定价时，必须在买卖双方的利益权衡中找到一个均衡点。

营销引例

智能手机新产品定价策略

在我国智能手机市场产品不断更新的十几年间，定价发生了巨大的变化。如今，智能手机市场几个占据较大市场份额的企业是华为、苹果、小米、OPPO等。

以苹果公司为例，其多款机型均在我国进行销售。其产品的特点主要包括：一是系统为稳定的高技术的iOS；二是售价高昂。近两年来，苹果各系列的旗舰级手机最高配置版的零售价均超过10 000元。苹果公司对其产品的定价始终采取的是撇脂定价法，这均归功于苹果公司在创造了其独有的iOS下推出的一代又一代的智能手机产品，且始终无人能模仿。

然而，撇脂定价法的选择并不是苹果公司可以延续其高利润的明智之选，当面临高性价比产品的替代时，其市场份额必将会被竞争者侵蚀。2010年，小米手机腾空出世，采用渗透定价策略快速占据了市场份额，定价999元、1 999元、2 999元的智能手机很快吸引了消费者的关注。小米自建系统，几千元的价格差，使得消费者开始放弃苹果手机的高质量和高价格，倾向于选择物美价廉的小米手机。从第一代小米手机问世至今，小米继续采用低价政策，越来越多的499元、599元、699元的产品面世。小米手机将渗透定价策略运用得淋漓尽致。

资料来源：智能手机新产品定价策略

9.1 定价目标与影响定价的因素

9.1.1 定价目标

定价（Pricing）是市场营销理论的基础部分，即4P中的一项重要内容。如果说理想的产品、促销和分销为企业播下了成功的种子，那么有效的定价就是即将收获的硕果。营销组合其他因素所创造的顾客价值，需要通过定价给企业带来回报。

由于企业受到的资源约束、企业的规模和企业所采取的管理方式不同，企业往往会选择适合自己的定价目标。

1. 以追求最大利润为定价目标

利润是企业从事经营活动的主要目标，也是企业赖以生存和发展的源泉。利润最大化通常是指企业在一定时期内可能获得的最高利润总额。以追求最大利润为定价目标是指企业综合分析市场竞争、消费需求量、产品研发、各种费用开支等后，以总收入减去总成本的差额最大化为定价基点，确定单位产品价格，争取最大利润。

2. 以提高市场占有率为定价目标

市场占有率是指企业产品销售量（销售额）在同类产品销售总量（销售总额）中所占的比重，是企业经营状况和产品市场竞争力的综合反映。较高的市场占有率可以保证企业产品的销路，便于企业掌握消费需求变化，有利于企业培养长期控制市场和价格的能力，并为提高企业利润率提供保证。

3. 以获取投资报酬率为定价目标

投资报酬率是指企业在一定时期内所获得的投资报酬与投资总额的比值，它决定着企业投资效益的大小。企业之所以投资于某项经营活动，是希望在一定时期内收回投入的资金并获得一定数量的利润。为此，企业在制定产品价格时一般会根据投资规定的报酬率计算出单位产品的收益额，并把其加在产品成本中作为产品售价。

4. 以稳定价格为定价目标

以稳定价格为定价目标是企业为了避免市场竞争者轮番降价，导致利润水平下降，而确定的保证价格水平相对稳定的定价目标。企业在一定时期内保持稳定的价格，对消费者和其自身都是至关重要的。对企业来说，价格动荡不定容易使其承担较大的风险。对消费者来说，价格经常变化会使其在购买时感到无所适从。

5. 以应对或阻碍竞争为定价目标

以应对或阻碍竞争为定价目标是指同类产品的竞争者对产品价格的制定服从竞争的需要。这主要是竞争性较强的企业所采用的定价策略。在企业市场营销中，产品价格对竞争者来说至关重要，许多企业为了战胜竞争者或者避开竞争，都把价格的制定放在重要位置。

6. 以维持生存为定价目标

如果企业面临生产能力过剩、原材料价格上涨、新产品更新换代加速、竞争激烈或消费者需求不断变化的市场形势，制定产品价格就应以能够继续生存为主要目标。当然这通常是企业处于不利的市场环境中迫不得已而采取的策略。因为企业在濒临倒闭或产品大量积压时，生存比利润更重要。

7. 以维护企业形象为定价目标

在现代市场经济条件下，市场竞争实质上是企业形象和产品品牌的竞争。企业形象是企业的无形财富和资源，是企业实力的重要组成部分。良好的企业形象表现为企业成功地运用市场营销组合，在消费者心中树立了良好的信誉，取得了消费者的信赖。以维护企业形象为定价目标，是指企业在制定产品价格时要以消费者为核心、以树立良好的企业形象为目的。

8. 以社会责任为定价目标

以社会责任为定价目标是指企业因认识到自己的行业或产品对消费者和社会承担着某种义务而放弃追求高额利润，以消费者和社会利益最大化为定价目标。

9. 以保持良好的分销渠道为定价目标

保持良好的分销渠道也是企业获得良好经济效益的重要条件之一。一般来说，分销渠道越多，企业获得的市场份额就越大。所以，企业在制定产品价格时，要考虑各分销渠道经销商的利益，不要因价格因素而丢失市场份额。

总之，企业在选择定价目标时，要将短期利益与长期利益、企业利益与社会利益有机地结合起来。

9.1.2 影响企业定价的因素

营销案例 9-1

拼多多不仅拼价格

有些商家在拼多多平台上卖货，一开始以为只要商品价格足够低就能卖"火"，但运行一段时间后才发现不对劲。事实上，在拼多多平台上，卖品不仅要比价格，还要比销量和评分，而价格、销量和评分以及在拼多多上投放广告等，决定了拼多多分配的流量，只有这些因素加权在一起才能更好地在拼多多平台上开好店、卖好货。由此，企业只有在实战中不断了解并充分运用拼多多的比价系统，在挖掘价格优势的基础上，进行多策略组合营销，才有可能卖火商品，卖出"爆款"商品。

资料来源：编者编写

企业在为产品定价时，要考虑影响价格的诸多因素。这些因素既包括企业内部因素，也包括企业外部因素；既包括客观因素，也包括主观因素。归纳起来，影响定价的因素大致有以下几个方面。

1. 成本因素

企业在为产品定价时，需要考虑许多因素。其中成本因素是影响产品定价的基本因素，也是产品定价的主要依据，还是企业制定价格的基本临界点，更是保证企业生产经营活动正常运行的基本条件。在正常情况下，企业为产品定价必须首先使总成本得到补偿。影响定价的成本费用可分为以下几种。

（1）固定成本。固定成本是指在一定时期、一定生产规模范围内，不随企业产量及产品种类变化而发生变动的成本费用，如厂房、设备等固定资产的折旧、办公费用、管理人员工资等。由于固定成本不会随企业的产量而发生变动，因此不论企业的产量是多少，固定成本都是必需的支出，应包括在定价因素之中。

（2）变动成本。变动成本是指在一定时期内，随产品种类及数量的变化而发生变动的成本费用。其主要包括原材料、燃料、运输、存储等方面的支出，以及工人工资、部分市场营销费用等。产量越大，总的可变成本就越大；产量越小，总的可变成本就越小。

（3）总成本。总成本是指全部固定成本与变动成本的总和。当产量为零时，总成本等于未开工时发生的固定成本。

（4）平均固定成本。平均固定成本是指单位产品所包含的固定成本的平均分摊额，即固定成本与总产量之比。它会随着产量的增加而减少，随着产量的减少而增加。

（5）平均变动成本。平均变动成本是指单位产品所包含的变动成本的平均分摊额，即总变动成本与总产量之比。它在生产初期水平较高，以后随着产量增加、工人熟练程度提高、批量采购原材料价格优惠等呈递减趋势，但减少到某一程度又会转而上升。

（6）平均总成本。平均总成本是指总成本与总产量之比，即单位产品平均分摊的费用。如果产量增加，平均固定成本和平均变动成本降低，这时平均总成本也会随之降低；如果产量超出某一产值区间，平均固定成本的降低额最终不能抵销平均变动成本的增加额，这时平均总成本也会增加。平均总成本的变化，取决于平均固定成本和平均变动成本的变化。

（7）边际成本。边际成本是指每增加或减少一个单位产量而引起总成本变动的数值。在一定产量的基础上，最后增加的那个产品所花费的成本引起总成本增加产生的增量就是边际成本。企业可以根据边际成本等于边际收益的原则，来寻求最大利润的均衡产量。同时，企业应按照边际成本制定产品价格，使全社会的资源得到合理利用。

（8）长期成本。长期成本是指当能够调整全部生产要素时，生产一定数量的产品所消耗的成本。这里的长期，指可以使企业根据它所要达到的产量来调整一切生产要素的时间量。在长时期内，一切生产要素都可以发生变动。因此，长期成本中没有固定成本和变动成本之分，只有总成本、边际成本和平均成本之别。

2. 销售量

众所周知，企业利润是单位产品利润与销售量的乘积。其计算公式如下。

企业利润=全部销售收入-全部成本费用

=产品销售量×（单位产品价格-单位产品成本费用或平均成本费用）

就单个产品来说，如果费用不变，价格越高，则利润越大。但是，单位产品的利润水平高并不一定意味着企业的利润水平高。因为价格和需求量呈反向变动，如果价格过高，可能会导致需求量以及销售量减少，进而使企业的收入减少、利润水平降低。因此，在其他条件不变的情况下，企业的盈利状况最终取决于价格与销售量之间的不同组合。

3. 资金周转

合理制定价格与加速资金周转是使企业产生利润的两个密切相关的因素。在销售条件不利的情况下，定价带来的眼前利益与加速资金周转实现的长远利益往往不一致。具体而言，一方面，维持高价虽然会给企业带来较高的利润水平，但是也会影响产品的销售量，从而降低资金的周转速度；另一方面，降低价格虽然可以促进产品销售量的增加，达到加速资金周转的目的，但是也会由此失去一部分可得利润，从而降低企业的利润水平。所以，企业要趋利避害，通过选择较低的机会成本来确定其定价方案。

4. 市场需求因素

（1）需求价格弹性。需求价格弹性又称需求弹性，是指因价格变动而引起的需求量的变动程度，反映了需求变动对价格变动的影响程度。用 Ep 表示需求价格弹性，其计算公式如下。

$$Ep = \frac{需求量变动的百分比}{价格变动的百分比} = \frac{\Delta Q / Q}{\Delta P / P} = \frac{\Delta Q}{\Delta P} \times \frac{P}{Q}$$

式中：Q 表示原需求量；P 表示原价格；ΔQ 表示需求变动量；ΔP 表示价格变动量。

根据需求价格弹性的强弱确定产品的定价方案，主要分为以下 3 种类型。

第一种类型为 $Ep > 1$，表示需求量变动的百分比大于价格变动的百分比，叫作需求弹性大，也称为需求富有弹性。这种富有弹性的产品最典型的代表就是汽车、房屋、昂贵装饰品等高档产品、奢侈品。

第二种类型为 $Ep < 1$，表示需求量变动的百分比小于价格变动的百分比，叫作需求弹性小，也称为需求缺乏弹性。例如，粮食、煤气等日常生活必需品便属于此类产品。对于此类产品，人们不会因价格上涨而少买，也不会因价格下跌而多买。

第三种类型为 $Ep = 1$，表示需求量与价格等比例变化，价格变化对需求量影响不大，叫作需求无弹性，也称为需求单位弹性。企业在定价时，可选择实现预期盈利率的价格或通行的市场价格，同时把其他营销策略作为提高盈利率的手段。

（2）需求收入弹性。需求收入弹性是指因收入变动而引起的需求量的相应变动，反映了需求量的变动对收入变动的敏感程度。用 Ey 表示需求收入弹性系数，其计算公式如下。

$$Ey = \frac{需求量变动百分比}{收入变动百分比}$$

需求收入弹性主要有 5 种类型。①$Ey > 1$，此时需求量增长比例大于收入增长比例，一般称为高需求收入弹性，或者富有收入弹性。例如，收入上升 10% 时，产品需求量却上升了 15%。②$Ey = 1$，此时需求量增长比例等于收入增长比例，一般称为单位需求收入弹性。例如，收入上升 10% 时，产品需求量也相应上升 10%。③$Ey < 1$，此时需求量增长比例小于收入增长比例，一般称为低需求收入弹性，或者缺乏收入弹性。例如，收入上升 10% 时，产品需求量只上升了 5%。④$Ey = 0$，此时不论收入如何改变，需求量始终保持不变，一般称为零需求收入弹性。例如，收入上升 10% 时，产品需求量保持不变。⑤$Ey < 0$，此时伴随收入的增长，商品的需求量反而下降，一般称为负需求收入弹性。例如，收入上升 10% 时，产品需求量反而下降了 5%。

需求量与收入一般呈反比关系。前 3 种类型分别表示需求量随收入变化呈现较大幅度变化、等比例变化、较小幅度变化的情况。而第四种类型表示的是即将淘汰的产品或者档次较低的产品的需求特征，即随着收入的增加，需求量不变。第五种类型表示的则是低档产品或者劣等品，在实际生活中比较少见。

（3）需求交叉弹性。需求交叉弹性是指一种产品价格的变动引起其他产品需求量的相应变动。用 $E_B P_A$ 表示需求交叉弹性，即 A 产品价格的变动使 B 产品需求量相应变动的比率。其计算公式如下。

$$E_B P_A = \frac{\text{B 产品需求量变动百分比}}{\text{A 产品价格变动百分比}}$$

在现实生活中，许多产品的使用价值是相互关联的：一种情况是互替相关，两种产品称作互替产品；另一种情况是互补相关，两种产品称作互补产品。互替产品是消费中使用价值可以互相替代的产品，如棉质服装、毛料服装和化纤服装等。互补产品是消费中使用价值可以相互补充的产品，如照相机与胶卷、汽车与汽油等。

5. 市场竞争状况

市场竞争状况是影响企业定价不可忽视的因素。现实的和潜在的竞争者对企业定价的影响很大。在激烈的市场竞争中，价格的最低限度受产品总成本费用的约束，最高限度受市场需求的约束，在最高和最低价格的幅度内，企业对产品定价的高低则取决于竞争者同种产品的价格水平。企业要密切关注竞争者的价格变动，并相应地制定和调整价格。

6. 产品的生命周期

在产品生命周期的不同阶段，市场需求与竞争状况不同，企业的营销目的不同，就会有不同的营销组合策略。处于产品生命周期不同阶段的产品，其定价策略也不相同。具体表现如下。

（1）在导入期，产品批量较小，生产成本和促销费用较高，因而价格水平较高则在所难免，但价格过高会影响产品销售。为避免发生这种情况，企业在定价时应以补偿成本费用而不是以获取更多利润为主要依据。

（2）在成长期，产品批量加大，生产成本和促销费用大幅度下降，市场销售量大幅度增加，因而价格也应有条件地下降，这样可防止竞争者大量进入。企业在定价时，应以预期目标盈利率的要求为依据。

（3）在成熟期，市场需求趋于饱和，市场竞争十分激烈，企业如果继续维持原有价格就难以保持市场占有率。这时，企业定价应以保持一定的市场份额为主要目标，采用竞争性较强的低水平价格。

（4）在衰退期，市场需求急剧下降，产品处于被淘汰的境地。这时，企业定价应以尽快收回占用的资金为主要目标，大幅度降低产品的价格，尽快将有限的资金转入有市场需求的新产品的生产和经营。

7. 国家的政策法规

国家的政策法规是制约企业定价的重要因素，具体包括以下几方面。

（1）物价政策。国家关于物价管理权限的规定、关于某些产品价格和收费标准的规定等，都是制约企业定价的因素。

（2）税收政策。税收是价格的构成要素之一，生产率的提高或降低会引起价格的上涨或下跌。

（3）信贷政策。贷款利率影响企业的成本水平，同时也影响消费者的信贷投向。较高的贷款利率会使企业的成本费用增加，迫使企业提高产品价格，还会抑制消费者将货币投向市场去购买产品，使一部分货币转向储蓄。

（4）外贸政策。进出口中的关税政策、价格政策等不仅直接关系到出口产品的价格，而且还会影响国内同类产品的价格，企业在定价时也应将这一情况考虑在内。

9.2 定价的基本方法

企业定价的基本方法是企业在特定的定价目标指导下，依据对成本、需求及竞争情况等的研究，运用价格决策理论，计算产品价格的具体方法。根据前文的分析与有关的定价基本因素，可归纳出定价的 3 种基本方法：成本导向定价法、需求导向定价法和竞争导向定价法。

大型超市店面 POP 招标过程

有 6 家广告公司参加一家大型超市的店面 POP 招标，其中一家大牌广告公司基于成本核算报价 280 万元；有 3 家广告公司基于低成本竞争报价在 120 万～140 万元；另外两家广告公司，D 公司基于这家大型超市的需求心理报价 220 万元，H 公司基于对同类大型超市竞争的比较报价 200 万元。最后，经过招标专家、大型超市高管打分投票，D 公司和 H 公司进入了下一轮招标。

资料来源：编者编写

9.2.1 成本导向定价法

成本导向定价法，是在成本的基础上，加上一定的利润和税金来制定价格的方法。由于产品的形态不同以及在成本基础上核算利润的方法不同，成本导向定价法又可分为以下几种形式。

1. 成本加成定价法

成本加成定价法，是在单位产品完全成本的基础上，加上一定比例的利润和税金构成单位产品价格的方法。采用成本加成定价法，一般是按成本利润率来确定单位产品价格的。其计算公式如下。

$$单位产品价格 = \frac{完全成本 + 利润 + 税金}{产品销量}$$

$$单位产品价格 = \frac{完全成本 \times (1 + 成本利润率)}{1 - 税率}$$

其中：完全成本 = 固定成本 + 可变成本，成本利润率 = $\frac{要求提供的利润总额}{产品的成本总额} \times 100\%$。

【例 9-1】某电视机厂要生产 2 000 台彩色电视机，总固定成本为 600 万元，每台彩色电视机的变动成本为 1 000 元，确定的成本利润率为 15%，产品税率为 5%。按成本加成定价法计算该种产品的售价如下。

解：
$$单位产品的完全成本 = \frac{6\,000\,000 + 2\,000 \times 1\,000}{2\,000} = 4\,000（元/台）$$

$$单位产品价格 = \frac{4\,000 \times (1 + 15\%)}{1 - 5\%} = 4\,842（元/台）$$

采用成本加成定价法，确定合理的成本利润率是至关重要的。而成本利润率的有效确定，必须依赖于对市场环境、竞争程度、行业特点等多种因素的研究。

成本加成定价法的优点有：计算简便，核算方便，成本资料可直接得到；价格能保证补偿全部成本并满足利润要求。这种定价法的缺点有：定价所依据的成本是个别成本，而不是社会成本或行业成本，因此制定的价格可能与市场价格有一定偏离；价格难以反映市场供求状况和竞争状况，定价不够灵活。这种定价方法适用于经营状况和成本水平正常的企业以及供求大体平衡、市场竞争比较缓和的产品，一般在卖方市场条件下使用较多。

2. 盈亏平衡定价法

盈亏平衡定价法也叫保本点定价法，是利用盈亏平衡分析法来确定企业产品销售价格的方法。它根据企业在一定产品产量条件下的固定成本总额和单位产品平均变动成本，求出盈亏平衡点的价格。其原理是：企业产品在一定销售量的情况下，当产品价格提高到某一水平时，产品的成本费用正好为销售收入所补偿，这时利润为零；产品价格低于这一水平就会发生亏损，产品价格只有高于这一水平才能获得盈利。这一最低价格就是保本价格，即企业盈利为零时的价格。其计算公式可根据销售量、成本和利润三者之间的关系推导出来。

$$企业利润 = 销售收入 - 产品总成本$$

$$销售收入 = 销售价格 \times 销售量$$

$$产品总成本 = 固定成本 + 单位产品的变动成本 \times 销售量$$

则保本价格的计算公式如下。

$$保本价格 = 单位产品的固定成本 + 单位产品的变动成本$$

$$= \frac{固定成本}{盈亏平衡点的销售量} + 单位产品的变动成本$$

产品售价即在保本价格的基础上，加上预期利润。其计算公式如下。

$$产品售价 = \frac{固定成本 + 预期利润总额}{销售量} + 单位产品的变动成本$$

【例 9-2】 某企业计划推出一款儿童早教机，已知生产该早教机的年固定成本为 720 万元，单位产品的变动成本为 79 元，预计该产品年销售量为 12 000 台。请计算：该产品的保本价格是多少？为了实现预期利润 300 万元，该产品的售价应为多少？

解：保本价格 = 单位产品的固定成本 + 单位产品的变动成本

$$= 7\,200\,000 \div 12\,000 + 79 = 679（元/件）$$

若预期利润为 300 万元，则：

$$产品售价 = (7\,200\,000 + 3\,000\,000) \div 12\,000 + 79 = 929（元/件）$$

如果该销售量能够实现，保本价格可以确保企业不亏损，产品销售价格可以为实现企业目标利润提供可行价格；如果市场对企业销售条件不利，产品销售价格与保本价格之间的差额则可以作为调整价格的依据。

这种方法侧重于对总成本费用的补偿，这对生产和经营多种产品项目的企业来说特别重要。这一方法的关键在于准确预测产品的销售量。企业在某种产品的销售量难以达到预期目标时可采取保本经营策略，以便把获利的重点转向其他畅销的产品，从而在整体上实现产品优化组合的目标。

9.2.2 需求导向定价法

需求导向定价法是以消费者对产品价值的理解程度和需求强度为依据的定价方法。需求导向定价法又可分为如下几种形式。

1. 理解价值定价法

所谓理解价值，也叫感受价值、认知价值，是指消费者对某种产品的主观评判。理解价值定价法是指企业不以成本为定价依据，而以消费者对产品价值的理解度为定价依据，运用各种营销策略和手段，影响消费者对产品价值的认知，形成对企业有利的价值观念，然后根据产品在消费者心目中的价值来制定价格的方法。理解价值定价法的关键在于获得消费者对有关产品价值理解的准确资料。所以，企业必须搞好市场调查，了解消费者的消费偏好，准确地估计消费者的理解价值。

2. 区分需求定价法

区分需求定价法也叫"价格歧视"，是根据需求的差异对同种产品或劳务制定不同价格的方法。其主要定价依据如下。

（1）因消费者而异。企业可根据不同职业、收入、阶层或年龄的消费者群制定不同的价格，具体可给予相应的优惠或加价。例如，航空公司对国内、国外乘客分别制定票价；儿童节期间，各商场以优惠的儿童产品价格吸引更多的家长和孩子光顾。

（2）因式样而异。企业对式样不同的同种产品制定不同的价格，价格差异的比例往往大于成本差异的比例。例如，相同质量、规格而花色不同的产品，花色陈旧的价格要定得低些，而花色艳丽、款式新颖的价格要定得高些。另外，对于某些有纪念意义的产品，价格也可相应制定得高些。

（3）因时间而异。因时间而异指企业根据新产品季节、日期上的需求差异制定价格。例如，防寒服夏天价格可定得低些，而冬天价格可定得高些。

（4）因空间而异。因空间而异指企业根据自己产品销售区域的空间位置来确定产品的价格。例如，同一地区的用户所付运价相同，较远地区的运价则较高。又如，同样的饮料在高档饭店的价格要高于在街边餐饮店的价格。

（5）因用途而异。同一种产品有时有不同的用途和使用量，因而价格也应有所区别。例如，电力可用于工业、农业和家庭等，这时电费应根据不同的用途而有所差别。

采用区分需求定价法要具备一定的前提条件：一是市场能够根据消费者需求强度的不同进行细分；二是细分后的市场在一定时期内相对独立、互不干扰；三是竞争者没有可能在企业以高价销售产品的市场上以低价销售；四是价格差异适度，不会引起消费者的不满或反感。

9.2.3 竞争导向定价法

竞争导向定价法是以竞争者同类产品的价格水平作为企业定价依据的定价方法。竞争导向定价法一般有以下两种。

1. 随行就市定价法

随行就市定价法，是指企业依照行业通行的价格水平或平均价格水平来定价的方法。这是一种"随大流"的定价方法，其好处如下。

（1）平均价格水平在消费者心目中是合理价格，易于为消费者所接受，从而能保证产品销路的稳定性。

（2）能避免激烈的价格竞争所带来的市场风险。

（3）能保证企业获得适中的盈利。

2. 密封投标定价法

密封投标定价法，是一种竞争性很强的定价方法。比如，一般在购买大宗物资、承包基建工程时发布招标公告，由多个卖方或承包者在同一买方所提条件的前提下，对招标项目提出报价，买方从中择优选定。

密封投标定价法的定价程序如下。

（1）招标。由买方发布招标公告，提出征求产品或劳务的具体条件，引导卖方参与竞争。

（2）投标。卖方或承包者根据招标公告的内容和具体要求，结合自己的条件，考虑成本、利润和竞争者可能提出的报价，在买方规定的截标时间内，将自己愿意承担的价格密封提出。

（3）开标。买方在招标期限内，积极认真地选标，全面认真地审查卖方提供的投标报价、技术力量、工作质量、生产经验、资本金情况、信誉等信息，以此为基础选择承包者，并到期进行开标。

采用这种方法，投标价格是影响企业中标的重要因素。高报价固然可以给企业带来较高的利润，但中标的机会却相对较小；相反，低报价虽然给企业带来的利润较低，但中标的机会大，不过报价不能太低。所以，参加竞标的企业应当计算期望利润，然后根据最高期望利润递减价格。

9.3 定价策略概述

定价策略是企业为了实现预期的经营目标，根据企业的内部条件和外部环境，针对某种产品或劳务选择最优定价目标所采取的应变谋略和措施。定价策略是较高层次的决策，由于企业所处的市场环境、定价对象以及实施方法不同，企业定价策略也是多种多样的。归纳起来，主要有以下几种策略。

扩展阅读

尾数定价法产生的作用

1 元的商品标价 0.99 元，10 元的商品标价 9.9 元，消费者就会产生比 1 元、10 元便宜的心理，这就形成了营销的尾数定价法。在买方市场和互联网开放的今天，其实每一个消费者都明白价格上并没有多大的便宜空间。但是，尾数定价法依然有效，为什么？这是因为消费者的习惯心理还在。有调研数据显示，商品定价为 0.99 元比 1 元多卖 62.7%，1.99 元比 2 元多卖 117%，2.99 元比 3 元多卖 63%……

另外，我国民众还有一种典型的数字吉利心理需求，比如尾数 66、68、88、98、99 等。尾数定价法在现代营销中被广泛运用，并产生了积极的、有效的作用。

资料来源：编者根据网络资料编写

9.3.1 新产品定价策略

新产品定价是企业价格策略的一个关键环节。因为新产品的成本高，消费者对它不了解，竞争者可能还没有出现，所以其定价的正确与否，关系到新产品能否顺利进入市场，并为以后占领市场打下基础。企业在推出受专利保护的新产品时，可根据自身情况选择以下定价策略。

1. 撇脂定价策略

撇脂定价策略，是指如同把烧热的牛奶上的一层油脂精华取走一样，企业在刚刚将新产品投放到市场时把价格定得很高，以求在尽可能短的期限内迅速获取高额利润。

撇脂定价策略的优点如下。

（1）有利于企业利用消费者的求新心理形成声望价格。新产品刚被投放到市场，特性突出，优越性明显，竞争者尚未出现，此时企业利用消费者的求新心理，对其进行高价刺激，提高产品身价，可创造高价、优质及名牌的形象。

（2）有利于企业主动降价。新产品投放市场初期价格定得高，随着时间的推移和竞争者的加入，企业可逐步灵活地调低价格。这不仅可以保持企业的竞争力，而且也可以从现有的目标市场上吸引潜在的需求者。

撇脂定价策略的缺点如下。

（1）产品价格定得太高，容易引起消费者的不满，给产品销售制造障碍。

（2）当新产品的声誉尚未建立时，过高的定价不利于开拓市场，不利于增加销量，也不利于占领和稳定市场。

（3）高价会导致竞争者的大量涌入。如果将产品高价投放市场销路较好，竞争者就会被高利润所吸引，纷纷进入该产品市场，从而迫使该产品价格下降。

撇脂定价策略是一种追求短期利润最大化的定价策略，企业在采取此种策略时要小心谨慎。一般来说，这种策略适用于两类产品：一是寿命短，花色、品种变化快的时尚产品，如时装等；二是具有专利技术和特色工艺的高科技产品或艺术品，如微软公司的软件产品等。

2. 渗透定价策略

渗透定价策略，是指企业在新产品投放市场初期，将产品价格定得相对较低，以吸引大量消费者，获得较高的销售量和市场占有率。这种策略正好同撇脂定价策略相反，产品以较低的价格进入市场，具有较强的渗透性和排他性。

渗透定价策略的优点如下。

（1）低价会刺激市场需求，使企业的生产和经营成本随着销售额的增加而下降，从而实现产品的薄利多销并迅速打开市场，将产品渗透到各个不同的区域，以提高产品的市场占有率。

（2）低价能有效地抑制现实和潜在竞争者的进入，提升企业的市场声势，以便企业长期占领市场。

渗透定价策略的缺点如下。

（1）由于价格较低，企业获利少，所以投资回收期长。

（2）由于价格变动余地小，所以企业难以应对在短期内骤然出现的竞争和市场需求的较大变化，从而造成重大损失。

（3）有时低价还容易使消费者怀疑产品没有质量保证。

渗透定价策略虽然能促进产品销售，使企业通过薄利多销来增加利润，但并不是任何新产品都适合采用。适合采用渗透定价策略的产品应具备以下几个基本条件：一是新产品的价格需求弹性大。消费者对市场上产品的价格很敏感，价格稍微低些就有很多人愿意购买，价格高些则情况相反。二是新产品可以产生规模经济效益。若大量生产和销售产品，生产成本与销售成本就可因大批量生产和销售而降低。三是使用渗透定价时可以排斥潜在竞争者。

9.3.2　心理定价策略

消费者的心理活动是复杂多变的，有的希望少花钱而又能买到高质量的产品或服务；有的希望能买到高档名牌产品以显示身份地位；有的希望能买到时髦奇特的产品以满足其求新、求异心理等。心理定价策略就是运用心理学原理，根据不同类型的消费者在购买产品时的不同心理要求来制定价格，以诱导消费者购买，促进产品销售的一种定价方法。常用的心理定价策略有以下几种。

1. 尾数定价策略

尾数定价策略，是指企业在制定产品价格时以零头数结尾。据心理学家分析，消费者通常认为整数价格如 10 元、20 元、200 元等是概略价格，不够准确，而认为非整数价格如 9.96 元、19.98 元、198.98 元等是经过精确核算的价格，容易产生便宜和信任的感觉，从而满足其求廉心理。市场营销专家曾做过调查，发现价格中尾数的微小差异对产品的销路有较大的影响。一般情况下，价格在 5 元以下，尾数为 8 或 9 更受欢迎；价格在 5 元以上，100 元以下，尾数为 95 更受欢迎；价格在 100 元以上，尾数为 98 或 99 更受欢迎。例如，花 4.98 元买一件产品，消费者会认为只花了 4 元多；而花 5 元买一件产品，尽管只多了两分，消费者却会认为多花了不少。这是因为，这里的 4 元和 5 元相差了一个档次。对于价格较低的产品，特别是日用消费品，采用尾数定价策略，会使消费者产生便宜的感觉，从而能迅速做出购买决策。

2. 整数定价策略

整数定价策略，是指企业在制定产品价格时以整数结尾而不要尾数。这种策略适用于高档产品、名牌产品、礼品和性能不被消费者了解的产品。因为在现代产品交易中，生产者众多，产品花色品种各异，购买高档名牌产品的消费者往往会产生显示自己身份地位的心理动机，因而对产品的质量和价格非常重视，认为"一分钱一分货"，价格越高、质量越好，就越能显示自己的身份。在这种情况下，采用整数定价策略，一方面可以提高产品的地位；另一方面还可方便消费者选购产品，减少麻烦。另外，整数价格比非整数价格更能刺激消费者的购买欲望。在具体应用时，如果产品的价格在整数分界线以下，应将其提高到分界线以上以显示其身价。例如，将一部价格在 995 元的照相机的价格定为 1 000 元，即将价格从 3 位数上升为 4 位数，更有利于争取消费者，促进产品销售。

3. 分档定价策略

分档定价策略，是指企业将同一类产品按其质量、规格和式样等几个方面的差异分成几个档次，分别为每个档次制定不同的价格。例如，经营鞋、针织品等产品，就可按式样和做工的不同分成几个档次，一个档次一个标价。蔬菜业、水果业和服装业等许多行业，都普遍采用这种定价策略。

4. 声望定价策略

声望定价策略，是指企业针对消费者"价高质必优"的心理，为在消费者心目中享有一定威望、声誉和信任度的产品制定较高的价格，如皮尔·卡丹西服、金利来领带、鳄鱼休闲装等。一般来说，价格档次常被作为产品质量最直观的反映，尤其在消费者识别名优产品时更是如此。因此，高价与性能优良、独具特色的名牌产品相配合，更能显示出产品的特色，增强产品对消费者的吸引力。

5. 习惯定价策略

习惯定价策略，是指企业按照消费者的心理习惯和价格习惯制定产品价格的方法。日用消费品的价格通常在消费者的心目中已形成一定的习惯标准，符合其标准的价格很容易被消费者接受，而偏离其标准的价格则容易引起消费者的怀疑。高于习惯价格常被消费者认为是产品涨价；低于习惯价格又会被消费者怀疑产品有质量问题。因此，日用消费品的价格要力求稳定，避免价格波动可能带来的不必要的损失。

市场营销学　理论、方法与案例（第3版）

6. 招徕定价策略

招徕定价策略，是指企业为迎合消费者的求廉心理，有意对几种产品进行削价销售，借此吸引消费者购买并促使消费者进行连带消费，促进其他正常定价产品的销售，从而实现增加企业总利润的目的。例如，某些工业、商业企业根据季节或节假日进行的大减价活动，就是为了满足消费者的求廉心理从而吸引消费者。这一策略常被综合性百货商店、超级市场、一些高档产品的专卖店所采用。

9.3.3 折扣定价策略

折扣定价策略，是指企业利用各种折扣和让价吸引经销商和消费者，促使其积极推销或购买自己的产品，从而达到增加销售、提高市场占有率的目的。这一策略能增强销售的灵活性，给经销商和消费者带来利益和好处，因而在现实中经常被企业所采用。常见的价格折扣主要有以下几种形式。

1. 数量折扣

数量折扣，是指企业按消费者购买数量或数额的多少给予不同的价格折扣，这是企业运用最多的一种折扣定价策略。一般来说，消费者购买的数量越多或数额越大，企业提供的折扣率就越高，以鼓励消费者大量购买或一次性购买多种产品，并吸引消费者长期购买本企业的产品。

2. 现金折扣

现金折扣，是指企业为了鼓励消费者尽早付清货款，加速资金周转，给提前付款或在约定时间付款的消费者提供的价格折扣。企业运用现金折扣策略，可以有效地促使消费者提前付款，从而有助于盘活资金，降低企业的利率风险。

3. 季节折扣

季节折扣，是指企业为鼓励消费者提早采购，或在淡季采购，针对生产经营的季节性产品而给予的价格折让。在季节性产品销售淡季，资金占用时间长，如果能增加产品销售量，便可加速资金周转，节约流通费用。例如，冬天买空调、夏天买羽绒服等。产品销售的季节折扣率，应高于银行存款利率。

4. 交易折扣

交易折扣也叫功能折扣，是指企业为了鼓励批发商或零售商大量购买并积极进行推销，或提供资金融通、运输等服务功能，而给予其的一种价格折扣。其目的在于，利用价格折扣刺激各类中间商更充分地发挥各自组织市场营销活动的功能。例如，某家生产企业同时向批发商和零售商出售产品，在确定出一个参考性零售价格后，给批发商提供 20% 的折扣优惠，而只给零售商提供 10% 的折扣优惠。

9.3.4 地理定价策略

地理定价策略，是指企业根据交货地点、交货时间和运杂费用的分摊制定产品价格的策略。这一定价策略主要有以下几种形式。

1. 产地交货价格

产地交货价格，是指卖方按出厂价交货或按从产地运送至某种运输工具交货的价格。即买方按照出厂价购买某种产品，卖方负责将这种产品运到产地的某种工具（如火车、船舶、飞机、火车等）上交货，并承担这期间的一切风险和费用；交货后，从产地到目的地的一切风险和费用都由买方承担。

2. 买主所在地价格

买主所在地价格，是指企业负责将产品运到买主所在地，并承担运输费和保险费等费用。企业采用这种价格，由于承担的风险较大，因而将价格和利润都制定得比较高。买主所在地价格在国际贸易中通常称为"到岸价格"。

3. 统一交货价格

统一交货价格，是指企业把卖给不同地区的顾客的某种产品都按照相同厂价（产地价格）加相同运费（按平均运费）定价。采用这一定价策略，可鼓励远距离顾客购买该企业产品，从而扩大销售区域。一般在运费低廉或运费占成本比例很小以及产品质量轻、体积小的情况下，适宜采用这种定价策略。

4. 区域定价

区域定价，是指企业把产品的销售市场分成几个价格区域并制定不同的价格。一般来说，距离企业较远的地区，将价格定得高些；距离企业较近的地区，将价格定得低些。这种策略适用于体积大、交货费用在价格中所占比例大，不可能对所有顾客都使用统一交货价格的产品。该策略的优点有：计算方式简单；便于扩大销售区域，提高市场占有率。但是，企业采用区域定价策略也会遇到一些问题，如在同一价格区域内，有些顾客离企业较近，有些顾客则离企业较远，这样前者就合算。

5. 基点定价

基点定价，是指企业选定某些城市作为基点，然后按一定的出厂价加基点（最靠近顾客所在地的基点）至顾客所在地的运费来定价，而不管货物是从哪个城市起运的。它适用于体积较大、运费占成本比重较大的产品。采用这一策略可以使卖方产品在各地的交货价格基本相同，从而有利于开拓市场，增加产品销售量。

6. 运费免收定价

运费免收定价，是指企业制定产品价格时替买主负担全部或部分运费。企业采用运费免收定价，一般是为了与顾客加强联系或开拓市场，通过增加销售量来抵补运费开支。

9.3.5　产品生命周期定价策略

产品生命周期定价策略，是指依据产品生命周期不同阶段的特点而制定和调整价格的策略。

1. 导入期定价策略

在产品导入期，一般对上市的新产品或者经过改造的老产品，采取较高或较低的定价。

2. 成长期定价策略

在产品成长期，产品已被消费者接受，销售量增加，一般不宜贸然降价。但是如果产品在刚进入市场时价格定得较高，此时又出现了强有力的竞争者，企业为更快地提高市场占有率，也可以适当降价。

3. 成熟期定价策略

在产品成熟期，消费者人数和产品的销售量都达到一个较高水平，且在成熟期后期消费者人数和产品的销售量都开始出现回落趋势，市场竞争比较激烈，此时一般宜采取降价销售策略。但如果竞争者较少，也可维持原价。

4. 衰退期定价策略

在产品衰退期，消费者的兴趣开始或已经发生转移，销售量急剧下降，一般适宜果断地采取降价销售策略，有时为了减少产品库存，甚至会将价格定得低于成本。但如果同行业的竞争者都已退出市场，或者本企业经营的产品有保存价值，也可以维持原价，甚至提高价格。

9.3.6　价格调整策略

在市场经济条件下，竞争环境的激烈，市场需求的变化，竞争条件的改变，必然会给企业产品的价格带来影响。企业应根据市场环境的变化，对自身产品的价格进行不断的调整，以提高市场占有率。所谓价格调整策略，是指企业根据市场环境的变化和自身定价目标的需要，对产品价格进行主动和应变的调整。

1. 主动调整价格

所谓主动调整价格，是指企业根据市场需求和竞争环境的变化，主动调整本企业产品的价格。主动调整价格体现了企业积极主动地适应市场环境的变化、积极参与市场竞争的思想。主动调整价格的方式主要有以下两种。

（1）主动调低价格。主动调低价格就是企业根据市场环境主动降低本企业产品的价格。企业调低价格的原因主要有3点：①企业出现产能过剩，库存积压严重，虽然使用了一些促销手段，但产品销路仍然不好，又不能改进产品。在这种情况下，企业必须通过降低产品的价格来促进产品的销售。②市场竞争激烈，又出现了实力雄厚的竞争者，企业产品的市场占有率逐步降低，为了保持市场占有率而调低价格。③企业由于产量增加、成本降低，通过调低价格来控制市场，提高市场占有率。

（2）主动调高价格。企业主动调高价格不一定是提高产品的基本价格，有时是结合产品定价策略如减小折扣幅度和其他一些营销策略来实现的。企业调高价格的主要原因有以下几点：①成本费用增加，如原材料、燃料等价格持续上涨，导致利润水平不断下跌，企业为保证一定的利润水平，不得不调高价格。②市场上对该种产品的需求处于供不应求的状况。企业为实现新的供求平衡，需要通过调高价格来限制需求。③企业为了应对通货膨胀，有时也不得不调高价格。在预测要发生进一步的通货膨胀或政府进行价格控制时，企业的提价幅度常常高于成本增加的幅度。

所以企业在调高价格时一定要掌握一定的幅度、时机和方式，还要考虑消费者的反应。只有注重消费者的反应，按照消费者的意愿来调整产品的价格，才能收到较好的调价效果。

2. 应变调整价格

所谓应变调整价格，是指由于竞争者率先调整了产品价格，迫使企业必须采取适当的价格对策，相应地调整本企业产品的价格。由此可知，应变调整价格实际上是企业为了适应竞争者同类产品价格而被迫采取的价格调整策略。企业为了保证对竞争者价格变动作出的反应能符合本企业的利益，必须对竞争者和自己企业的情况进行深入的调查研究及分析比较。

（1）研究竞争者的情况。研究竞争者的情况主要包括以下内容：为什么竞争者要调整价格；

竞争者是暂时变价还是长久变价；提出调价竞争者的实力如何；企业如果对竞争者的变价置之不理，将会对自身市场占有率有什么影响；企业对竞争者变价做出的任何一种反应，竞争者和其他一些企业又会采取什么措施。

（2）研究本企业的情况。研究本企业的情况主要包括以下内容：①本企业的经济实力；②本企业产品的生命周期以及该产品的需求价格弹性；③本企业如果跟随调价，会对其生产经营产生什么影响等。

经过以上认真的分析和研究后，企业就要对竞争者的价格变化迅速作出反应。一般来说，在竞争者提价时，企业就应采取跟随提价的办法；在竞争者率先降价时，企业则应该谨慎行事。在同质产品市场上，如果竞争者降价，企业也必须随着降价，否则消费者就可能购买竞争者的产品而不购买本企业的产品。在异质产品市场上，如果竞争者降价，企业则应认真分析，因为消费者选择卖主时不仅会考虑产品的价格因素，同时还会考虑产品质量、售后服务、品牌等因素。

思考题

1. 企业的定价目标是什么？
2. 影响企业定价的各种因素有哪些？
3. 简述企业的基本定价方法。
4. 比较需求导向定价法和成本导向定价法的区别。
5. 企业常见的定价策略有哪些类型？

案例分析

扫码阅读

拼多多如何定价

第10章 促销策略

【学习目标】

- 理解促销与促销组合的含义
- 熟悉影响促销组合的因素
- 掌握促销组合策略

促销是企业进行市场营销的重要策略之一。促销以传播宣传的形式向消费者传递信息，与消费者进行沟通。企业通过促销将自己的产品和服务传递给消费者，激起消费者的购买欲望，从而增加产品和服务的销售。

营销引例

一年一度的"双十一"又来了！今年不用熬夜

2022年9月8日，阿里巴巴官方宣布，"2022天猫'双十一'全球狂欢季"将于10月24日晚8点开启预售，10月31日第一波开卖，11月10日第二波开卖。

"双十一"是天猫最早于2009年11月11日举办的网络促销活动，当时参与的商家数量和促销力度有限，但营业额远超预想的效果，于是11月11日成为天猫举办大规模促销活动的固定日期。2022年是第14个"双十一"购物狂欢节。

值得注意的是，往年每逢"双十一"，几大电商巨头都会第一时间公布实时成交额，像"一秒成交多少""一天达成多少"，但2021年显得有些安静。资料显示，2020年天猫"双十一"全球狂欢季（11月1日至11日0点30分）实时成交额突破3 723亿元。其中11月11日当天全国共处理快件6.75亿件，同比增长26.16%，创历史新高。

资料来源：腾讯新闻

10.1 促销与促销组合

10.1.1 促销的含义和作用

1. 促销的含义

促销实质上是一种沟通活动，即营销者（信息提供者或发送者）发出用于刺激消费的各种信息，并传递给一个或更多的目标对象（即信息接收者，如听众、观众、读者、消费者或用户等），以影响其态度和行为。企业的市场营销是围绕消费需求展开的，一方面企业需要针对消费者的情况做出营销决策；另一方面消费者也只有在获取和了解企业产品或服务的相关信息后才能做出购买决策。这里所说的促销是在买卖双方之间进行的信息沟通，特别是更加强调企业信息向消费者的传递，因此又可以称作营销沟通。

2. 促销的作用

总体来说，促销起的只是催化、加速、促成、激励作用。其作用概括起来有 4 个方面。

（1）传递产品信息，引导消费者消费。

企业通过促销可以及时地向经营者和消费者提供自己产品的情报和信息，并通过信息反馈来改进产品结构，以适应市场需求，扩大销路；同时，也可以使消费者获得有关产品的信息，做出正确的购买决策，从而在某方面获得更好的满足。促销正是通过人员和非人员方式进行信息的单向或双向沟通，增进消费者对企业及其产品的了解，扩大企业的社会影响。

（2）突出产品特点，激发消费需求。

促销能突出本企业产品不同于竞争者产品的特点，以及它给目标消费者或用户带来的特殊利益，这就有助于加深消费者和公众对本企业产品的了解，建立起本企业产品的形象。有效的促销活动通过介绍产品（尤其是新产品）的性能、用途、特征等，能够诱导和激发需求，在一定条件下还可以创造需求。企业通过一定的促销形式，不仅可以使更多的消费者对本企业的产品产生信任、形成偏爱，达到增加需求的目的，而且当某种产品的销售量下降时，还可以促使需求得到某种程度的恢复。当企业准备将某种新产品投放到市场时，可以刺激需求，激发消费者的购买欲望，尽快占领市场。

（3）强调心理促销，激励购买行为。

促销活动其实是一项攻势强大的、软硬兼施的、体现"攻心为上""先予后取"等心理战略、战术的心理促销活动。这是因为促销的对象是网络目标市场的消费者，要使他们产生有利于本企业的购买行为，心动是前提，只有心动才可能行动。无论哪一种网络促销方式，从本质上来说，无不是一种打动人心的活动。

（4）树立企业形象，赢得消费者信任。

促销活动有时并不以立即产生购买行为为直接目的，其目的是通过树立企业及其产品在网络市场上的良好形象，给目标消费者留下良好印象，形成目标消费者根深蒂固的特殊偏好，对企业产生情深意厚的情结，一旦产生购买欲望与需求，就会马上联想到企业的产品。此时，企业追求的是一种远期效益。

10.1.2　促销组合

1. 促销组合的含义

促销组合是指人员推销、广告、销售促进和公共关系 4 种要素的组合。人员推销可直接接触到消费者，便于互相沟通信息，容易激发消费者兴趣，促成即时交易；但费用较高，且培训人员不容易，尤其是难以选拔优秀推销员。广告传播面广，能多次运用，且有较好的传播效果；但不能因人而异，也就很难说服消费者进行即时购买，而且广告费用一般十分昂贵。销售促进吸力强，激发需求快；但接触面窄，局限性较强，如果时间过长或次数过于频繁，容易引起消费者的疑虑和不信任。公共关系能够利用公共媒体传播其公益活动的信息，影响面广，较易令人信服；但工作量大，且企业难以把握机会和控制宣传效果。

因此，企业要想获得良好的销售效果，须针对不同类别的产品，有目的、有计划、合理地对人员推销、广告、销售促进和公共关系等促销手段进行综合运用，形成一个完整的、有效的

市场营销学　理论、方法与案例（第3版）

114

营销组合。

2. 影响促销组合的因素

（1）产品的类型。

不同类型产品的消费者在信息需求、产品购买方面是不相同的，因而企业需要采用不同的促销手段。例如，日用消费品销售面广，功能简单，适合用广告和销售促进的手段进行促销。价格低、适用性强的产品，宜采用广告进行促销；而价格高、利润大的产品，更适合用人员推销方式进行促销。

（2）目标市场的特点。

目标市场的不同特点也影响不同促销手段的效果。从市场范围看，小规模本地市场，应以人员推销为主；广泛市场，如全国市场和国际市场，则应以广告为主。从市场集中程度看，如消费者相对集中，宜采用人员推销手段；反之，宜采用广告、销售促进等手段。从不同类型潜在消费者的数量看，消费者少的，可用人员推销；消费者众多的，应以广告、销售促进为主。从市场竞争的角度看，要根据竞争者的促销活动来确定需采用的促销手段。

（3）促销预算。

促销预算要视企业的实际资金能力和市场目标而定，且直接影响着促销手段的选择。不同的行业和企业，促销费用的支出是不相同的，如保健品行业的促销费用在整个营业额中所占的比重就高于房地产行业。

（4）购买决策的类型。

促销组合也取决于购买决策的类型，常规决策与复杂决策对促销组合的依赖就有所不同。例如，针对消费者购买洗涤用品的常规决策，最有效的促销手段是引起消费者对品牌的注意或提醒消费者某个品牌的存在。广告和销售促进是常规决策中应用最有效的工具。而复杂决策中消费者参与程度高，他们依靠大量的信息做出决策。人员推销在复杂决策中最为有效。

（5）产品的生命周期。

企业对处于不同生命周期的产品的营销目标及重点都不一样，因此促销手段也不尽相同。在产品导入期，企业要让消费者认识并了解新产品，可利用广告与公共关系广为宣传，同时配合使用销售促进和人员推销鼓励消费者使用新产品。在产品成长期，企业要继续利用广告和公共关系来提高产品的知名度，同时使用人员推销来降低成本。在产品成熟期，企业要利用广告及时介绍产品的改进内容，同时使用销售促进来增加产品的销售量。在产品衰退期，销售促进的作用更为重要，企业也可配以少量的广告来保持消费者的记忆。

10.2　营销信息传播

信息又称资讯，普遍存在于自然界和人类社会活动中。随着社会的发展和科学技术的进步，人类对信息的认识和利用日趋深入和广泛。信息已成为社会发展中的一个主导因素，信息资源是客观世界不可或缺的重要资源，其地位与作用日益凸显。在现代社会中，企业进行营销传播的关键就是对信息的准确掌握和有效传播。

10.2.1　营销信息传播原理

促销活动的实质就是信息的沟通和传播过程。营销传播是指传播者发出作为刺激物的信息并传递给目标对象，以影响其态度和行为。营销传播可分为两大类：人际传播和大众传播。人际传播是两个或多个人之间进行的直接的、面对面的信息交流。推销人员与消费者的直接交谈就是一种人际传播。大众传播是指职业化的传播机构向大众传播信息。大多数营销传播都是面向消费者整体的，且通常借助大众媒体传播信息。

营销人员既是信息的发送者，又是信息的接收者。作为发送者，营销人员力图通知、说服、提醒目标市场的消费者，采取与其需求相一致的行动，以促进其对产品和服务的购买。作为接收者，营销人员力图使自己与市场协调一致，以便开发新信息、调整现有信息，并不断探索新的沟通机会。因此，营销传播是一个双向的，而非单向的交流过程。其传递信息的过程一般为"信息源—编码—通路—解码—接收者"，如图10-1所示。

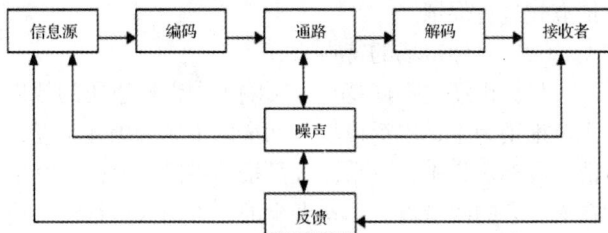

图 10-1　信息的传递过程

在信息传递的过程中，包含如下几个因素。

第一，信息源。信息源由发送者决策需要传递的信息和具体的传递媒体、传播渠道所构成。注意传递的信息必须真实可靠，其可信性与促销效果成正比。

第二，编码。编码是指把需要传递的信息转换成信息符号的过程，如语言、文字、数码、图片、音像等。其基本原则是：主题明确、表达准确、生动引人、容易理解、不易误解。

第三，通路。通路是指信息传递途径。如果一个企业同时使用多种传递途径，就是组合促销媒体进行整体营销。

第四，解码。解码是指信息接收者对传递来的信息符号进行解译的过程。如果信息接收者的理解与企业所要宣传的意图基本相符，那么信息传递就是成功的；如果信息接收者的理解与企业所要宣传的意图不相符，那么信息传递就是不成功的。

第五，接收者。接收者包括目标市场上的现实消费者和潜在消费者。信息接收者一般是指对传递来的信息感兴趣的个人或组织，其主要任务是解码和反应。

第六，反馈。反馈是指企业必须在将信息传递出去后，通过市场调研了解信息传递对消费者的影响，并根据反馈信息决定是否调整营销战略。

第七，噪声。噪声是指干扰营销传播的信息，主要包括营销传播过程中那些客观的、技术的、主观的干扰因素所形成的声音。例如，市场上大量的商业信息、竞争者故意放出的策略性信息等。

10.2.2　有效信息传播的 AIDA 模式

有效信息传播能够促进促销目标的实现。有效信息传播的一个经典模型称为爱达（AIDA）模式，即引起注意（Attention）、产生兴趣（Interest）、激起欲望（Desire）、促成行动（Action）。AIDA 模式假设促销中必须遵循以下 4 个步骤。

1. 引起注意

根据心理学家的分析，人的知觉是分散的，即不会固定在某一点上。因此，促销活动的信息沟通必须首先能引起目标市场的消费者对某种产品或服务的注意。也就是说，把促销对象的注意力吸引到产品上是关键的第一步。

2. 产生兴趣

促销活动信息沟通的第二步是促使消费者产生兴趣。为了尽快吸引消费者，最好是证实促销内容能给消费者带来益处。

3. 激起欲望

促销活动信息沟通的第三步是激起消费者的购买欲望。如果消费者对促销的产品没有产生购买欲望或者购买欲望不大，产品最终售出的概率就会大打折扣。消费者之所以购买产品，主要是因为它能满足消费者的某种需要，并确确实实传递了刺激消费者购买欲望的信息。

4. 促成行动

促销活动信息沟通的第四步是促成消费者尽快做出购买决定，并付诸行动。因此，促销活动的信息沟通要帮助消费者强化购买意识，培养购买倾向，最终产生购买行为。大多数处于 AIDA 模式，且参与水平较高的消费者都有可能进行购买。促销者的任务是判断大多数目标消费者处于哪一阶段，根据该阶段的特点制订营销计划以满足他们的需求。

10.3　广告策略

广告是促销组合策略最重要的内容之一。广告应是企业进行市场营销的重要工具，通过广告传播产品和市场信息，加强企业及其产品与消费者之间的沟通，是促进产品和服务销售的重要策略。

10.3.1　广告的含义与分类

广告是一种传递产品或服务信息的典型的和间接的促销手段。它既是一门科学，也是一门艺术。

1. 广告的含义

广告是指广告主以支付一定费用的方式，有计划地由广告承办单位通过广告媒体向公众传播产品或服务信息的宣传手段。广告的含义有广义和狭义之分。

（1）广义的广告。

凡是以说服的方式，无论是口头方式还是文字、图画方式，只要有助于公开传播和宣传的都可称为广告，即广而告之。

（2）狭义的广告。

狭义的广告是指经济广告即商业广告，包括以下要素：支付广告费用的广告主即企业、传播媒介、沟通方式、有目的地向消费者或用户传播产品或服务信息。市场营销的广告主要是商业广告，即狭义的广告。

广告在现代市场经济中发挥着十分重要的作用。在西方国家，广告费一般要占到国民生产总值的 1%～3%，一些著名的跨国公司每年支出的广告费用高达十几亿美元。我国越来越多的企业开始意识到广告的作用，并把广告作为企业占领市场的重要手段。

2. 广告的分类

随着市场竞争的日益激烈，广告根据不同的标准有不同的分类。

（1）按媒介不同的自然属性划分。

①印刷品广告。印刷品广告主要有：报纸广告、杂志广告、招贴广告、传单广告、产品目

录样本等。

②电波广告。电波广告主要有：电视广告、广播广告等。

③电子媒体广告。电子媒体广告主要有：网络广告、电子显示屏广告等。

④交通工具广告。交通工具广告主要指刊登在公共汽车、列车、轮船、飞机等公共交通工具上的广告。

⑤珍稀品广告。珍稀品广告指在有一定保留价值或玩赏价值的物品上进行的广告。

⑥其他常见的广告还有：电话广告、邮寄广告、路牌广告、霓虹灯广告、橱窗广告、包装广告、气球广告等。

（2）按目的划分。

①开拓性广告。在产品生命周期的导入期，企业需要引起需求、开拓市场。这时广告的目的是告知消费者，突出新产品的优点，促使消费者进行尝试。

②竞争性广告。在产品生命周期的成长期和成熟期，竞争产品出现，为了进一步提高市场占有率，企业往往把广告的重点放在对品质、价格、服务等的宣传上，这时广告的目的是促使消费者对本企业产品进行明确选择。

③维持性广告。在产品生命周期的衰退期，企业要千方百计防止销售出现大幅度滑坡。这时广告的目的是尽量延缓衰退期，维持一定的销售额，并适时提醒消费者不要忘掉本企业产品。

（3）按宣传对象划分。

①产品广告。此种广告以告知产品的名称、性能、优点为主，促使消费者产生购买行为。大部分广告都是以产品为宣传对象的。

②企业广告。这是为了树立企业形象、维护企业信誉、提高企业知名度、引起消费者对企业的关注和好感，使他们了解企业的观念和文化所进行的广告。企业广告一般不出现具体的产品形象。

③观念广告。这是非营利性机构为了宣传某种思想、主义、观念所进行的广告，如宣传环境保护、提倡社会公德等公益广告。

（4）按表现的艺术形式划分。

①图片广告。图片广告指具有图像画面的广告。

②文字广告。文字广告指通过语言文字创作出文案形式的广告。

③表演性广告。表演性广告指以其他形式进行艺术表演所表现的广告。

（5）按诉求的性质划分。

①理性诉求广告。理性诉求广告通常指出产品与消费者个人利益相关的物质特点或提出数学统计分析观点，以激励消费者购买行为。

②情感诉求广告。情感诉求广告试图使消费者产生正面或负面的情感，以激励消费者购买行为。

③道德诉求广告。道德诉求广告指诉求于消费者心目中的道德规范，促使其产生道德感并付诸购买行为。

10.3.2　广告媒体

广告媒体是指广告信息的载体，即在广告主与广告对象之间架起沟通桥梁的一切物质形式。各种媒体都会对消费者购买产品产生重要的影响，如印刷媒体、户外媒体、交流媒体、电器媒体、电波媒体、互联网媒体等。广告活动成功的首要前提是选择恰当的媒体，而要选择恰当的媒体就要了解不同媒体的特性。

1. 广告媒体的类型

随着科学技术的发展，广告媒体的类型也呈现出多样化。主要的媒体有以下几种。

（1）报纸媒体。

报纸媒体的时效性强、弹性较大、对当地市场的覆盖面广、易于被接受、可信度高。但报纸媒体延续时间短、传阅读者少、广告表现力弱。

（2）杂志媒体。

杂志媒体传播对象明确、读者层稳定、持续时间长、便于查阅、广告表现力强。但杂志媒体灵活性差、传播速度慢、不及时、覆盖面窄、刊登位置没有保证。

（3）广播媒体。

广播媒体覆盖面广、不受空间和距离的限制、地区和人口选择性强、成本低。但广播媒体延续时间短、广告表现力弱。

（4）电视媒体。

电视媒体是最主要的现代化广告媒体，其优点是声音形象兼备、感官吸引力大、覆盖面广、收视率高、能反复播放。其缺点是成本高、广告混杂、展示单位时间短、观众选择性少。

（5）POP 广告媒体。

POP 是英文 Point of Purchase 的缩写，是指卖点广告，如店面广告，包括招牌、橱窗、招贴画、商品陈列等。POP 已成为继报纸、杂志、电台、电视之后的第五大媒体，能集中提供信息，具有较强的刺激力，但影响范围较小。

（6）户外广告媒体。

户外广告媒体是指在建筑外表或街道、广场等公共场所设立的霓虹灯、广告塔、广告牌、海报等。户外广告面向的是所有观众，难以选择具体的目标对象，但可以在固定场所长时期地展示企业的形象与品牌，以便提高企业的知名度。

（7）流动实体广告媒体。

流动实体广告媒体是指在有效时空以流动实体为载体的广告，如各种汽车车体上的广告等。

（8）互联网媒体。

互联网媒体是指以互联网作为刊载广告的媒体。随着信息化的高速发展，互联网的广告作用越来越大，广告效果也越来越好。

2. 广告媒体的选择

每种媒体都有其优缺点，一般对媒体优劣的分析只能当作选择媒体时的参考。选择广告媒体应按具体情况具体分析，还应注意考虑以下因素。

（1）产品的性质和特点。

不同类型的产品有不同的消费者和销售特点，因而应根据不同的广告表现要求选用适宜的媒体。

（2）目标对象的媒体接触习惯。

企业在选择广告媒体时，首先要考虑其产品购买对象的媒体接触习惯，只有选择目标对象常接触的媒体，才能达到更好的广告效果。

（3）信息类型。

信息类型也是选择广告媒体的重要考虑因素。例如，宣布某一重大销售活动的信息应充分利用广播或报纸广为发散；而宣布专业性的技术信息则应利用专业性杂志或邮寄的方式。

（4）广告成本。

不同媒体所需广告成本也是广告媒体选择中重要的决策因素。但媒体广告成本的差异不是绝对成本数字的差异，而是目标沟通对象的人数构成与成本之间的相对差异。企业在确定具体的媒体对象时，不仅要考虑广告媒体的相对价格，还要考虑广告预算和支付能力，以最少的费用取得最佳的广告效果。

10.3.3 广告效果的测定

广告效果的测定，一般可以从广告促销效果、广告展露效果和广告传播效果3个方面进行。

1. 广告促销效果的测定

广告促销效果是指广告对企业产品销售产生的影响，以销售额增加率与广告费用增加率进行比较来衡量广告效果。其计算公式如下。

$$广告效果比率 = \frac{销售额增加率}{广告费用增加率} \times 100\%$$

如果广告效果比率大于100%，则广告效果好，广告促销可行。但是产品在一定时期的销售额增减变化受多种因素的影响，广告的影响只是诸多因素之一。因此，广告成功与否更取决于广告本身效果的好坏，即传播效果。

2. 广告展露效果的测定

广告展露效果依据展露到达率、接触率和影响的不同而有所差异。

（1）展露的相关概念。到达率（R）是指在某一特定时期内，不同的人或家庭至少一次展露在媒体计划下的数目。接触率（F）也可称为展露率或频率，是指在某一特定时期内，一般人或家庭接触信息的次数。影响（I）是指经由特定媒体的展露所产生的定性价值。当展露的到达率、接触率提高和影响增大时，注意度也会提高。如果企业的媒体计划人员有100万元的广告预算，则每千个一般性展露为5元，也就是说广告主可买到2亿（100万×1000÷5）个展露；如果广告主希望展露次数为10次，则在此预算下广告信息可到达2 000万（2亿÷10）人；如果广告主需要一些比较高级的媒体，其每千个展露为10元（除非其愿意减少展露次数），则广告信息可到达1 000万人。

（2）展露的关系。到达率、接触率和影响的关系可借助下列概念来描述：展露总数（E）为到达率乘以平均接触率，再乘以100（E=RF×100），又叫作总评分。如果某一媒体计划接触80%的家庭，平均展露接触率为3，则其总评分为80%×3×100=240。假如还有一个媒体计划，其总评分为300，虽比上例有较强的攻势，但是我们却无法确认到达率与接触率各为何值。加权展露数（WE），是指到达率乘以平均接触率再乘以平均影响所得的数值，即WE=RFI。

制订媒体计划时可能会遇到的难题是：在既定预算下，如何购买有效的到达率、接触率和影响的组合。如果媒体计划人员愿意采用一般影响的媒体，其余工作则是决定接触率与到达率。市场营销学认为，先决定接触率是合理的，因为一旦确定了针对目标沟通对象做多少次广告，到达率也就随之确定了。广告只有大量展露给目标沟通对象才有效，重复次数太少会劳而无获。美国学者鲁卡斯（D.Luacas）和布里特（S.H.Britt）曾指出："介绍性的广告可以把已经形成的肤浅印象加深到足以采取行动的水平，因而能收到更好的效果。"美国学者克鲁曼（H.E.Krugman）则认为有3次展露就足够了：第一次展露用于引起人们独特的感觉反应，第二次展露用于形成刺激，第三次展露用于提醒那些想购买但还未采取行动的人。作为广告主，其关心的是广告活动所要达到的展露—接触率分布。展露—接触率分布主要用于描述在特定时期内有多少人对同一广告接收到 0，1，2…n 次展露。

3. 广告传播效果的测定

广告传播效果是指广告信息传播的广度、深度及影响作用，表现为消费者对广告信息的注意、理解、记忆程度。它以广告的收视率、记忆程度等间接促销因素为依据，具体包括以下几种测定项目。

（1）注意度的测定。注意度的测定就是对各种媒体广告的阅读率、收听率、收视率进行测定。

（2）记忆度的测定。记忆度的测定一般是指测定对广告重点内容的记忆，如企业名称、产品名称、产品性能等。其目的是掌握消费者及用户对广告印象的深刻程度，通常可采用询问的方式。

（3）理解度的测定。每个广告都有其具体目的，并通过广告的内容和形式予以表达。但这种表达能否被人们理解，将直接关系到广告的影响力。对理解度的测定可以进行试验，也可以请专家直接评价。

（4）购买动机的测定。其目的在于测定广告对消费者购买动机的形成究竟起着多大作用，如一些企业采用的产品销售卡就是一种很好的调查方法。

扩展阅读

"霸屏广告"，重点整治！

近年来，"霸屏广告"是我国网络安全重点治理对象之一。当前有用户反映，手机反复弹出广告，既无法关闭又找不到源头，严重影响使用。受"霸屏广告"侵扰的情况往往出现在安装了某些来路不明的天气查询、系统清理、手机彩铃、文件管理等软件之后。

近日，国家互联网信息办公室、工业和信息化部、国家市场监督管理总局联合发布《互联网弹窗信息推送服务管理规定》(以下简称《规定》)，自 2022 年 9 月 30 日起施行。国家互联网信息办公室有关负责人表示，《规定》旨在加强对弹窗信息推送服务的规范管理，维护国家安全和社会公共利益，保护公民、法人和其他组织的合法权益，促进互联网信息服务健康有序发展。

《规定》制定了更清晰的监管红线：不得以任何形式干扰或者影响用户关闭弹窗；弹窗推送广告信息的，应当具有可识别性，显著标明"广告"和关闭标志，确保弹窗广告一键关闭。

资料来源：编者整理

10.4 公共关系策略

企业在市场营销过程中，运用好公共关系策略能够加强与社会的协调以及与公众的沟通。公共关系策略已成为企业进行促销和竞争的重要策略。

10.4.1　公共关系的概念

1. 公共关系的含义

公共关系（Public Relations）又称公众关系，简称公关。它是指企业有计划地、持续不断地运用沟通手段，争取内、外公众的谅解、协作与支持，树立和维护优良形象的一种现代管理职能。

作为一种活动，公共关系是一个企业为了创造良好的社会环境、争取公众支持、树立和维护优良形象而开展的。在现代市场与社会中，企业形象、社会影响与企业经营有着密切的关系，因而企业更会有意识地、自觉地、有计划地采取各种有效手段开展公共关系活动，改善公共关系状态，充分发挥公共关系在企业市场营销中的积极作用。

作为一门科学，公共关系则是通过揭示公共关系状态的本质和公共关系活动的规律，探索企业运用传播、沟通等手段使之与自己的公众相互了解、相互协调，以实现企业目标的一种管理理论，即公共关系学。

2. 公共关系的特点

简单而言，公共关系就是以促销为目的的公共关系活动，它与其他促销方式相比有以下几个特点。

（1）不断调适企业与社会公众之间的关系。

企业良好的公共关系不是与生俱来的，它需要企业积极主动、不断调适来实现，而调适的方法、调适的方向和力度、调适的方式和时机都需要严密、充分的构思和谋划。公共关系的主要任务就是通过调适企业与社会公众之间的关系实现促销的目的。

（2）塑造企业良好的社会形象。

企业通过大众传播等方式，与社会公众积极沟通，促成社会公众对企业的良好印象，改善社会公众对企业的评价，从而使社会公众与企业建立良好的关系，在社会公众中树立起企业和产品的良好形象。

（3）间接诱导，追求长期效益。

公共关系与其他促销方式不同，公共关系对消费者的影响追求的是长期效益，而销售促进追求的则是短期效益。其他促销方式都是利用直接的诱导方式，即直接唤起目标消费者对产品的要求，激发购买动机，促成购买行为。但公共关系则不同，它是采取间接的方式，通过塑造良好的企业形象，潜移默化地促成社会公众对企业的好感，间接达到促进产品销售的目的。

10.4.2　公共关系的对象

公共关系的对象是与企业促销活动的目标互相联系、互相作用的个人或组织。其主要如下。

1. 消费者

消费者是企业公共关系最重要的对象，也是企业促销的根本购买者。企业要运用公共关系加强与消费者的沟通，为消费者提供公益服务。

2. 传播媒体

传播媒体是企业公共关系的重要对象，主要包括报纸、杂志、广播、电视、互联网等。传播媒体承担着传播信息、引导舆论和提供娱乐的社会职能，因此企业必须充分利用传播媒体为其服务。企业要与编辑、记者经常接触，主动提供各种信息，建立可靠信誉，对他们进行服务并建立起相互合作关系；同时，企业的公共关系部门要创造具有新闻性的事件，让媒体主动予以报道，从而利用公共关系事件来促进销售。

3. 社会组织

社会组织包括学校、医院、科研机构、公益事业单位、社团等。社会组织对个人具有强大的约束力和影响力，是企业公共关系的重要对象。企业要运用公共关系与社会组织保持良好的互助关系，以促进销售。

4. 工商企业

工商企业主要是指与本企业有经济业务往来的企业，如中间商、供应商、金融机构等都是企业公共关系活动的主要对象。企业必须和它们进行有效的沟通，树立起良好的企业形象，以便企业营销活动能够顺利进行。

5. 政府

企业的生存和发展离不开政府的支持和帮助。政府是政策、法律、法规的制定者与执行者，具有很高的权威性。政府对企业的态度会极大地影响公众的看法，也会直接影响企业营销活动的开展。因此，政府是企业公共关系的重要对象。

6. 竞争者

竞争企业之间的关系往往是既有竞争又有合作，因此企业还应该处理好与竞争者的关系。竞争者也是企业公共关系的重要对象。

10.4.3　公共关系促销的形式

公共关系活动的目的是提升企业形象，促进产品销售。公共关系促销的形式有以下4种。

1. 公共宣传

公共宣传是通过报纸、广播、电视等新闻媒体进行的，是一种无须花钱的公共报道。因此，它是公共关系活动中运用最多、收效最好的一种促销形式。公共宣传具有真实性和可信性，其宣传材料的新奇性和趣味性能使宣传效果最大化。

2. 公共关系宣传品

公共关系宣传品是指企业自己编制的非公开出版的文字和视听材料，包括印刷品和音像材料。企业编制的印刷品，如企业报纸、情况简报、内部通信、年度报告等都能在企业与公众之间起到很好的沟通作用。

3. 主题活动

主题活动是与公众面对面直接接触的沟通形式，包括各种场合的开幕式、庆典、仪式、比赛、论证会、招待会、研讨会等。由于公众在主题活动中能够亲身感受到企业的真实形象，所以企业应该事先精心策划以发挥其影响力。

4. 赞助活动

赞助活动是企业参加社会公益活动、资助社会公益事业的一种形式。赞助活动不是直接推销产品，因而更容易赢得公众的好评和称赞，有利于企业树立良好的形象。凡是能为公众带来帮助与益处的活动都是企业的赞助范围，如文化艺术、教育、体育、环境保护、福利事业等。

海底捞涨价道歉事件

2020 年 3 月底，海底捞餐品涨价，半份血旺从 16 元涨到 23 元，只有 8 小片；半份土豆片 13 元，合一片土豆 1.5 元；自助调料 10 元一位；米饭 7 元一碗；小酥肉 50 元一盘。这一行为迅速将海底捞推向舆论风口。海底捞随后就发布了致歉信，并将价格恢复到 2020 年 1 月 26 日门店停业前的标准。虽然涨价引起热议，但舆论环境并不负面，海底捞果断采取行动，重新赢回了大众的信任。海底捞相关部门借势进行公关处理，变相为自提业务打广告，话题不但冲上微博热搜，且赢得不少网友的好评。知错能改，才是最好的公关策略。

资料来源：编者整理

10.5 销售促进策略

企业在采用销售促进策略进行促销时，一般要确定销售促进的目标、选择销售促进的形式、制定销售促进的方案并加以实施。销售促进策略也称业务推广策略，它能有效地刺激中间商和消费者的购买活动，是促销的一种重要形式。

10.5.1 销售促进概述

1. 销售促进的含义

销售促进是指能够迅速刺激需求、鼓励购买的各种促销形式，如折扣、折让、陈列、展示、示范、表演、赠品、优惠券等。销售促进活动以消费者和零售商为对象。对消费者而言，销售促进活动旨在引导他们试用或直接购买本企业产品，吸引他们作出购买行为。对零售商来说，销售促进活动旨在鼓励其陈列本企业产品，吸引其积极进货和推销。

2. 销售促进的作用

销售促进在以下两个方面具有显著的作用：①加强沟通，即通过各种形式使消费者尤其是潜在消费者体验产品的实际效用，从而了解产品；②激励购买，即通过价格上的让利或样品的赠送使经销商或消费者得到实惠，从而促成购买和连续购买。

3. 销售促进的特征

销售促进具有两个相互矛盾的特征：①强烈的刺激；②贬低形象。由于是强烈的刺激，所以往往能立刻促进消费者购买；同时，也正因为强烈的刺激，容易给人一种急切推销产品的感觉，从而引起消费者对该产品的怀疑和反感，甚至破坏企业形象和信誉。因此，销售促进难以像广告或人员推销那样持久，在市场营销活动中主要是一种短期性的促销方法。企业在使用时，要以活动事件为单元，因为每个活动单元都是在一定时间内进行的。对销售促进活动进行战略性的策划，可以形成一个间接的、系列的活动流。

10.5.2 销售促进的形式

销售促进的形式多种多样，且各有特点和适用范围。企业具体应选择何种形式，要依据目标市场及营销策略来确定。注意在不同时期应变换促销形式，以适应新的市场形势。销售促进的主要形式有针对消费者的、针对中间商的和针对推销人员的，具体如下。

1. 优惠券

优惠券是一种能证明减价的购货券，其持有者可在购物时享受一定的减价优惠。优惠券一般由生产企业直接邮寄，或印在杂志、报纸上，或放在产品包装内。优惠券对那些经常被购买的产品促销效果较好，一般优惠额要有 15%～20%的价格减让才易于吸引消费者。

2. 样品

样品是免费提供给消费者使用或供消费者试用的产品。提供样品的方式有：送货到家、邮寄样品、在商店中散发样品、附在其他产品包装或广告中等。一般在新产品上市时赠送样品是最有效的，当然也是比较昂贵的销售促进方式。

3. 特价包装

特价包装是企业为达到促销目的，而对产品的零售价格进行一定的优惠，并将其金额标在包装或标签上形成的。这种包装在短期内对刺激购买很有效，但频率过高、时间过长易影响品牌形象。

4. 赠送礼品

赠送礼品是企业在消费者购买某种产品时，免费附送小物品，以刺激其购买欲望。附送的小物品可放于主要产品包装内，也可另外赠送。如果包装物可以重复使用，也能成为赠品。这种形式易于使消费者将注意力集中在赠品上，从而提高产品的价值。

5. 有奖销售

有奖销售是企业在消费者购买产品时，为其提供一个获奖的机会。如可口可乐公司在其出售的产品盒盖上印有号码，最后经摇奖确定中奖号码，并提供丰厚的奖金或免费旅游的机会。当然也可在产品内附以表格，由购买人填写姓名、住址后寄回某指定机构，一旦中奖就可以获得奖金或奖品。

6. 退款优惠

退款优惠也是一种减价的方式，只不过发生在消费者购买产品之后，即企业接到消费者购买产品的证明后，将一部分钱款退还给消费者。

7. 以旧换新

以旧换新是指消费者在购物时交出旧产品，并购买同一品牌的新产品，即可享受一定的折扣优惠。

8. 现场陈列和展示

现场陈列和展示是企业在销售现场对产品的用途和操作进行实际的示范和说明，并请消费者试吃或试用。同时也可以在销售现场不断播放录像，为消费者演示产品的用法，以展示产品的特点。

9. 竞赛

竞赛既可对消费者运用，又可对中间商和推销人员运用。在对消费者运用时，可让消费者进行某种比赛或做游戏，向优胜者发奖；在对中间商和推销人员运用时，这种方式又称为销售竞赛，即让中间商或推销人员开展销售产品的竞赛，向优胜者发奖，奖品可以有物品、现金、旅游等。

10. 交易折扣

交易折扣主要是针对中间商的。例如，企业可规定只要在一定时期内购买了本企业的某种产品，就可以享受一定金额的折扣，且购买量越大折扣越多。这种方法可鼓励中间商更多地经营本企业产品，或促使中间商经营原来不打算经营的本企业产品。

11. 津贴

津贴也是主要针对中间商的，包括广告津贴和陈列津贴两种。广告津贴是指当中间商出资为本企业产品做广告时，给予一定的资助。陈列津贴是指当中间商陈列、展出本企业产品时，给予一定的资助。

12. 展销会

展销会是企业为了展示产品和技术、拓展渠道、促进销售、传播品牌而进行的一种宣传活动。企业在展销会上可展出自己的产品，并进行示范操作表演，以吸引参观者，包括中间商和消费者，促使其了解产品，以便当场或事后订货。

营销案例 10-2

拼多多"砍一刀"

用户从拼多多分享商品给好友砍价，当产品砍价到 0 元时，用户便可免费获得该产品。这种裂变不仅能促成高分享率，且能达到高的转化量。从表面上看，砍价到 0 元，商家有所亏损。但是实际上，要"砍"到免费非常难，往往是商家和拼多多方获得了高曝光量，收割了大量的用户。

资料来源：编者整理

10.5.3 销售促进计划的实施

1. 制定销售促进目标

企业应当根据目标市场的特点和整体策略来制定销售促进目标，并区别对待消费者个人、中间商、企业单位，且做到短期目标与长期目标相结合。

2. 选择销售促进对象

销售促进对象应主要是那些"随意型"消费者和价格敏感度高的消费者，销售促进对已养成固定习惯的消费者促进作用相对要小些。

3. 确定销售促进规模

要想使销售促进取得成功，必须采取一定的刺激措施。一般来说，刺激程度越高，消费者的反应就越大，但这种效应也存在递减规律。因此，在确定刺激规模时，最重要的是进行成本—效益分析，以争取最佳的销售促进效果，避免规模不当造成各种损失。

4. 设计销售促进途径

销售促进途径多种多样，企业应该选择最佳者来实施销售促进。例如，优惠券可以夹放在产品包装中分发，也可以通过广告媒体分发或直接邮寄。

5. 安排销售促进时间和期限

企业应认真研究并确定发动销售促进的时间及期限，以达到最好的效果。销售促进的时间安排必须符合整体策略，即与其他经营活动相协调，以免出现脱节现象。企业要利用最佳的市场机会，既要有"欲购从速"的吸引力，又要避免草率从事。

6. 编制预算

编制销售促进预算的方法有两种：一是先确定销售促进的方式，然后预算总费用；二是在一定时期的促销总预算中，拨出一定比例用于销售促进。第二种方法较为常用。销售促进项目的费用包括优惠成本（如样品成本）和实施成本（如邮寄费）两个部分。

另外，企业还应为每一种销售促进计划确定具体的实施方案。销售促进计划的实施包含两个时间因素：一是从准备计划到正式实施的前置时间，二是销售促进活动的延续时间。

10.6　人员推销策略

10.6.1　人员推销的概念与特点

1. 人员推销的概念

人员推销是指企业的推销人员直接向潜在消费者推销产品，通过推销人员与消费者的直接接触去鼓励和说服消费者进行购买。人员推销策略是促销组合策略中一种重要的方式，最适用于对产业用品的推销。

与其他促销形式相比，人员推销具有明显的优点。当然，人员推销也有现实的缺陷。

2. 人员推销的特点

人员推销最主要的优点是能进行直接的人际双向沟通，能够培养与消费者的感情，并能对市场和消费者需求作出迅速的反应。因此，其特点具体如下。

（1）直接沟通。

人员推销通过面对面的直接沟通，能够对产品进行详细的解释和演示；同时，还可以向有资格的潜在消费者进行推销。

（2）迅速反应。

人员推销的信息可能因潜在消费者的动机和兴趣不同而不同，但在推销过程中可作出及时的反应和调整。另外，人员推销还可以通过调整来控制推销成本。

（3）情感培养。

人员推销以与潜在消费者和现实消费者发生的关系为契机，培养与他们之间的感情，建立长期的诚信关系。与其他促销方式相比，人员推销更容易促成交易，并获得满意的消费群。但是人员推销切忌暴露出人性的缺陷，为了达到销售目的而不择手段，破坏与消费者之间的情感关系，最终为消费者所拒绝和丢弃。

10.6.2　人员推销过程

人员推销过程是一个十分复杂的过程。由于每个推销人员完成推销的过程不尽相同，因此人员推销一般要经历7个基本步骤。

1. 市场调查

市场调查的范围一般包括：①企业情况，即企业的经营策略、经营方式和条件，以及人员推销以外的其他促销形式；②产品情况，即产品的品种、品质、价格、式样等；③顾客情况，即顾客的需求动机和类型等一般情况，如果顾客是企业，就要了解应以谁为推销对象、推销对象是否有决定权或相当的影响力；④竞争者的情况，即竞争者的产品性能、特点、价格、市场份额和市场营销策略等。

2. 制订推销计划

推销人员在了解和研究了相关情况后，需要制订推销计划，具体包括如下内容：①识别顾客。推销人员通过查找现有的销售资料、顾客订货单、顾客查询资料以及事先进行的销售访问情况等，识别出可能购买的顾客，以确定现有购买者和潜在购买者。②拟定推销计划。推销人员推销前，一般要拟定好一个推销计划，如向哪些人进行推销、对产品做怎样的说明以突出其优点和特征、访问时应注意哪些方法和技巧等。

3. 引起注意

在推销过程中，推销人员要想让顾客注意自己和产品的存在，而且有继续谈下去的意愿，关键是获得顾客的信任，吸引其注意，使其产生好奇心理。

4. 讲解和示范

在给顾客留下良好的印象后，推销人员要及时将顾客的兴趣拉回产品上，通过讲解告诉顾客产品能够带来哪些好处；同时还可以让顾客体验产品，以激发他们的购买欲望。

5. 解答问题

推销人员要针对顾客提出的问题或持有的异议进行详细的解答，以消除顾客的顾虑，力争促成交易。

6. 促成购买

推销人员要把握时机，打消顾客的最后疑虑，通过要求顾客订货、选择样品或提供优惠条件等促成交易的最终实现。一旦成交，推销人员还要准备好有关履约的交货时间、购买条款和其他具体工作，以确保安装、指导和维修等事项，使顾客满意。

在所有推销活动中，普遍存在着一个基本原则：推销往往是从被拒绝开始的。推销人员在第一次访问被拒绝后不要轻易放弃，要有进行第二次、第三次甚至第四次访问的勇气。

7. 后续工作

即使产品已售出，推销活动也并未结束。这时推销人员还应该与顾客继续保持联系，以了解其满意程度，并及时处理其意见。良好的售后服务，可以提升产品的功能价值，提升顾客的满意度，从而增加产品再销售的可能性。

后续工作的内容包括：随时与顾客保持联系，耐心解答疑问；帮助顾客办理有关运输和商业信用等事项；认真听取顾客对产品的意见，尽量满足其提出的退货要求；在不能满足顾客提出的条件时，应耐心地加以说明和解释，切不可怠慢；做好销售记录，追踪产品售出以后的情况，及时解决问题。

10.6.3 人员推销策略

人员推销应该根据不同目标市场顾客的需求特征及不同商品的具体情况，灵活采用不同的推销策略。根据顾客不同的购买心理，推销人员可采用如下策略。

1. 试探性策略

试探性策略也称"刺激—反应"策略，它是在推销人员不了解顾客的基本情况及购买观点和态度的前提下，根据可能出现的种种情况，事先准备好几套洽谈方案，待正式进行推销面谈时，视对方反应相应开展介绍。在摸清顾客的需求和真实意图后，推销人员即采取刺激手段诱发购买动机，促使其做出购买决定。

2. 针对性策略

针对性策略也称"配方—成交"策略，它是在推销人员已知顾客需求和真实意图的前提下，有针对性地制定一套洽谈方案，引导、启发顾客的购买兴趣，激发其购买欲望，迅速促成交易。

3. 诱导性策略

诱导性策略也称"需求—满足"策略，它是在顾客尚未意识到自己有某些方面的需求时，推销人员适时指出顾客客观存在这种需求，诱发其产生购买动机。与此同时，推销人员及时介绍自己推销的商品能满足这种需求，从而有效地引起顾客的购买兴趣，使其产生购买行为。因此，这是一种"创造性的推销"。

10.6.4 人员推销管理

人员推销是一种人际关系，人员推销管理也是一种人际关系。尽管人员推销的基本工作是在合理成本下使销售量和利润最大化，但人员推销还有很多其他重要的责任。人员推销管理的内容体现在以下几个方面。

1. 确定推销目标和方式

（1）确定推销目标。

人员推销的目标一般有：①寻找并培养新顾客和保持老顾客；②将企业有关产品和服务的信息传递给顾客；③推销产品；④提供服务；⑤调查市场，采集市场信息；⑥分配产品。现代市场营销一般要求推销人员用80%的时间向现有顾客推销产品，用20%的时间去寻找新顾客；用85%的时间推销现有产品，用15%的时间推销新产品。

（2）确定推销方式。

人员推销一般可采取的方式有：①推销面对单个顾客；②推销面对采购小组；③推销小组面对采购小组；④会议推销；⑤研讨会推销等。

企业可根据自身的具体情况，从上述方式中选择最适当的进行推销，也可将上述几种方式组合起来进行推销。

2. 推销队伍的建设

推销队伍的建设是企业营销的重要环节，只有拥有一支良好的推销人员队伍，才能使推销工作得到贯彻、执行和落实。推销队伍的建设主要包括确定推销队伍的组织结构和数量规模两个方面。

确定推销队伍的组织结构是指如何把推销人员组织起来，使之以一定的组织结构形式存在，并体现出效率。推销队伍的组织结构主要有：①地区型结构，这种结构适用于产品和市场都较单纯的企业；②产品型结构，这种结构适用于产品种类繁多，而且技术性较强的企业；③顾客型结构，这种结构适用于比较复杂的市场，尤其是竞争激烈的市场；④复合型结构，这种结构适用于超大型企业，尤其是跨国企业集团。因为这些企业的产品种类繁多，面向的市场类型及顾客类型均十分复杂。

确定推销队伍的数量规模，则要考虑企业的经营范围、生产能力和市场规模以及发展前景等因素。

3. 推销人员的招聘、培训和考核

（1）推销人员的招聘。

推销人员的招聘要根据准确而详细的销售目标和为实现目标所需承担的任务来确定需要人员的数量、岗位及技能。招聘推销人员要考虑两个方面的因素以便制定招聘标准，即推销人员要善于从顾客的角度考虑问题，同时要勇于进取、不屈不挠并拥有相应的知识和技能。

（2）推销人员的培训。

对新聘的推销人员和工作在销售一线的推销人员都要进行培训。培训是一种管理方式，要有长期的和阶段的培训计划。培训的内容主要有：①企业实况；②产品知识；③市场情况；④推销技巧；⑤法律知识和政府的政策法规；⑥技术技能等。同时还要对参加培训的人员进行考核，并记录备案。

（3）推销人员的考核。

为推销人员建立人力资源档案，对他们的业绩进行考核，并将考核的结果量化，作为推销人员晋升、报酬发放、奖励以及惩罚的重要依据。

4. 报酬与激励

报酬是推销人员工作业绩和工作量的兑现形式。报酬要体现出足够的激励作用，以促使推销人员更好地工作，并得到企业对其工作的肯定和激励。同时，成功的报酬管理还能够吸引优秀的推销人员。报酬激励的 3 种基本方式是佣金方式、薪金方式和联合方式。对推销人员的激励还有很多种方式，要全面考虑，统筹实施。

5. 推销业绩和效果的评估

为了对推销人员的业绩和效果进行评估，企业需要获得信息反馈。信息反馈有助于企业监控推销人员在销售环节的进展情况，并了解可能出现的问题，以便加以改进和控制。典型的评估标准包括销售额、利润份额、每笔订单的访问次数、每次访问获得的销售额或利润以及顾客关系的满意度等。

思考题

1. 促销包括哪些内容？
2. 试举一例分析广告的创意。
3. 分析人员推销与销售促进促销策略的区别。
4. 分析公共关系促销的特点。

案例分析

扫码阅读

空刻意面横空出世

第11章 渠道策略

【学习目标】

- 理解营销渠道的含义与结构
- 了解批发商与零售商的主要功能
- 熟悉终端销售与服务过程
- 掌握直销与直复营销的特点

产品的流通是经过一系列的所有权转移活动，最终到达消费者手中的，而这一过程必须通过渠道来实现。渠道策略作为营销组合的 4 个要素之一，是企业营销管理的一个重要任务。随着渠道中分销商，特别是零售商权力的日益增长，以及新的科学技术力量的日益增强，企业不断面临新的增长压力。而且在日益变化的市场营销环境中，许多企业发现，想要在产品、价格和促销策略上获得持久的竞争优势将变得更加困难。

渠道作为企业整体营销和定位战略中的重要资产，可以经常作为差异化点，将企业所提供的产品和服务与竞争者区分开来。企业通过渠道创新可以获得有效的差异化，而差异化是建立和维持竞争优势的基础，因此很多企业非常重视对渠道的设计与管理。本章介绍渠道的一些基本概念和理论，具体内容包括营销渠道体系、中间商渠道、终端销售、直销与直复营销等。

营销引例

从体育彩票开奖播出渠道的变化来看渠道含义的拓展

中国体育彩票开奖节目自 2022 年 1 月 1 日起对发布渠道进行调整，除了之前在 CCTV-6 电影频道每晚 9 点 57 分播出外，新增了多个层面的播出渠道，尤其是直播频道。调整之后，体育彩票开奖信息发布渠道如下。

一、电视平台：CCTV-6 电影频道。播出时间：21:57。

二、广播平台：中央广播电视总台《中国之声》。播出时间：21:05 左右。

三、直播：中国体彩网、竞彩网、新浪网、中国网。播出时间：20:25。手机客户端：中国体育彩票 App、央视频 App、中国体育彩票微信小程序。直播时间：20:25。

四、报纸：《中国体育报》《中国体彩报》。

资料来源：体彩微信公众号，2022-11-6

11.1 营销渠道体系

11.1.1 营销渠道的含义

营销界对营销渠道没有一个统一的定义，归纳起来主要从 5 个方面进行界定。

（1）组织角度。从组织角度定义营销渠道，比较有代表性的如美国市场营销协会定义委员会（1960 年）将营销渠道定义为："营销渠道是指企业内部和外部代理商和分销商（批发和零售）的组织结构，通过这些组织，商品（产品或劳务）才得以上市行销。"斯特恩（Louis W.Stern）和艾尔安塞利（Adell El-Ansary）认为："营销渠道是促使产品或服务顺利地被使用或消费的一套相互依存的组织。"伯特·罗森布罗姆将营销渠道定义为："营销渠道是与公司外部关联的、达到公司分销目的的经营组织。"他认为营销渠道的本质是使消费者能够方便地在任何时间、任何地点以任何方式购买到他们想要的产品与服务，企业通过营销渠道建立与消费者的接触。

从组织角度定义营销渠道着重反映了营销渠道的组织结构，但未能涵盖商品从生产者流向消费者或用户的流通过程。

（2）产品角度。从产品角度定义营销渠道，比较有代表性的如爱德华·肯迪夫和理查德·斯蒂尔对营销渠道的定义："营销渠道是指当产品从生产者向最后消费者或产业用户移动时，直接或间接转移所有权所经过的途径。"我国大部分教科书采用的营销渠道概念是：营销渠道是指产品或服务由生产者转移到消费者的通道或路线。

从产品角度定义营销渠道着重反映了产品从生产者流向消费者或用户的流通过程，但没有反映营销渠道中的组织结构。

（3）产品和组织角度。菲利普·科特勒将营销渠道和分销渠道区别对待。他将营销渠道定义为："营销渠道是指那些配合起来生产、分销和消费某一生产者的某些货物或劳务的一整套所有企业和个人。"这就是说，营销渠道包括某种产品供、产、销过程中所有的企业和个人，如资源供应商、生产者、商人中间商、代理中间商、辅助商以及消费者或用户等。他将分销渠道定义为："分销渠道是指某种货物或劳务从生产者向消费者移动时取得这种货物或劳务的所有权或帮助转移其所有权的所有企业和个人。因此，一条分销渠道主要包括商人中间商（因为其取得所有权）和代理中间商（因为其帮助转移所有权）。此外，它还包括作为分销渠道起点和终点的生产者和消费者，但是不包括供应商、辅助商等。"

科特勒认为，营销渠道和分销渠道是两个不同的概念。

①英文表达的差异。

营销渠道：Marketing Channel。

分销渠道：Distribution Channel。

②定义的差异。

营销渠道是指那些配合起来生产、分销与消费某一生产者的某些货物或劳务的所有企业和个人。

分销渠道是指某种货物或劳务从生产者向消费者移动时取得这种货物或劳务的所有权或帮助转移其所有权的所有企业和个人。

市场营销学 理论、方法与案例（第3版）

③渠道成员构成的差异。

营销渠道包括某种产品供、产、销过程中所有的企业和个人，如资源供应商、生产者、商人中间商、代理中间商、辅助商以及消费者或用户等。

分销渠道主要包括商人中间商（因为其取得所有权）和代理中间商（因为其帮助转移所有权）。此外，它还包括作为分销渠道的起点和终点的生产者和消费者，但是不包括供应商、辅助商等。

科特勒还认为，一个销售实体产品的制造商至少需要销售渠道（Sales Channel）、交货渠道（Delivery Channel）和服务渠道（Service Channel）为它服务，这些渠道不可能由一个公司组成。例如，戴尔计算机公司，其销售渠道由电话和互联网组成，交货渠道由速递运输服务公司组成，服务渠道则由当地的维修人员组成。

科特勒的观点比较清楚地表达了营销渠道的概念，既反映了产品从生产者流向消费者或用户的流通过程，又反映了营销渠道中的组织结构，但没有反映消费者对渠道提供的整体服务需求。

（4）服务角度。巴克林（Bucklin）悉心研究并解释了渠道形成的关键性因素是服务。他认为，营销渠道就是渠道成员为了长期的生存和发展，通过减少顾客调研、等待、仓储和其他费用的方式来参与渠道流程，以满足用户对服务的需要；而另一方面也同样重要，即最终用户愿意由营销渠道向他们提供高层次的产品和服务。巴克林为此提出了营销渠道的 4 类基本的服务任务：空间的便利性（Spatial Convenience）、批量规模（Lot Size）、等待或发货时间（Waiting Time）和经营产品品种的多样性 （Product Variety）。

巴克林从服务角度出发来定义营销渠道，突破了以往单纯地从产品实体或所有权流通、渠道中的组织结构等角度来定义渠道的局限，突出了渠道的服务功能和给消费者提供的便利。

（5）价值角度。程烈认为，营销渠道指的是营销者、消费者、中间商三者之间的价值体验关系，其实质是营销者与消费者之间的价值关系。程烈指出，新型的营销渠道将由两个维度构成，一般都将经过中间商：由营销者出发到达消费者，即营销者将消费价值预期在消费者的消费阶段中不断予以呈现与强化；由消费者出发到达营销者或新的营销者，即消费者将其感性或理性的价值标准作用于中间商及营销者。市场的变化在这个维度的渠道中得到反映与张扬，是对第一维度（渠道）的认可或修正。安妮·T.科兰认为，营销渠道不仅以适当的地点、价格、数量和质量来提供产品和服务满足人们的需求，而且能通过有关组织（如批发商、零售商、企业销售部和办事处等）的促销活动刺激需求。因此，我们应当把营销渠道看作一个和谐的网络系统，它通过提供时间、地点、销售形式、产品和服务为最终用户创造价值。

以往关于营销渠道的论述都认为渠道是产品的流转路径、利益的交换途径，没有一个是关于价值、价值体验、品牌的呈现路径的。从价值角度定义营销渠道独辟蹊径地对渠道进行了新的定位，提醒营销者重新重视早已存在于营销渠道中的厂商与消费者之间的价值关系，开拓第二渠道，通过满足消费者来征服消费者。

（6）本书所采用的定义。营销渠道又可称为分销渠道、分配渠道、配销通路等，是指某种产品从生产者向消费者转移过程中所经过的一切取得所有权或协助所有权转移的商业组织和个人。即产品所有权转移过程中所经过的各个环节连接起来形成的通道。通过营销渠道，产品及产品所有权、沟通、融资和支付伴随着风险一起流向消费者。营销渠道由位于起点的生产者和位于终点的消费者（包括组织市场的用户），以及位于两者之间的各类中间商（如批发商和零售商）组成。

11.1.2 营销渠道的功能

营销渠道的功能是缩小或消除存在于产品或服务生产者与消费者或最终用户之间在时间、地点、产品品种和数量上的差异，从而使产品或服务能够在从生产者流向消费者或最终用户的过程中更加畅通和高效。其具体功能主要包括交易功能和分配功能。

（1）交易功能主要包括以下几点。

①接触和促销。接触和促销指接触潜在消费者，设计和传播具有说服力的产品和信息，促使消费者购买。

②谈判。谈判指通过沟通确定要购买和销售的产品与服务的数量、价格、使用的运输方式、送货时间以及支付的方法和期限等交易条件，以促成最终协议的签订，使产品所有权转移。

③承担风险。承担风险指承担存货等的交易风险。

（2）分配功能主要包括以下几点。

①分类。分类指通过挑选整理，把产品组合成消费者希望在一个地方可以找到的关系或花色。

②调节。调节指按照消费者的要求调整供应的产品。

③实体分配。实体分配指储藏和运输产品，以便克服时间和空间差异。

④调查。调查指通过调查分配，获得有关其他渠道成员和消费者的信息，为渠道决策提供依据。

⑤融资。融资是指渠道成员之间相互提供信用和其他财务服务，以促进产品的流通。

（3）营销渠道的功能与流动主要包括以下几点，如图 11-1 所示。

①实物流也称实体流，简称物流，是指产品实体从生产者到最终消费者的连续的储运工作。

②所有权流是指产品或服务的所有权从一个渠道成员转移到另一个渠道成员的活动与过程。

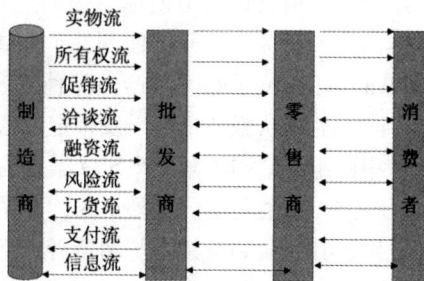

图 11-1　营销渠道的功能与流动

③促销流是指某个渠道成员通过广告、人员推销、公共关系、销售促进等促销活动对另一个渠道成员所施加影响的过程。

④洽谈流是指渠道成员就产品所有权在各渠道成员之间转移时对价格及交易条款进行的谈判活动与过程。

⑤融资流是指伴随产品所有权转移而在各渠道成员之间形成的资金融通活动。

⑥风险流是指产品销售过程中的各种风险伴随产品所有权转移而在各渠道成员之间转移的活动。

⑦订货流是指下游渠道成员向上游渠道成员发出订单的过程。

⑧支付流是指货款从下游渠道成员向上游渠道成员流动的过程。

⑨信息流是指各渠道成员相互传递市场信息的过程。

实物流、所有权流和促销流是从制造商流向最终消费者或用户。订货流和支付流是从消费者或用户流向制造商。洽谈流、融资流、风险流和信息流则是双向互动的，其中信息流贯穿于其他八大功能流之中，即在其他八大功能流中都伴随着信息的交流与传递。

11.1.3 营销渠道结构

产品流向消费者有多种途径，营销人员往往会在众多途径中选择一个效率最高的。营销渠道结构有很多种类型，具体选择哪种渠道形式还要依企业产品和市场实际情况而定。

1. **直接渠道和间接渠道**

营销渠道如果按照产品在流通过程中是否经过中间商转卖来分类，可以分为直接渠道和间接渠道。

（1）直接渠道。直接渠道又叫作直接分销渠道或零层渠道，是指产销之间没有中间商的介入，生产商把产品直接卖给消费者的产品销售渠道类型。采用这种类型的具体形式有：工业产品的营销人员直接向消费者和用户推销产品；前店后厂销售产品；在农村集贸市场上直接销售农副产品等。

①直接渠道的优点如下：a. 销售及时。对鲜活产品、时尚产品，直接销售可及时投入市场，减少损耗、变质等损失。b. 节省费用。市场相对集中，消费者购买量大，直接销售能节省中转费用。c. 扩大推销。对技术性较强的工业产品等，生产者可对营销人员进行专门的培训，从而有利于扩大销售；当同类产品中存在多品牌竞争时，生产者可集中销售力量来推销自己品牌的产品。d. 提供服务。对有些需要提供售后服务的产品，只有生产者才具有必要的技术条件。e. 控制价格。产品的销售价格由生产者控制，有较大的主动权。f. 了解市场。生产者同消费者直接接触，可随时听取消费者反映，以便改进产品。

②直接渠道的缺点如下：a. 增加成本与管理难度。生产者要追加与直接销售相适应的保障费用和设施，如果存储设备和存货增多，营销人员和费用会增加，管理成本与难度也会增大。b. 不适宜于大规模经营。直接销售渠道不适宜于一些生产量大、消费面广的产品，因为生产者不可能把全部产品直接卖给每一个消费者。

（2）间接渠道。间接渠道是指产品生产者不直接面向消费者，而是经过中间商向消费者提供产品的销售渠道类型。间接渠道有以下几种类型。

一层渠道是指生产商和消费者之间，只通过一层中间环节，在消费者市场是零售商，在生产者组织市场是代理商或经纪人。

两层渠道是指生产商和消费者之间经过两层中间环节，在消费者市场是批发商和零售商，在生产者组织市场是代理商与批发商。

三层渠道是指在大批发商和零售商之间，再加上两道批发商。

间接渠道还可以分为四层甚至五层分销渠道。

在成熟的市场经济中，间接渠道是一种重要的分销形式。

①间接渠道的优点有：节约用于流通领域的人力、物力和财力；节约流通时间，加速流通过程和生产过程；降低销售费用和产品价格。

②间接渠道的缺点有：中间商使生产者与消费者不能直接沟通信息；生产者不易准确地掌握消费者的需求；消费者也不易掌握生产者的供应情况和产品等。

2. **长渠道和短渠道**

根据产品从生产者到消费者之间销售环节的多少，营销渠道可以分为长渠道和短渠道。经过两个或两个以上销售环节，把产品销售给消费者的营销渠道称为长渠道。不经过任何环节或只经过一个环节，把产品销售给消费者的营销渠道称为短渠道。

（1）长渠道。长渠道一般有以下几种形式。

生产者→批发商→零售商→消费者。

生产者→代理商→零售商→消费者。

生产者→产地批发商（或代理商）→销地批发商→零售商→消费者。

①长渠道的优点有：a. 长渠道一般由批发商和零售商组成，点多面广，能有效地覆盖市场，

扩大产品销售；b. 选用长渠道，流通领域一切风险均由批发商承担，生产者可以集中人力、物力、财力生产产品。

②长渠道的缺点有：a. 延长了产品从生产到投入市场的时间，不利于产品迅速占领市场；b. 销售费用增加，产品零售价格提高，降低了产品的竞争能力；c. 信息反馈慢，而且失真率比较高，不利于及时准确地掌握市场行情的变化；d. 由于中间商多，产品运输距离远、时间长，增加了产品变质、磨损、毁坏的可能性，从而影响产品质量。

（2）短渠道。短渠道一般有以下几种形式。

生产者→消费者。

生产者→零售商（代理商）→消费者。

①短渠道的优点有：a. 生产出来的产品能迅速地被转移到消费者手中，实现产品价值；b. 节省流通费用，有利于降低产品的价格；c. 信息等被迅速、准确地反馈给生产者，有利于生产者做出正确的决策；d. 与长渠道相比，短渠道缩短了产品在流通领域中停留的时间，可以减少产品发生霉烂、变质、磨损、毁坏的可能性，从而保证产品质量。

②短渠道的缺点有：a. 由于渠道短，产品生产者承担的商业职能多，不利于集中精力搞好生产；b. 难以向市场大范围延伸，市场覆盖面小。

3. 宽渠道和窄渠道

渠道的每个层次中使用的同种类型中间商的多少称为营销渠道的宽度。生产者通过两个或两个以上的中间商来销售自己的产品，称为宽渠道；只选用一个中间商销售自己的产品，称为窄渠道。

（1）宽渠道。宽渠道又称宽分销渠道，由于运用两个或两个以上的中间商为生产者销售产品，因此该类型的渠道范围比较广泛，既可以采用批发商，又可以采用零售商，还可以采用代理商、经销商，以便尽可能多地销售其产品。

①宽渠道的优点有：a. 在生产者大批量生产某种产品的情况下，可以使产品迅速转入流通领域，使再生产得以顺利进行；b. 在较大的范围内通过较多的中间商迅速地将产品转移到消费者手中，满足广大消费者的需求；c. 生产者可以对所运用的多家中间商的工作效率进行综合评价，从中选择效率高的中间商为自己销售产品，同时淘汰效率低的中间商，有利于中间商之间展开竞争，不断提高产品销售效率，从而使产品价值迅速实现，消费者需求迅速得到满足。

②宽渠道的缺点有：a. 选用的中间商较多，以致中间商推销某种产品时往往不专一或不愿意花更多的费用；b. 生产者与中间商之间的关系松散，如果外部条件发生变化，这种关系有可能破裂，所以生产者会不断地改变合作的中间商。

（2）窄渠道。窄渠道适用于一些技术性强，而且生产批量小的产品销售。生产者一般都是选用熟练掌握这种产品技术性能的中间商独家经销。

①窄渠道的优点有：a. 在窄渠道中，产品生产者和中间商关系非常密切，相互之间依附关系很强；b. 中间商可以随时把市场信息传达给生产者，生产者与中间商共同承担推销产品的各种费用。在这种情况下，生产者既可以控制中间商的销售方式，又可以控制销售服务，甚至可以控制产品的销售价格，有利于提高销售效率。

②窄渠道的缺点有：a. 在窄渠道中，产品对某一中间商的依赖太强；b. 在生产者产量增加的情况下，只限于在某一市场上销售自己的产品，容易因销售力量不足而失去消费者，从而使产品无法更快地推销出去，影响生产的顺利进行。

4. 垂直营销系统

营销渠道按照渠道中成员相互联系的紧密程度，又可以分为传统渠道和渠道系统。传统渠道中的生产企业和各中间商彼此独立决策，其购销交易建立在相互激烈竞争的基础上，因此联系松散，对象也不固定。在渠道系统中，许多成员之间都采取不同程度的一体化经营或联合经营。渠道系统的组成往往始于某一企业对相邻流通环节上的企业控股，也可由某一企业倡导，实行实力相对均衡的联营关系。渠道系统可分为垂直营销系统和水平营销系统。

垂直营销系统又称纵向营销系统，是由生产商、批发商和零售商组成的一种统一的联合体。垂直营销系统的特征是专业化管理和集中执行的网络组织，事先规定了要达到的规模经济和最高市场效果。垂直营销系统有利于控制渠道行动，消除渠道成员为追求各自利益而造成的冲突；能够通过其规模、谈判实力和重复服务的减少而获得效益。

（1）公司式垂直营销系统。

公司式垂直营销系统是指生产和分销的各个环节都归一方所有并受其控制。这种联合体将生产、批发和零售融为一体。例如，西尔斯公司出售的商品中，有50%来自它拥有股权的制造商。假日旅馆已形成一个自我供应的网络，它包括地毯厂、家具制造厂，以及大量为其所控制的再分销机构。总之，这些组织以及其他类似组织都是大规模的、垂直一体化的系统。

（2）管理式垂直营销系统。

管理式垂直营销系统是指由某一家规模大、实力强的企业出面组织，并进行协调管理生产与分销的各个环节，但不以所有权或特许权的形式来管理。例如，名牌制造商有能力从销售者那里得到强有力的贸易合作和支持。因此，通用电气公司、宝洁公司等能够在有关商品展销、货柜位置、促销活动和定价政策等方面得到销售者不同寻常的合作。

（3）契约式垂直营销系统。

契约式垂直营销系统由从事生产和分销的不同层次的相互独立的公司组成，它们以契约为基础来统一行动，以求获得比其独立行动时所能得到的更好的经济和销售效果。契约式垂直营销系统可以分为以下3种。

①批发商倡办的自愿连锁组织。批发商组织独立的零售商成立自愿连锁组织，帮助它们和大型连锁组织相抗衡。批发商制定出一个方案，根据方案使独立零售商的销售活动标准化，并获得采购的好处，这样就能有效地和其他连锁组织展开竞争。

②零售商联营合作组织。零售商可以带头组织一个新的企业实体来开展批发业务和可能的生产活动。成员通过零售商联营合作组织集中采购，联合进行广告宣传。利润按成员的购买量进行分配。非成员零售商也可以通过合作组织采购，但是不能分享利润。

③特许组织。一个特许组织可以连接几个环节，一般而言分为3种形式：a. 生产商倡办的零售特许组织，如汽车行业；b. 生产商创办的批发特约代营组织，如软饮料行业；c. 服务类公司承办的零售特许组织，它是指由一个服务类公司组织整个系统，以便将其服务有效地提供给消费者。

5. 水平营销系统

水平营销系统又称横向营销系统，是指由两个或两个以上公司联合开发产品和利用市场营销机会。这些公司通过联合可以产生巨大的协同作用。公司间的联合行动可以是暂时性的，也可以是永久性的，还可以创建一个专门的公司。

11.2 中间商渠道

在产品分销过程中，可以将通过制造商、批发商、零售商和其他对成功的分销起重要作用的专业公司的合作而形成的渠道看作一个关系系统。在这个系统中，根据各个企业在整个分销过程中的作用，可以把渠道成员分为两组——基本渠道成员（Basic Channel Members）和特殊渠道成员（Special Channel Members）。基本渠道成员与特殊渠道成员的划分标准为：在产品分销过程中，是否参与或帮助转移产品所有权。基本渠道成员，要么直接参与产品所有权的转移，要么帮助转移产品所有权；特殊渠道成员，既不参与产品所有权的转移，也不帮助转移产品所有权。

营销渠道中承担转移货物所有权的基本成员包括制造商、批发商、零售商和消费者。特殊渠道成员也称专业渠道成员或辅助代理机构，是指为整个分销过程提供重要服务但不参与或帮助转移产品所有权的企业。特殊渠道成员可以分成两种类型：功能型的特殊渠道成员，包括运输业、仓储业、装配企业和提供促销支持的企业；支持型的特殊渠道成员，包括金融业、信息业、广告业、保险业和咨询与调研业等。

中间商亦称中介、分销商，是指介于生产者与消费者之间，参与产品交易业务、促使买卖行为发生和实现，具有法人资格的经济组织和个人。中间商根据在产品流通过程中的地位和作用的不同可分为两种基本形式，即中间批发商和零售商，它们各自发挥着特定的基本功能。

11.2.1 批发商

批发商是促进产品和服务从生产商手中转移到零售商手中的企业。分销渠道的类型，大部分都是由批发商数量和类型的变化形成的。批发商也可以按不同的方式划分为不同类型，但市场上最基本、最直接的表现形式是按所有权划分的，即商人批发商、代理商和经纪人。

1. 影响生产商选择批发商的因素

影响生产商选择批发商的主要因素如下。

（1）产品特征。可以决定选择某一批发商类型的产品特征主要包括以下 3 点：①产品标准。标准化产品一般选择商人批发商，不标准的产品和订制产品一般选择代理商或经纪人。②产品技术性。技术性复杂的产品宜选择商人批发商，技术性简单的产品宜选择代理商或经纪人。③产品的总利润。总利润高的产品适合选择商人批发商，总利润低的产品适合选择代理商或经纪人。

（2）对顾客的考虑程度。生产商在选择批发商的类型时，重要的影响因素之一是对顾客的考虑程度。对顾客的考虑程度主要包括以下两点：①产品购买频率。顾客购买频率高的产品一般选择商人批发商，顾客购买频率低的产品一般选择代理商或经纪人。②顾客愿意等待的时间。顾客购买产品愿意等待的时间短的，宜选择商人批发商；顾客购买产品愿意等待的时间较长的，宜选择代理商或经纪人。

（3）市场特征。决定批发商类型的市场特征包括以下两点：①消费者的数量。购买产品的消费者数量多，宜选择商人批发商；购买产品的消费者数量少，宜选择代理商或经纪人。②消费者的集中程度。消费者比较集中的市场，适合选择商人批发商；消费者比较分散的市场，适合选择代理商或经纪人。

2. 商人批发商

商人批发商是独立所有的企业，其向生产商购买商品及其经销商的所有权，然后转卖给企业、政府机构、公共组织和其他批发商或零售商。商人批发商的顾客大部分是中小型零售商，同时也有生产商和组织机构。商人批发商在不同的行业里名称有所不同，如中间批发商、分销商、工厂供应商、自营性批发商、专业批发商、独立批发商等。商人批发商一般可分为全面服务批发商和有限服务批发商，这取决于其营销渠道的功能。

（1）全面服务批发商。全面服务批发商发挥着所有的渠道作用。其为顾客组合产品类别、提供信贷、提供促销帮助和其他方面的建议。同时，其有销售队伍同顾客进行接触、保持存货并运送产品，帮助顾客对市场进行研究和策划。全面服务批发商有时还帮助顾客进行安装和维修，但这取决于产品线的特征。全面服务批发商还意味着要提供战略性服务，以满足顾客的特殊需求，如在紧急情况下提供快速送货服务。

（2）有限服务批发商。有限服务批发商仅从事全面服务批发商的一部分活动。有限服务批发商一般仅经营有限的、周转很快的产品线，不提供信贷或市场信息。有限服务批发商只代表商人批发行业的一小部分。

3. 代理商和经纪人

代理商和经纪人没有产品所有权，只是在买卖双方之间起媒介作用，促成交易，从中赚取佣金。代理商和经纪人一般都是专业化的，专门经营某一方面的业务。代理商多见于生产制造业、销售行业、采购业等。经纪人多见于房地产业、保险业、证券交易业和人才业等。

通过代理商和经纪人推销产品、开拓市场是现代市场营销的一种通用的办法，这种办法在经济发达国家和市场使用十分普遍。代理商和经纪人主要有以下几种形式。

（1）产品经纪人。产品经纪人具有市场信息、市场关系和产品推销方面的优势，能够把买卖双方联系在一起，介绍和促成交易，并收取一定的佣金。

（2）人才经纪人。当今社会，人才市场是一个十分重要的市场，有体育、文艺、技术等方面的优秀人才。人才经纪人具有交易方面的专业技能，熟悉人才和人才市场的信息，依照一定的法律手段，把供求双方联系在一起，介绍和促成交易，并收取一定的佣金。

（3）生产商的代理商。生产商的代理商为生产商推销产品，为生产商提供市场信息和产品建议，并按销售额收取一定比率的佣金。

（4）销售代理商。销售代理商是生产商的销售代理，可以代理多家生产商或生产商的代理商的产品。

（5）佣金商。佣金商主要从事农产品的代理销售业务。

（6）中介所。中介场所，如拍卖行，为买卖双方提供交易场所和各项服务，以公开拍卖方式确定产品价格，收取规定的手续费和佣金；进口和出口代理商，主要替委托人从国外寻找市场供应来源和向国外营销产品，为委托人提供进出口市场经贸信息，并促成交易，从中收取代理佣金。

4. 批发商的功能

批发商主要有购买、销售、分销、运输、储存、融资、风险承担、提供市场信息和管理咨询服务的功能。

（1）购买功能。批发商的购买活动是商品流通过程的起点，是生产企业按照社会需要进行生产的信息来源和再生产过程顺利进行的必要条件，也是向零售商提供货源的物质基础。对零售商来说，批发商是其购买代理人。批发商凭借丰富的经验与市场预测知识，预计市场对某些产品的需要情况，先行组织货源，随时供应顾客，使零售商能节省进货花费的时间、人力与费用。对生产商来说，批发商每批进货量越大，就越节省营销费用。

（2）销售功能。批发商活动的最终目的是销售产品。对生产商来说，批发商可以成为销售代理人。每个生产商都可以按市场需要，尽力生产出适销对路的产品。但生产商并不擅长推销，仍需有人帮助其销售。由于批发商有着丰富的销售经验及其他条件，所以可以帮助生产商寻找市场。这样，生产商就能节省用于销售的人力、物力和财力，提高生产效率和提升产品质量，缩短再生产周期。

（3）分销功能。批发商的分销功能对生产商和零售商都有益处。一般而言，生产商从运输及管理成本考虑，不愿意小量出售；而零售商限于资金，无力大量购买，限于能力，也不可能向每个生产商购买。批发商既可向生产商大量购买，又可将货源分割成小单位转售给零售商。

（4）运输功能。商品运输是商品流通中的一个重要环节。批发商在购进、推销和促销活动中，以及从批发环节到零售环节的交换过程中，必然产生商品在空间上的移动。一般来说，大多数生产商都无力或不适宜到远方市场营销，大多数零售商也无力或不适宜到远方市场采购。因此，批发商在收购商品后，还承担着组织商品运输的任务，及时、准确、安全、经济地组织商品运输，可以使生产商避免积压，使零售商减少库存量。

（5）储存功能。商品储存是商品流通的一种"停滞"，也是商品流通不断进行的条件。批发商能充分利用仓储设备，创造时间效用，使零售商随时可获得小批量的现货供应。批发环节的储存，可调节市场淡旺，起到"蓄水池"的作用。

（6）融资功能。零售商向批发商实行信用进货时，能减少零售商经营资金的需要。资金雄厚的批发商，也可用预购的方式，以资金帮助生产商。

（7）风险承担功能。生产商将产品出售给批发商后，产品因损耗、失去时尚性及其他原因而产生的损失、风险责任等均由批发商负责。批发商往往又向零售商保证，其对自己所售出的产品不满意时，保退保换。

（8）提供市场信息和管理咨询服务功能。批发商还要为生产商和零售商提供市场信息，并提供宣传、广告、定价、商情等管理咨询服务。

11.2.2 零售商

零售是指把产品和服务直接销售给最终消费者的所有活动。这些最终消费者是为了个人消费，而不是为了商业用途消费。零售商是指那些主要从事零售活动的企业。零售直接或间接地影响着我们每一个人。零售业是拥有员工最多的行业之一。尽管大多数零售商规模很小，但是零售行业还是由少数的巨型零售企业所主宰，这也是市场规律使然。零售商最主要的功能是为消费者服务，但同时也为生产者与批发商服务。

1. 零售商的分类

零售商可根据所有权、产品线的宽度和深度、价格、服务水平、地理位置的集散程度等因素划分成很多种类型。

（1）按所有权划分。零售商按所有权划分，具有所有权的独立零售商占零售商的80%左右，另外还有20%具有所有权的零售商采取的不是独立经营的形式。采取的不是独立经营的形式的零售商主要有：①连锁商店，是指由单独一个公司拥有并经营的一组商店；②自愿连锁和零售商合作组合；③消费合作社；④特许经营组织；⑤商业集团等。

（2）按产品线的宽度和深度划分。零售商按产品线的宽度和深度划分，主要有：①专卖店；②百货商店；③超级市场；④便利店；⑤混合商店、超级商店和特级市场；⑥服务行业店；⑦杂货店等。

（3）按价格划分。零售商按对价格的收取方式划分，主要有：①一般价格商店；②折扣商店；③仓储商店；④工厂直销商店；⑤减价零售商店；⑥目录展示室等。

（4）按服务水平划分。零售商按服务水平由高到低划分，主要有：①完全服务零售商；②有限服务零售商；③自助服务零售商等。

（5）按地理位置的集散程度划分。零售商按地理位置的集散程度划分，主要有：①中心商业区；②地区性购物中心；③住宿区购物中心；④社区购物中心；⑤社区便利店等。

零售商还有很多种划分方法，如按行业划分、按经营形式划分、按经营规模划分等。

2. 零售商店的主要类型

零售商店有很多种类型，下面介绍一些主要的零售商店。

①百货商店。1830年，百货商店首先出现在法国。其特点是分级组织与管理、品种齐全、花色繁多、高级名牌汇集。当然，并非经营日用工业品的商店都可称为百货商店。美国商务部对百货商店所下的定义是：每年销货总额超过500万美元，售卖一切用品，服装和纺织品的销货量达销货总额的20%者。

②超级市场。美国最早的超级市场创始于1620年至1630年，是实行自动售货、一次结算的综合食品商场。在发展中，其逐渐具备以下特点：自动服务、品种繁多、注重包装、薄利多销、营业时间长、附设停车场。近年来，超级市场正向两极发展：一是巨型化，仓库和售货市场连在一起，价格更低廉，成为"贸易城"；二是微型化，保留超级市场的特点，但规模小得多，成为"超级小市场"。

③连锁商店。连锁商店实质上是一种连锁制度，受同一中心组织管理，统筹进货。各店内外设备、新品种、产品陈列和服务方式大致相同，信息灵通，进货量大，可直接向国内生产者进货，或者进入国际市场采购。连锁商店以低利、价廉、多窗口为特点。属于不同企业的零售商品，为了与连锁商店竞争，自发组成互助协作组织，称自愿连锁。

④折扣商店。折扣商店的产品质量高，店内陈设和管理办法基本与超级市场相同，也采用自动售货方法，但一般不设在闹市区或租金高的地段，费用相对来说很低。因此，折扣商品在实行明码标价的基础上，出售时给予一定折扣，实际售价低于出售同类产品的其他商店。

⑤专业商店。随着科学技术和生产力的发展，新产品层出不穷，消费者要求衣、食、住、行各具特色，各种各样的专业商店因此兴起。专业商店中的产品大部分属于高档产品，需经销商具备一定的专业知识和操作技能，将销售与服务密切结合。

⑥一般零售商店。一般零售商店是指一些独具特色、传统式的零售商店，主要经营食品、轻便服装和日用生活品，单门独户经营，不加入同行业的任何组织。

⑦夫妻商店。夫妻商店是指依靠家族劳动，只有夫妻两人经营的店铺。夫妻商店出售品种有限，主要是小百货等，销售额低。家庭住房和商店用房不分，靠少数固定顾客维持经营，并且靠延长营业时间做生意。

⑧方便商店。方便商店同一体化联合商店类似，但有其特点：商店规模、店内结构采用统一格式，店本部供应同一商标的食品和日用品，统一做广告宣传；一般采用自动售货方法；店本部指导各店的工作等。

⑨样本展销商店。样本展销商店印有彩色样本，除实物照片外，标有货号、价格及折扣，顾客可凭样本打电话订货，由商店送货上门，收取货款和运费。

⑩一体化联合商店。一体化联合商店是以商誉很高的商店为主体，吸收若干独立商店参加的联合组织。主体商店对所属联合商店进行业务指导，帮助制订营业计划、提供货源、代为宣传、培训职工等。一般签订合同后，所属联合商店向主体商店支付一定手续费，主体商店从联合商店提取一定的营业利润。

⑪协同营业百货商店及超级市场。协同营业百货商店及超级市场由大量小零售商组成，其集中到一个场所出售商品，但各自出售商品不同，如同百货公司或超级市场，花色品种齐全。有些高层建筑、市场用地，以及售货廊和地下建筑，为发展此类商店提供了营业条件。

⑫消费合作社。消费合作社一般由劳动者合资兴办，也有机关、企业投资经营的，目的是避免中间盘剥，保护消费者利益。消费合作社能从生产部门直接进货，并尽量销售本社社员生

产的产品，定价较为合理。

营销案例 11-1

湖北重建县乡村供销社体系

2022 年 10 月 17 日，《湖北日报》发布了一则名为《湖北基层供销社恢复重建至 1 373 个，基本覆盖全省乡镇》的报道，引发市场和媒体热议。

供销社成立初期，国家百废待兴，粮食和商品供应严重短缺，农村生产力需要得到快速发展，供销社便应运而生。当时供销社的主要职能就是统筹"供"和"销"，是连接"工业品下行"和"农产品上行"的桥梁。经过近 20 年的黄金发展时期，供销社渐渐成长为国家收购农资、供应农民生产生活资料的主渠道。

1980 年，随着市场经济的发展，民营经济开始壮大，多元化市场格局日益形成，越来越多的大型私营超市和 24 小时便利店的兴起，在很大程度上挤压了供销社的生存空间。自 20 世纪 90 年代以来，中央先后多次发布了深化和加快供销合作社改革的文件。例如，2021 年的中央一号文件提出，"深化供销合作社综合改革，开展生产、供销、信用'三位一体'综合合作试点，健全服务农民生产生活综合平台"；2022 年的中央一号文件再次从加强县域商业体系建设的角度指出，要"支持供销合作社开展县域流通服务网络建设提升行动，建设县域集采集配中心"。

如今，供销社的含义和现实形式都发生了很大的变化。供销社不仅在县、乡村获得了更大的发展空间，而且在城市也有了新的形式，如北京等城市的"供销便民服务中心""邻里中心""中央厨房"等社区便民商业形式。

资料来源：长江日报电子版，2022-10-17

3. 无店铺零售

前面所讨论的零售类型都只限于店内零售，即消费者必须到商店选购。无店铺零售是指不用到商店就可以购买到商品的零售方法。无店铺零售的主要形式有自动售货、直接销售和直接营销、特许营销。

（1）自动售货。自动售货是零售的一个新兴且很重要的形式。它利用具有计算机智能技术的机器向消费者提供产品和服务。自动售货已从起初的自动出售传统产品发展到很多行业领域，如金融服务业的自动取款机、自助银行，互联网的自动点击信息服务，电视台的自动点播节目服务等。

（2）直接销售。直接销售是一种古老传统的贩卖形式，即直接推销产品。在进行直接销售时，有的销售人员上门推销产品，有的销售人员则在集市、闹市区、大街小巷直接占地销售或在流动地点直接销售。例如，安利公司是洗发水、清洁剂、保健产品的直接销售商，它通过广告等促销方式宣传本企业和产品，树立良好的社会公众和市场形象，再通过营销管理组织和加盟的业务员直接销售其产品，形成了一个庞大的、全球性的销售组织网络。

（3）直接营销。直接营销是指使消费者在家、办公室或非零售地点就可以买到产品的方法。直接营销的最初形式，只是不经过中间商把产品或服务直接从厂家送到消费者手中。现代市场营销的直接营销包括：直接邮寄营销，目录营销，电话营销，广播、电视营销，报纸、杂志营销，电子网络营销等方式。

（4）特许营销。特许营销是指特许专卖权授权者特许接受者经营或销售产品的一种持续的契约关系。接受者或特许经营者通常是独立的零售商，根据契约拥有某种特许专卖权。

特许授权者创建品牌、产品或独特的经营理念及方法等。特许经营者为了使用品牌、产品或经营理念及方法的权利，需要向特许授权者支付费用。双方的特许协议通常要持续很多年，这段时间内在双方同意的基础上，特许经营者可以更改同特许授权者的协议。

特许经营者在与特许授权者签订特许授权合同时，要一次性支付首期使用费。除了首期使用费外，特许经营者还要履行协议，按期交付特许使用费。有些特许经营者还要根据协议，缴纳促销宣传费。同时，特许经营者还要严格履行特许协议，遵守并执行品牌管理的规定，如果出现违反协议的行为，特许授权者有权按规定处理，甚至解除特许合约。

特许营销有两种基本形式，即产品及商标的特许经营和企业经营形式的特许经营。在产品及商标的特许经营中，经销商同意销售由生产商或批发商提供的产品。企业经营形式的特许经营是特许授权者和特许经营者之间一种持续的商业关系，大多数情况是特许授权者向特许经营者出售使用特许授权者经营形式或方法的权利。

11.3　终端销售

终端是指商品离开流通领域所进入的消费领域，是商品与消费者面对面地展示和交易的场所，是企业实现自己经营目的的前沿阵地。终端销售点的选择和经营，直接影响着企业商品的最终销售，以及最终的经济效益。企业要选择最适合自己商品和服务特点的终端销售点，通过有效管理实现销售目标，从而最大化地发挥终端销售点的效能。

> **扩展阅读**
>
> ## 新零售中生鲜运营的三大模式
>
> 在新零售环境下，渠道需要通过新的技术手段去实现商品（控货）、交付方式（渠道）、用户体验的升级，更高效、更友好地完成消费过程。生鲜运营的最大难点是冷链物流成本高、损耗率高，采购共享、仓储系统共享、客流订单共享是降低成本的主要手段。生鲜品类目前主要有 3 类运营模式：盒马鲜生，线上、线下结合的代表；易果生鲜，以线上运营为主的代表；百果园，以线下社区店为主的代表。
>
> 盒马鲜生基于实体店将线上、线下订单合并，双线共享门店固定成本；易果生鲜投资联华超市意在实现采购和物流体系的合并；百果园并购果多美增加采购量和终端网点量。有线下基础的盒马鲜生和百果园在仓储物流成本和损耗控制上有一定优势，所以能实现盈利，而纯线上运营的易果生鲜目前仍在亏损，其投资联华超市意在加大联合采购量、共享物流体系以降低成本，进而实现盈利。
>
> 资料来源：全渠道新零售案例分享

11.3.1　终端销售的含义

终端，作为产品营销渠道的末端，是产品到达消费者手中完成交易的最终端口，也是产品与消费者面对面展示和交易的场所。终端承上启下，上连生产商、批发商，下连消费者。通过这一端口和场所，生产商、批发商将产品卖给消费者，消费者购买自己需要的产品。

终端销售，是直接把产品传递到消费者手中的销售模式。例如，百货商场、超级市场、专卖店、便利店等都是终端销售的场所。直接销售也可以算是终端销售。总之，凡是消费者可以购买到产品的地方都可以叫销售终端。销售终端主要有 4 种形式：①普通终端，也称多环节终端，指各类零售店；②即时消费终端，也称消费地终端，如餐厅、酒吧；③客户终端，也称零距离终端，如直销一些大宗设备或原料的商店；④虚拟终端，也称起点式终端，指网上销售。

11.3.2 终端销售点的选择

选择终端销售点，是企业进入市场组织商品销售的第一步。

1. 选择终端销售点的基本原则

终端销售点的选择是根据目标市场（目标消费者）原则来组织商品分销的一种计划活动。因此，企业在选择终端销售点时要坚持把商品送到消费者最愿意光顾、最容易购买的地方去销售，秉持消费者能够及时购买、方便购买的基本原则。因为消费者的需要具有明显的时效性，在需要发生时，如果能够就近、方便地购买相关商品，他们的需要就能够及时得以满足。但由于消费需求具有个性化、多样化等特点，终端销售点的选择也要考虑消费者的购物心理，如消费者对最方便购买的地点的要求、对最乐意光顾并购买的场所的要求等。因此，企业在选择终端销售点时，要结合目标市场的特征，结合企业自身的经济实力、产品特点、公关环境、市场基础等，以及企业外部的市场环境、竞争者状况、市场购买力水平等因素，经过综合权衡，选择出直接面向消费者的分销点。

2. 终端销售点的密度决策

终端销售点的密度直接影响着企业市场整体布局的均衡状况，如果终端销售点太过密集，不但会增加销售成本，还可能造成各销售点的冲突与矛盾，形成内耗，降低销售效率；如果终端销售点太过稀薄，则不利于市场的充分占领。因此，适度的终端销售点布局是密度决策的核心任务。

（1）终端销售点密度决策的任务。终端销售点密度决策的任务就是匹配产品的市场覆盖率与分销效率，即确定企业在目标市场上利用多少渠道成员来销售产品，从而最大限度地提高产品的分销效率。具体任务有：保持各终端销售点的均衡发展；协调各终端销售点，减少和控制冲突；维持市场的有序扩张和可持续发展。

（2）终端销售点密度的选择方案。终端销售点的密度是相对而言的，受产品性质、市场特征和企业分销战略等因素的影响。企业可以根据终端销售点密度决策的任务，结合自身状况和市场环境的现状与变化趋势，选择不同的密度方案。

①密集分销策略。在密集分销中，制造商想通过尽可能多的批发商、零售商经销其产品或服务，因此凡是符合最低信用标准的渠道成员都可以参与其产品或服务的分销。密集分销策略通常能扩大市场覆盖面，或使某产品快速进入新市场，使众多消费者和用户能随时随地买到这些产品。消费品中的便利品（如方便食品、饮料、牙膏、牙刷）和工业品中的作业品（如办公用品），通常使用密集分销策略。密集分销策略有利于企业广泛占领市场，及时销售产品，方便消费者购买；但在某一市场区域内，密集分销会加剧经销商之间的竞争，造成销售努力的浪费，使得其对生产商的忠诚度降低，这样价格竞争将更激烈，而且经销商也不再愿意合理地接待消费者。

②选择分销策略。在选择分销中，制造商在特定的市场按一定条件选择若干个（一个以上）同类中间商来经销其产品。制造商不必花太多的精力联系为数众多的中间商，而且便于与中间

商建立良好的合作关系，还可以获得适当的市场覆盖面。与密集分销策略相比，选择分销策略具有较强的控制力，成本也较低。消费品中的选购品和特殊品、工业品中的零配件等，常常采用选择分销策略。在选择分销中，中间商实力较强，能有效地维护制造商的品牌信誉，建立稳定的市场和竞争优势。但在选择分销中，如何确定中间商区域重叠的程度是个难题。虽然提高市场重叠率会方便消费者的选购，但也会在中间商之间造成一些冲突；而低重叠率虽然会提高中间商的忠诚度，但同时也会降低消费者的购买便利性。

③独家分销策略。在独家分销中，制造商在某一地区市场仅选择一家批发商或零售商经销其产品。独家分销有利于控制市场，且竞争程度低。它比其他任何形式的分销更需要企业与经销商之间更多的联合与合作。企业与经销商的成功是相互依存的，因此只有当企业想要与中间商建立长久而密切的关系时，才会使用独家分销。独家分销策略比较适用于服务要求较高的专业产品。独家分销策略最大的不足就是缺乏竞争导致经销商力量减弱，终端销售点太少对消费者来说也不方便。独家分销具有排他性，通常双方要签订排他性协议，即在一定的时间、区域内，规定经销商不得再经销其他竞争者的产品，生产商也不得再找其他经销商经销该产品。

（3）终端销售点密度选择方案的评价标准与方法。影响企业终端销售点密度选择方案的因素很多，企业可参照以下主要标准进行决策。

①分销成本。分销成本可分为开发分销网络的投资成本和维持分销网络的费用，前者是固定成本，后者是变动成本。企业在选择密度方案时，不但要控制产品销售成本的总体水平，而且要形成一种通过分销效率的提高而不断降低成本的机制。

②市场覆盖率。市场覆盖率关系到企业的生存和发展，是企业进行密度决策时必须考虑的核心因素。市场覆盖率提高意味着某个分销网络的销售能力提高，也就意味着企业产品生存和发展空间的增大，进而有利于企业的长期战略目标的实现。在一定条件下，企业为了提高销售额和市场占有率，甚至可能会不惜加大成本以实现自己的销售目标。

③控制能力。企业有无能力控制日益膨胀的分销网络，是判断终端销售点密度决策是否正确的一个重要标准。对终端销售点的管理失控，不仅会使企业分销效益下降，而且还可能毁掉整个产品市场，让企业走向衰落。因此，无论是选择密集分销、选择分销还是独家经销都要求企业对分销网络有良好的控制能力。

11.3.3　终端销售的形式

常见的终端销售形式主要有价格促销、赠品促销、有奖促销、节日促销和联合促销等。

1. 价格促销

价格促销是所有促销形式中最易于执行、最直接、最有效，也是消费者最敏感的方式。价格促销会贬损品牌价值，企业要注意对价格促销技巧的运用，找到和价格促销效果一样好的价值促销，借此提升产品价值而不是贬损产品价值。当销售终端以令人信服的理由进行价格促销时，会产生强大的需求力量，并带来巨大的销售量。让消费者较为认可和信服的价格促销的理由主要有：薄利多销、给消费者回馈、周转资金、减少库存量、采购到低成本原材料、整体经营的需要、与对手竞争、庆祝或纪念特殊日期等。价格促销的形式主要有以下几种。

（1）直接折扣。直接折扣是指在购买过程中或购买后给予消费者现金折扣。其常见的方式有：①现场折扣，根据不同的时段，确定不同的优惠折扣度，如全场 8 折优惠，部分商品 5 折起等；②减价优惠，即原价多少，现价多少，如"原价 1 000 元，现价 500 元，为您节省 50%"

等；③统一定价，定出一个比所有产品零售价格都要低的价格，统一销售，如"全场牛仔裤无论原价 600 元一件的还是 500 元一件的，现全部只售 199 元"等；④现金回馈，消费者只要购买的产品达到规定数量，或购买一整套系列产品，就可以凭购买凭证现场获得一定金额的现金回馈，如"购买一套 5 件装的化妆品可以获得 20 元的现金回馈"等。

（2）变相折扣。变相折扣指以各种变相折扣吸引消费者，通过买赠、捆绑销售、加量、回购等变通方式让利于消费者。变相折扣以产品作为载体实现优惠，商家的成本相对比较低，也更有利于操作。其常见的方式有：①多买赠送，如买二送一、买三送二、买大送小等；②报纸优惠券，以广告的形式在覆盖目标消费群体的报纸上刊登优惠券，消费者剪下优惠券即可使用；③杂志优惠券，将优惠券刊登在覆盖目标消费者的杂志上，能够有针对性地送到目标消费者手中；④将优惠券附于包装上，这主要是增加老顾客的重复购买，能够给忠实的消费者以回报，对于新用户效果不太明显；⑤定点送发优惠券，针对性强，效果明显，但成本较高；⑥即买即赠，同将优惠券附于包装上一样，只有购买产品才能获得优惠券；⑦邮寄优惠券，通过邮政渠道赠送优惠券；⑧夹带优惠券，企业印刷好优惠券，随同报纸或杂志一同送到消费者手中。

（3）退款优惠。消费者购买一种或多种产品，企业会给予一定金额的退款，通常有 4 种方式。

①购买同一品牌的不同产品享受退款优惠。例如，某品牌的化妆品，消费者必须集够口红、睫毛膏、眼线笔、指甲油等几种不同产品的标志物方可享受 15% 的退款。

②购买不同品牌的不同产品享受退款优惠，指将不同品牌的不同产品合并在一起，消费者只要购买这几种产品，就可以享受退款优惠。例如，只要购买某一品牌的饮料和另一品牌的饼干，凭条码或标志物就可以获得 10% 的退款优惠。

③购买单一产品享受退款优惠，指消费者只要购买单件产品就可以享受退款优惠。如某种饮料每瓶售价 5 元，消费者购买后只要将标签上的条码剪下寄给企业或到指定地点兑换，就可以获得 1 元的退款。

④重复购买一种产品享受退款优惠，指消费者必须集够一组企业规定的标志方能享受一定金额的退款优惠。例如，某品牌的儿童饮料，每盒内装有一张生肖刮刮卡，只要集够十二生肖，就可以获得单件产品 12 倍的退款。

2. 赠品促销

赠品促销是终端销售最为常见的一种促销方式，是指消费者购买商品时，以另外的有价物质或服务等方式来直接提高商品价值的促销活动，其目的是通过直接的利益刺激达到短期内的销售量增加。其常见的方式有以下几种。

（1）即买即送。

①包装外赠送。如宝洁的佳洁士防蛀修护牙膏实行"买一送一"活动，买一支牙膏送一小支"茶爽"牙膏。

②包装内赠送。如化妆品芭蕾珍珠霜刚进入我国香港市场的时候，每盒珍珠霜瓶盖内附一粒太湖珍珠，消费者购买若干盒就可以串成一条珍珠项链。

（2）凭证兑换。

凭证兑换形式中可用于兑换的凭证主要包括：①购物凭证；②产品的瓶盖；③包装商标；④包装内的兑换券。

（3）附加条件赠送。

附加条件赠送主要包括：①部分付费赠送；②集点赠送；③其他条件赠送。

3. 有奖促销

有奖促销是企业或商家根据自身的销售现状、商品性能、节假日长短、消费者状况，通过给予奖励来刺激消费者的购买欲望，促使其购买商品，进而达到提高销量、增进效益的目的的形式。常见的有奖促销方式有以下几种。

（1）免费抽奖。

免费抽奖指免费为消费者提供抽取奖品的机会，消费者无须购买任何产品，也不需要任何参与条件，获奖者完全是随机产生的。免费抽奖通常有号码公开法、个人信息法和号码隐藏法3种操作方法。

（2）即时开奖。

即时开奖指消费者拿到开奖凭证后，马上就可以知道自己是否中奖。刮刮卡就属于即时开奖的一种。

（3）竞赛活动。

竞赛活动是培养新用户、巩固老用户的一种有奖促销方式，参与者必须通过技巧、思维、判断力在竞赛中获胜才能得奖。竞赛活动通常有知识型竞赛、技能型竞赛和思维型竞赛3种方式。

（4）游戏活动。

游戏活动以奖品为诱因，以兴趣为基础，以促销为目的，内容广泛，形式多样。游戏活动可以是竞猜游戏、棋牌游戏，也可以是拼图、猜谜游戏；可以任何人都免费参与，也可以要求以购买产品为前提参与；可以在广告中进行，也可以采用单独的卡片呈现。

4. 节日促销

节日促销是企业的重头戏。节日具有季节性和主题性，不同的节日具有不同的风俗、礼仪、习惯等。企业必须为节日促销找一个好的促销主题，这样才能深深吸引消费者。节日促销主题必须有冲击力，使消费者印象深刻；必须有吸引力，使消费者产生兴趣；必须简短，使消费者易记。

5. 联合促销

联合促销是指一家或两家以上的企业在市场资源共享、互惠互利的基础上，共同运用某一种或几种手段开展促销活动，以达到在竞争激烈的市场环境中优势互补、调节冲突、降低消耗的目的。联合促销的形式主要有不同行业企业的联合促销、同一企业不同品牌的联合促销、生产商与经销商之间的联合促销、同行业企业之间的联合促销等。

11.4　直销与直复营销

扩展阅读

新零售未来趋势

中研普华《2020—2025年版新零售产业政府战略管理与区域发展战略研究咨询报告》显示：第一，新零售推动门店体验再升级。线上品牌会逐渐布局线下渠道，使得线上与线下渠道有机融合，形成全渠道资源共享。第二，新零售服务商将大量涌现。随着市场重心从制造商转向零售商，再到消费者，谁接近消费者谁就是赢家。第三，数字化将向产业上游渗透。数字化进一步从消费者向零售商，最后向上游品牌制造商迁移，也就是我们常说的零售业互联网化进一步转向工业互联网化。工业互联网化不再是中国制造、美国制造，而是互联网制造。这个制造基于新商业基础设施和消费者需求，将重新定义制造业。也就是未来以新零售为核心的、个性化定制服务将成为行业主流。

资料来源：全渠道新零售案例分享

企业产品的销售方式按照有无店铺，可以分为有店铺销售和无店铺销售。有店铺销售包括百货商店、超级市场、专卖店、购物中心、便利店等，无店铺销售主要包括人员直销、自动售货（自动售货机）和直复营销3种形式。人员直销又分为单层次人员直销（传统直销）和多层次人员直销，多层次人员直销又分为正当多层次直销（传销）和非法多层次直销（非法传销）。直复营销主要包括邮购、目录营销、电话营销、电视营销、网络营销等，尤其是互联网线上（直复）营销，已趋于占据零售业的半壁江山。

资料来源：全渠道新零售案例分享

11.4.1　直销

1. 直销的含义

直销，源于英文词汇 Direct Selling。世界直销协会联盟将直销定义为："直销指以面对面且非定点之方式，销售商品和服务，直销者绕过传统批发商或零售通路，直接从顾客接收订单。"世界直销协会联盟将直销定义为："直销是指在固定零售店铺以外的地方（如个人住所、工作地点或者其他场所），由独立的营销人员以面对面的方式，通过讲解和示范方式将产品和服务直接介绍给消费者，进行消费品的行销。"《中华人民共和国直销管理条例》中的直销，是指直销企业招募直销员，由直销员在固定营业场所之外直接向最终消费者（以下简称"消费者"）推销产品的经销方式。由此可见，直销是一种销售人员直接面向终端消费者，并促成交易的销售形式。

2. 直销的分类

直销不需要中间渠道及固定销售场所，因此能够降低销售成本。直销分为单层次直销和多层次直销两大类。

（1）单层次直销（Uni-level Marketing）。

单层次直销指的是在直销企业的直销活动中，直销产品只经过一个直销商层次就可以到达消费者手中。这种单层次也可以表现为直销员从连锁店中提货与结算，并把产品销售给消费者，从而获得自己的销售佣金。在单层次直销的营销模式中，营销组织只是有限制地延伸一层，不可以无限制地延伸下去。在单层次直销中，直销员的收入直接来自其个人销售产品至最终消费者所获得的零售利润。雅芳公司曾经在很长的一段时期内坚持这一制度。

（2）多层次直销（Multi-level Marketing）。

多层次直销又称结构行销（Structure Marketing）或多层次传销（Multi-level Direct Selling），是指直销企业在具体开展的直销业务中，允许自己的直销产品经过若干层次直销商的销售行为而到达消费者手中。在多层次直销中，直销员除了依靠销售货物获取利润外，还可自己招募、培训其他的直销员，其收入的来源不仅包含其本人的销售收入，还包括其名下所构建的网络产生的销售额按一定比例计算出来的收入。这就是多层次直销和单层次直销最显著的区别。

①多层次直销的方式。

a. 销售商品或提供服务。b. 发展新加入者，通过组织者或其他人发展其他新加入者成为参加者的下线、分支、合作伙伴、奖金中心或者其他类似的计划组织体。c. 获取薪酬或奖金。

需要注意的是，在多层次直销中，要保证直销员的薪酬主要来自最终商品的销售或服务的提供，而不是来自发展其他新加入者，也不是来自通过发展其他新加入者成为参加者的下线、分支、合作伙伴、奖金中心或者其他类似的计划组织体；还要建立和实施一套规则来保证该营销计划通过销售来盈利，而不是主要通过发展新加入者来盈利。

由此可见，在多层次直销中，直销商通过建立由多层次直销员组成的网络来销售商品或提供服务，并依据直销商本人的销售额和其组织下线人员的销售额来计酬。

②多层次直销的特征。

a. 熟人因素贯穿多层次直销。直销活动一般在熟人群体中进行，而多层次直销则含有更多熟人因素。

b. 既销售产品或提供服务，也销售事业机会。直销员在直销过程中，既向消费者销售产品或提供服务，又向消费者介绍作为事业机会的直销计划，吸收、发展消费者（不限于消费者）从事直销事业，使其成为自己的下线以获取相应回报。

c. 具有多层次奖金制度。直销员的收入来源：直接将产品或服务销售给消费者而获得的报酬；发展、吸收下线（直接推荐或间接推荐的新直销员）以及培训下线所付出的体力和脑力劳动报酬；下线把产品直接销售给消费者后，从下线的报酬中按照公司规定的奖金制度抽出的相应报酬。

d. 形成劳务合同关系。直销公司和直销员之间的法律关系为劳务合同关系，直销员不是公司的员工，而是独立的销售主体。这种关系使直销公司省了大量的人事费用。

e. 直销员有双重身份。直销员既是直销产品的销售者，又是直销产品的消费者。直销员是直销产品的一个重大消费者群体，有些公司高达 80% 的产品由其直销员购买。

（3）单层次直销与多层次直销的区别。

①商品流转形式。在单层次直销中，商品流转形式为：生产企业—直销员—消费者。而在多层次直销中，商品流转形式为：生产企业—直销员……直销员—消费者。在多层次直销中，由于直销员往往倾向于发展尽可能多的下线，因而交易关系数或直销员人数呈几何级数递增的态势。多层次直销商品的所有权转移比单层次要频繁得多，因此层次发展越多，引发冲突的可能性就越大。因此，商品流转形式的差异是单层次直销和多层次直销存在巨大差别的根源。

②直销员获得报酬的方式。单层次直销中直销员的收入来源单一，主要从本人销售商品中获得报酬。多层次直销中直销员收入来源多元化，除了销售商品获得佣金外，还可以通过发展下线和发展自己的多层次直销网络获得报酬。

11.4.2　直复营销

直复营销，源于英文词汇 Direct Marketing，即"直接回应的营销"。它是以盈利为目标，通过个性化的沟通媒介向目标市场成员发布产品信息，以寻求对方直接回应（问询或订购）的营销过程。美国直复营销协会（DMA）对直复营销的定义为：直复营销是一种互动的营销系统，运用一种或多种广告媒介在任意地点产生可衡量的反应或交易。直复营销借助各种精准的、一对一的营销工具或手段，来达到营销的目的。其主要形式有以下几种。

1. 直接邮寄营销

直接邮寄营销是指零售商直接把信件、传单、折页以及其他产品广告邮寄给目标消费者。零售商甚至开始使用录音带、盒式录像带和计算机软盘代替信件向消费者宣传销售信息，以促使直接邮寄营销的发生。

2. 直接目录营销

直接目录营销是指通过邮寄或赠送产品和服务目录给消费者，以促使邮寄或送货的目录营销发生。能够获得成果的目录营销通常都是在对市场高度细分的基础上创造并设计出产品目录的。

3. 直接电话营销

直接电话营销是指使用电话直接向消费者销售产品和服务，比如拨打促销电话向消费者销售产品和服务。

4. 直接报纸、杂志营销

直接报纸、杂志营销是指通过在报纸、杂志上刊登产品和服务广告，直接向消费者销售产品和服务。消费者通过阅读报纸、杂志了解产品的直接营销方式，通过电话或互联网购物。

5. 直接广播、电视营销

直接广播、电视营销是指通过广播、电视传播网络向消费者展示产品及其零售价格。

6. 直接网上营销

直接网上营销是指通过互联网直接向消费者销售产品和服务。网上零售商通过网上购物方式和消费者完成交易，并在规定时间内把产品送到消费者手中。

思考题

1. 以你熟悉的某个产品为例，绘制该产品在目标市场上可能的营销渠道结构图。

2. 你认为批发商和零售商在营销渠道中执行了哪些渠道功能？在产品的分销中扮演了什么样的角色？

3. 你如何理解和评价"终端为王、导购为尊"？

4. 随着科技的不断发展，结合我国市场竞争的客观环境，你认为未来我国营销渠道的发展趋势是什么？

案例分析

扫码阅读

新世界百货的奥特莱斯快闪店模式

第12章 关系营销与客户关系管理

【学习目标】

- 理解关系营销的内涵和基本关系
- 熟悉关系营销的实施策略
- 掌握客户关系建立、保持的步骤和方法

关系营销是战略性的营销，是指企业与顾客之间建立长期客户关系的信任过程。互联网时代的客户关系管理，主要通过互联网平台和媒体来实现。

营销引例

米商蔡明华

在古代中国江西的一个村庄，有一个叫蔡明华的年轻米商。加上他，村子里一共有 6 个米商。他整日坐在米店前等待顾客的光临，但生意非常冷清。一天，他决定对销售过程进行记录，包括下乡亲们的饮食习惯、订货周期和供货的最好时机。蔡明华首先开始了走访调查，他逐户询问并把调查信息都记录下来，根据得到的资料向乡亲们承诺：免费送货；定期将乡亲们家中的米缸填满。比如，一个 4 口之家，每人每天要吃 2 碗大米，这样，这个家庭一天米的消费量是 8 碗。根据这个测算，蔡明华发现该家庭米缸的容量是 120 碗，也就是接近一袋米，而一缸米能吃 15 天。于是，蔡明华决定每隔 15 天给其送一袋米。通过这样极有价值的记录和推出的服务，蔡明华与顾客建立起广泛而深入的关系。后来，他的生意蒸蒸日上。

资料来源：编者整理

12.1 关系营销概述

12.1.1 关系营销的内涵

1985 年，美国著名学者、营销学专家芭芭拉·本德·杰克逊（Barbara B.Jackson）提出了关系营销（Relationship Marketing）的概念，使人们对市场营销理论的研究迈上了一个新的台阶。

芭芭拉·本德·杰克逊认为，关系营销就是指获得、建立和维持与产业用户紧密的长期关系。将这句话拓展开来，关系营销就是把营销活动看成一个企业与消费者、供应商、分销商、竞争者、政府机构及其他公众进行互动的过程，其核心是建立、发展、巩固企业与这些组织和个人的良好关系。可以说，关系营销强调的是营销活动中人的关系，即营销的人文性。科特勒评价说，杰克逊的贡献在于，他使我们了解到关系营销将使公司获得较之其在交易营销中所得到的更多。表 12-1 详细列举了关系营销和交易营销的区别。

表 12-1　关系营销和交易营销的区别

关系营销	交易营销
以长期关系为中心，采取关系方法，注重新价值的创造和双方关系中的交互作用，以构建企业持久的竞争优势	以产品为中心、4P 营销组合为手段，着眼于单次交易活动收益的最大化
关注长期交易	关注一次性交易
高度重视客户服务	较少强调客户服务
高度的客户承诺	有限的客户承诺
高度的客户联系	适度的客户联系
质量是所有部门的事	质量是生产部门的事
强调顾客忠诚度，保持老顾客比吸引新顾客更重要	强调市场占有率，在任何时刻，营销管理人员都必须以大量费用吸引潜在顾客

从营销的本质概念——交换来说，关系营销的内涵就是要研究围绕交换活动而发生变化的各种关系，其中既包括企业与顾客的关系，也包括企业与竞争者、供应商、政府的关系及企业内部的关系。这些关系的建立、维持与推进都会在很大程度上影响企业的营销能力，也会影响企业的营销效益。

12.1.2　关系营销的基本模式

对于企业来说，关系营销是实现长期盈利的一种有效手段。通过与顾客建立长期稳定的互惠关系，企业不仅能够实现持续的利润增长，而且能保持顾客的稳定性，进而增强自身抵御市场风险的能力。但这种关系的建立必须是以价值实现为前提的，因此根据顾客的重要程度可以将关系营销划分为以下 5 种基本模式。

1. 基本型关系

基本型关系是关系营销的最低层次，即企业与顾客之间只维持最普通的交易关系。这种关系适用于企业顾客众多且单位产品的利润很低的情况。

2. 响应型关系

在响应型关系中，企业在达成交易之后，鼓励顾客反馈关于产品满意状况或缺陷的信息并据此给出答复，其实质是企业对顾客要求的被动响应。

3. 责任型关系

在责任型关系中，企业的售后服务人员在产品售出后通过各种方式了解产品是否与顾客的期望相吻合，并且从顾客那里征集各种有关产品改进的建议以及顾客对产品的特殊要求，然后将这些信息反馈给企业，以便企业及时改进。在这种关系中，企业体现出承担责任的态度。

4. 主动型关系

企业的销售人员经常通过各种方式与顾客联系、沟通，讨论有关改进产品用途或开发新产品的各种建议，向顾客提供改进产品使用的建议，或者向顾客提供关于企业新产品的各种信息，以促进新产品的销售，这就是主动型关系。在这种关系中，企业开始主动关注顾客需求并与其共同探讨满足其需求的途径。

5. 伙伴型关系

伙伴型关系是最为高级的关系，企业与顾客通过持续合作，建立起相互信任，共同努力，使顾客能够更加有效地使用其资金或帮助顾客选择更好的行动方式与途径，并按照顾客的要求来设计新产品，推动其关系向更高级的状态发展。

12.1.3 关系营销的基本关系

在关系营销中，虽然营销过程的焦点依然是顾客，但企业仍需要将注意力集中在自身与顾客的关系上。由于现代市场营销系统中的主要元素更为复杂，因此企业必须拓宽营销视野，把营销关系扩大到与所有利益相关者之间发生的所有关系，具体包括与企业内部员工、顾客（消费者/客户）、流通企业（供应商/中间商）、竞争者、影响者（公共机构/政府部门等）之间的五大关系。

1. 企业内部员工

企业内部关系营销的最终目标是通过员工协作来实现资源价值的最大化。

2. 顾客（消费者/客户）

顾客关系即企业与企业产品或服务的消费者、客户之间的关系。企业与顾客的关系不仅包括产品与货币的交换关系，还包括广泛的信息交流关系以及感情沟通关系。顾客关系营销是企业关系营销的立足之本，其实质是争取顾客资源。

3. 流通企业（供应商/中间商）

实施供应商关系营销，可帮助企业寻求物质、人力、信息等生产过程所需的各种资源并实现资源的合理配置。而在与中间商的关系营销中，零售商和批发商的支持对企业产品的成功至关重要。

4. 竞争者

竞争者关系营销的目的是寻求资源共享和优势互补。

5. 影响者（公共机构/政府部门等）

实施影响者关系营销，可帮助企业树立良好的形象，获得无形资源。

12.1.4 关系营销的实施策略

作为一种进步的营销理念和手段，关系营销无疑适应了时代的要求，已成为现代企业开展营销活动的理想方式。然而，不同的顾客对企业的重要程度又是不同的。因此，企业在开展关系营销的过程中应该针对不同的顾客采取相应的策略。

1. 建立财务联系

在这一层次中，企业维持顾客关系的手段主要是价格刺激，即通过各种价格手段刺激顾客重复购买。如现在的很多企业经常开展的降价促销等活动。

2. 建立社会联系

建立社会联系要求企业了解顾客的需求并提供个性化的产品和服务，从而与顾客建立良好的互动关系。如现在的一些在线书店，会根据顾客的选择和购买记录等一些个人信息发送电子邮件来向顾客推荐其可能感兴趣的书籍。

3. 建立结构性联系

建立结构性联系即企业通过与顾客建立结构性联系而使双方成为真正意义上的合作伙伴。结构性联系的实质是企业通过培养自身不易被竞争者模仿的核心能力而与顾客建立稳定的伙伴关系。这种关系能够稳定的关键，在于它对双方都是有利的。宝洁和沃尔玛通过建立密切的长期战略合作伙伴关系，使双方取得了共同的发展和进步，而这种关系的维系对双方自然都是有价值的。放弃这种关系，对于双方来说都是一种损失。

12.2　关系营销策略

12.2.1　内部关系营销策略

内部关系营销策略是企业关系营销策略的基础。企业的内部关系是指企业与其内部成员之间的关系。内部关系营销的目的是协调和促进企业内部所有员工之间、部门之间及企业与股东之间的相互关系。企业内部关系营销管理主要包括部门关系管理、员工关系管理和股东关系管理。企业可以采取以下策略来建立良好的内部关系。

1. 提高员工对企业的满意度

（1）明确事业发展道路。

（2）引导员工树立积极向上的价值观念。

（3）重视双向沟通。

（4）关心员工利益，从物质、精神层面对员工进行激励。

（5）为员工参与管理提供机会。

（6）加大对员工的培训力度。

（7）承认和尊重员工的个体价值。

2. 加强股东关系管理

（1）稳定现有的股东构成。

（2）创造有利的投资环境和投资氛围。

（3）加深股东对企业的关心程度和支持程度。

12.2.2　顾客关系营销策略

顾客关系营销策略是企业关系营销策略的核心与归宿，其实质是通过互动和交流与顾客建立一种超越买卖关系的非交易关系。顾客关系营销的目的不仅是争取新顾客，更重要的是保持现有顾客，以便带来大量销售额。大量、长期的忠实顾客，是企业兴旺发达的基础，是企业利润的源泉。没有良好的顾客关系，就没有顾客的忠诚，最终将导致企业衰亡。

实施顾客关系营销策略主要包括以下几个方面。

1. 树立以顾客为中心的经营思想

在买方市场条件下，随着顾客选择的自由度越来越大和议价能力越来越强，企业只有赢得顾客的信任与好感，才可能完成各项目标。因此，从企业的政策和行为的基本导向来说，首先必须真正将顾客放在第一位。

2. 了解顾客需要，提高顾客满意度

企业在营销过程中，要深入、细致地调查、分析顾客需求，以扩大服务范围、提高服务质量，通过向顾客提供超过服务本身价值和超过顾客期望值的超值服务，增加顾客的让渡价值，以满足其消费需求，提高其满意度。

3. 科学进行顾客关系管理，培养顾客忠诚度

企业要以"以顾客为中心"来管理其价值链以及整个价值让渡系统。为了赢得顾客和维系顾客，企业必须对不同的细分市场或不同的顾客采取不同的营销策略和营销投入。顾客关系营销策略的重点（也是难点）就在于发展一种与企业最佳顾客之间的特定关系，使顾客从中感受到良好的双向沟通，并认为自己得到了特别的关注和奖励。不断提升企业的顾客关系层次，由财务层次向关系层次、结构层次发展，是企业解决顾客关系营销策略难题、提高顾客忠诚度的切实可行的手段和方法。企业选择的营销层次越高，其获得潜在收益和提高竞争力的可能性就越大。另外，增加顾客的转移成本是维系顾客的间接手段。

12.2.3 流通企业关系营销策略

企业与流通企业之间的关系应遵循互惠互利、讲求信用、相互理解、以诚相待的原则，并着眼于建立长远关系和发展前景。与流通企业保持良好关系，可以使企业获得某种综合优势和无形利益。

1. 供应商关系营销策略

企业可采取各种策略和措施，建立、维护与供应商之间的关系。具体包括以下几个方面。

（1）有组织、有计划地制定和推行与供应商关系相关的政策。

（2）对采购部门进行升级。

（3）与供应商进行有效的沟通交流。

2. 中间商关系营销策略

企业在处理其与中间商之间的关系时，通常采取 3 种方式：合作、合伙与分销规划。要想有效协调和发展企业与中间商之间的关系，可采取以下策略。

（1）为中间商提供满意的产品。

（2）为中间商提供全面的服务。

（3）与中间商进行信息沟通。

12.2.4 竞争者关系营销策略

一般来说，竞争者会给企业带来威胁。但合适的竞争者能够加强而不是削弱企业的竞争地位，给企业带来 4 方面的好处：增加竞争优势；改善当前产业结构；协助市场开发；遏止其他企业的进入。因此，随着时代的发展，企业的竞争方式和竞争规则已转向更深层次的关系营销策略，即为竞争而合作、靠合作来竞争。企业能接受协同竞争的思维方式，与竞争者寻求共同利益，实现双方互惠互利，谋求各自战略目标的实现，提高各自的竞争力。最常见的竞争者关系营销策略是建立合纵联盟。合纵联盟是指两个或两个以上的企业为了一定的目的，通过一定

的方式组成的网络式联合体。建立合纵联盟克服了完全独立的企业之间协调方面的困难，从而达到合作调研、合作开发、合作入市、合作促销、合作分销、价格同盟和优势互补的目的。建立合纵联盟的实施步骤依次为：选择合作伙伴、建立合理关系和加强双向沟通。

12.2.5 影响者关系营销策略

影响者关系营销策略主要包括以下几个方面。

1. 塑造企业形象

通过企业的精神特征、行为表现、外显识别等塑造企业的整体形象并把它推向社会，努力得到公众的认识、认可。

2. 加强对政府及政策信息的收集和了解

加强对政府及政策信息的收集和了解是企业建立和发展与政府关系的主要方法，最终可实现企业与政府的双向沟通。具体内容包括：了解政府、熟悉政策、沟通信息和扩大影响。

3. 与社区建立良好关系

企业需要了解社区，积极参与社区的建设和活动。

影响者关系营销策略通常可借助 5 种公共关系活动模式来实施：宣传型公共关系活动模式、服务型公共关系活动模式、社会型公共关系活动模式、交际型公共关系活动模式、征询型公共关系活动模式。

12.3 客户关系建立

一般来说，客户关系的建立需经历客户的选择、客户的识别、潜在客户的寻找和潜在客户的转化 4 个步骤，如图 12-1 所示。

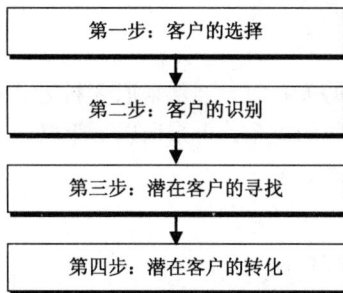

图 12-1 客户关系建立的步骤

12.3.1 客户的选择

客户的选择即提出一个适合本企业的客户标准及选择准则，为识别和寻找客户提供条件和基础。在进行客户选择时，不同类型客户的选择有不同要点。

1. 消费者

消费者的选择要点包括年龄、地点、职业、阶层、爱好等，实质是对企业消费目标群体的分析与确定。不管是直销还是分销，都必须考虑最终消费者。

2. 销售终端（零售企业）

销售终端的选择要点包括地点、实力、规模、行业等。直接面对消费者的销售终端，是很多企业的选择目标。

3. 中间商

中间商的选择要点包括市场范围、目标群体、经营规模、信誉、经营历史、合作态度、经销产品的情况、财务状况、区位优势、分销能力、服务能力、价格、社会公共关系等。

4. 产业客户

产业客户的选择要点包括地点、交易规模、信誉、财务状况、价格、稳定性、独特的增值机会、节约成本的机会、客户重要性在未来的变化趋势、对其他客户群体的影响等。

12.3.2 客户的识别

企业只有识别出自身的客户，才能在客户管理方面做到有的放矢。

1. 客户群体的识别

企业可以站在自身角度，从以下 4 个方面对客户群体进行识别。

（1）企业的收入来源于哪里？对于制造企业来说，其收入可能直接来源于消费者，也可能来源于批发商或零售商。零售商是批发商收入的提供者，而购买产品的消费者则是零售商收入的提供者。

（2）购买产品或服务的决策者是谁？在消费者购买企业产品或服务的过程中，对购买产生影响的决策者将起到至关重要的作用，他们往往左右着消费者的购买行为，进而影响企业的产品销售和服务提供。

（3）产品和服务的受益者是谁？一般情况下，产品和服务的受益者往往就是企业的直接客户，但有时却并不一定如此。无论如何，只有找出受益者，企业才能确定产品和服务的目标。

（4）消费者在渠道中的位置如何？消费者可能是中间商、销售终端等。

2. 客户的初步评价

客户的初步评价主要包括以下内容。

（1）价值评价。价值评价包括对企业的价值（如利润、市场占有率等）、推销人员的个人价值（如销售业绩）、市场价值（如企业发展状况、竞争意义、需求变化等）进行评价。

（2）评价表。评价表是指对各项指标，如财务、业务能力、合作态度、渠道能力等设立权重与分值，综合评分后进行评价。通常应选择综合评分在 70～80 分的客户，因为 70 分以下的客户太弱，而 85 分以上的客户太强，都难以管理，不适合企业。

12.3.3 潜在客户的寻找

1. 寻找步骤

寻找潜在客户一般应遵循"由里到外"的原则。

（1）内部检索。内部检索是寻找客户的首要步骤，也是最直接、最有效的方法。内部检索能降低推销的盲目性，保证寻找到的客户的准确性和针对性，从而对顺利开展业务起到增强信心、提高效能的作用。内部检索主要可采取发放员工调查表、查询客户名册等方式进行。

（2）外部调查。外部调查主要包括产品调查、客户调查、价格调查、竞争者调查、环境调查等内容，其中最主要的是客户调查。

2. 寻找途径

（1）朋友和熟人。朋友和熟人中蕴含着丰富的潜在客户资源，营销人员可以从同学、同事等各类亲朋好友中列出潜在客户的名单。

（2）关系链。每次访问客户之后，营销人员都可以向客户询问有无其他可能对该产品或服务感兴趣的人。这样，营销人员不必花很多时间就可以开发出新的潜在客户。

（3）有影响的人物。例如，一些因其地位、职务、成就、人格而对周围的人产生影响的人。

（4）无竞争关系的其他销售人员。营销人员主动接触销售与本企业无竞争性产品的其他销售人员，是获取潜在客户的绝佳途径。

（5）上门推销。营销人员首先确定可能有潜在客户的区域，然后开始挨家挨户地上门推销。

（6）观察。营销人员通过观察，注意周围人群，以发现潜在客户。

（7）客户名单和电话簿及纸质媒介。除企业提供的客户名单或电话簿外，营销人员还应注意其他信息来源，如报纸、贸易出版物、企业名录等。

（8）直接邮寄信件。直接邮寄信件寻找潜在客户，也是一种很有效的方法，尤其是在昂贵的产品或服务的推销中。

（9）广告。许多大公司利用广告帮助销售人员发展潜在客户。

（10）讨论会。召开讨论会正被越来越多的企业用来寻找潜在客户，尤其是在无形产品（如保险和证券）的推销中。

（11）电话推销。

（12）"休眠"的客户。"休眠"的客户仍是很好的潜在客户。

（13）商业展览会。许多企业依靠展览会上的展示发现潜在客户。

12.3.4　潜在客户的转化

寻找到潜在客户之后，还需通过各种努力将其转化为现实客户。

1. 与潜在客户进行沟通

企业可根据对建立的潜在客户数据库和接触通道的分析来确定适当的潜在客户，并采取适当的方式和选择最佳的时间，不断地与潜在客户进行双向沟通。利用各种沟通工具，在不同媒体上传播相互关联的信息，以达到对潜在客户产生最大影响的目的。

2. 吸引潜在客户的注意力

要实现潜在客户的转化，必须有效吸引其注意力。首先，企业要让潜在客户有兴趣并感觉到可以获得某些价值或服务，从而加深其对企业产品的印象和注意力，使其认为值得按照营销人员的期望去做，自愿加入许可名单中。当潜在客户投入注意力之后，企业就应该对其进行进一步的吸引，如可以为潜在客户提供一套演示资料或教程，让其充分了解企业的产品或服务。同时，企业还应该加强与客户的互动，不断采取激励措施，以保证潜在客户始终能在许可名单中。

3. 实现潜在客户的转化

经过一段时间之后，营销人员就可以利用获得的许可为客户提供最需要的产品，以改变其消费态度，继而使其采取购买行动，也就是让潜在客户说"好的，我愿意购买你们的产品"。这样，潜在客户就被成功转化为现实客户了。

12.4 客户关系保持

对于关系营销来说，与客户之间完成第一笔交易是将潜在客户变为真正客户的开始。接下来，如何将客户变成忠诚客户甚至终身客户，即如何保持客户关系，对企业和营销人员来说显得尤为重要。

客户保持是指企业通过努力来巩固及进一步发展与客户的长期、稳定关系的动态过程和策略。客户保持需要企业与客户相互了解、相互适应、相互沟通、相互满意、相互忠诚，因而必须在建立客户关系的基础上，与客户进行良好的沟通，让客户产生满意感，最终实现客户忠诚。客户关系保持不仅能维持企业的销售和利润，降低客户开发的成本，还能产生良好的口碑效应。

营销案例 12-1

西南航空"讨好"客户

在美国航空业流传着这样一个故事：西南航空公司遇到了一位误了班机的乘客，而该乘客要去参加本年度最重要的商务会议。于是，该公司专门调拨了一架轻型飞机，将该乘客送往目的地。另外，西南航空公司的员工对顾客的投诉所作出的反应是非常迅速的。有5名每周需要通过飞机通勤到外州医学院上学的学生告诉西南航空公司，对他们来说最方便的那个航班却总是使他们每次都迟到15分钟。于是，为了适应这些学生的需要，西南航空公司就把航班的起飞时间提前了整整一刻钟。正是这样竭尽全力"讨好"乘客的做法，保持了良好的客户关系，使这家原本不起眼的小航空公司跻身于美国前四大航空公司之列。

资料来源：编者根据相关资料整理

12.4.1 客户关系保持的方法

1. 注重质量

长期稳定的产品质量是保持客户的根本，而高质量的产品本身就是优秀的"推销员"和维护客户的强力凝固剂。这里的质量不仅应该是产品符合标准的程度，还应该是企业不断根据客户的意见和建议开发出真正满足客户喜好的产品。

2. 提供优质服务

尽管再好的服务也不能使劣质产品成为优质产品，但优质产品会因劣质的服务而失去客户。大多数客户的不满并不是源于产品质量本身，而是源于企业的服务。

3. 建立品牌形象

随着市场的发展，客户的需求层次有了很大的提高，这就需要企业建立起客户品牌忠诚。客户品牌忠诚的建立，取决于企业的产品在客户心目中的形象。因此，只有让客户对企业产生深刻的印象和强烈的好感，他们才会成为企业品牌的忠诚者。

4. 给予价格优惠

价格优惠不仅仅体现在低价格上，更重要的是能向客户提供他们所认同的价值，如提高客户的知识含量，改善品质、增加功能，提供灵活的付款方式和资金融通方式等。例如，客户是中间商，生产企业通过为其承担经营风险而确保其利润，也不失为一种具有吸引力的留住客户的方法。

5. 感情投资

企业一旦与客户建立起业务关系，就要积极寻找商品之外的关系，用来强化商品交易关系。如记住个人客户的生日、企业客户的厂庆纪念日等重要的日子，并采取适当的方式进行祝贺。对于重要的客户，企业的相关负责人要主动接待和走访，并邀请他们参加本企业的重要活动，使其感受到企业取得的成就离不开他们的全力支持。对于一般的客户，企业的相关负责人可以通过建立俱乐部、举办联谊会等沟通方式来保持并加深双方的关系。

12.4.2　客户关系保持管理的内容

1. 建立、管理并充分利用客户数据库

企业必须重视客户数据库的建立、管理工作，注意利用数据库来开展客户关系管理，应用数据库来分析现有客户情况，找出客户数据与购买模式之间的联系，为客户提供符合他们特定需要的定制产品和相应服务，并通过各种现代通信手段与客户保持自然、密切的联系，从而建立起持久的合作伙伴关系。

2. 通过客户关怀提升客户的满意度与忠诚度

客户关怀应该包含在客户从购买前、购买中到购买后的客户体验的整个过程中。购买前的客户关怀活动主要是在提供有关信息的过程中进行沟通和交流，以便为将来企业与客户建立关系打下基础。购买中的客户关怀活动与企业提供的产品或服务紧密联系在一起，包括订单的处理以及各个相关的细节都要与客户的期望相吻合，以满足客户的需求。购买后的客户关怀活动主要集中于高效地跟进和圆满地完成产品的维护和修理的相关步骤。售后的跟进和提供有效的关怀，其目的是促使客户做出重复购买行为，并多向其周围的人进行对产品有利的宣传，以形成口碑效应。

3. 利用客户投诉和抱怨，分析客户流失的原因

为了留住客户，企业必须分析客户流失的原因，尤其是分析客户的投诉和抱怨。客户对某种产品或服务不满意时，有的是进行投诉，有的是拂袖而去。如果客户拂袖而去，企业连消除他们不满的机会都没有。如果客户进行投诉，则仍给了企业弥补的机会，且他们还有可能再次光临。因此，企业应该充分利用客户投诉和抱怨这一宝贵机会，及时解决客户的不满，并鼓励客户提出自己不满意的地方，以改进企业产品的质量和重新修订服务计划。

12.5　CRM 机理与流程

企业开展关系营销，必定会涉及怎样去开发客户资源、怎样去建立和维护与客户之间的关系、怎样去更好地满足客户的需求。因此，高德纳咨询公司于 20 世纪 80 年代末至 90 年代初首

先提出了客户关系管理（Customer Relationship Management，CRM）的概念。20 世纪 90 年代以后，CRM 伴随着互联网和电子商务的大潮得到了迅速发展。

12.5.1 CRM 的机理

CRM 是一种旨在改善企业与客户之间关系的新型管理体制，被实施于企业市场营销中与客户相关的领域。其目标包括：一方面，通过提供更快速及更周到的优质服务来吸引和保持更多的客户；另一方面，通过对业务流程的全面管理来降低企业成本。

关于 CRM 的概念，世界上的营销学者从不同的角度给予过不同的解释。

这个概念的原创者高德纳咨询公司认为，CRM 是一种商业策略，它按照客户的分类情况有效地组织企业资源，培养以客户为中心的经营行为及实施以客户为中心的业务流程，并以此为手段来提高企业的盈利能力、利润及顾客满意度。

IBM 认为，CRM 通过增强产品性能、增加顾客服务、提高顾客交付价值和顾客满意度，与客户建立起长期、稳定、相互信任的密切关系，从而帮助企业吸引新客户、维系老客户，提高效益和增强竞争优势。

SAP 公司认为，CRM 系统的核心是对客户数据的管理。客户数据库是企业重要的数据中心，记录着企业在市场营销与销售过程中和客户发生的各种交互行为以及各类有关活动的状态，并提供各类数据模型，为后期的分析和决策提供支持。

在总结以上经典 CRM 概念的基础上，我们可从销售理念、业务流程和技术支持 3 个层次定义 CRM：CRM 是现代信息技术、经营思想的结合体，以信息技术为手段，通过对"以客户为中心"的业务流程的重新组合和设计，形成一个自动化的解决方案，以提高客户忠诚度，最终实现业务操作效率的提高和利润的增长。

无论如何定义 CRM，"以客户为中心"都是 CRM 的核心所在。CRM 通过满足客户个性化的需求、提高客户忠诚度，实现缩短销售周期、降低销售成本、增加收入、拓展市场、全面提升企业盈利能力和竞争能力的目的。任何企业实施 CRM 的初衷都是想为客户创造更多的价值，即实现客户与企业的双赢。

营销案例 12-2

CRM 系统助力广州尚品宅配家居数字化产业升级

广州尚品宅配家居股份有限公司将传统私人定制化的木匠手艺与大数据结合，辅以全面数字化的推进，俨然已成为行业前列的定制巨头。从 2017 年上市后，公司业务不断升级，传统的销售管理模式已不足以满足公司日益强大的团队扩张和员工监管，集团急需一款功能强大且操作方便灵活的 CRM 软件来升级管理模式，最终选定了某款 CRM 管理软件来统一集中管理公司全国各地的业务团队。该软件是一款简单实用的 CRM 软件，同时集成了办公、财务、进销存、呼叫中心等一体化解决方案。

公司自启用该软件至今，完全实现了线上业务监管，管理层能在线了解全国各地的业务量明细、销售排行，能清晰明了地看到每个客户的成交过程。该系统不仅实现了工作管理轻松便捷化，还大大提高了公司的销售业绩，为公司节约了各种不必要的成本，创建了巨大的隐形效益。

资料来源：编者根据网络资料整理

12.5.2 CRM 的流程

企业开展 CRM，应首先从确立"以客户为中心"的管理理念开始，把客户经营提升到战略层面；然后搜集客户信息并整合客户资源，为 CRM 战略的实施打下基础。实施 CRM，硬件和软件的选择尤为重要。在日常管理中，企业还要及时处理与客户之间的冲突，不断提升客户满意度和忠诚度，从源头上遏止客户流失，并建立长效机制。CRM 的流程如图 12-2 所示。

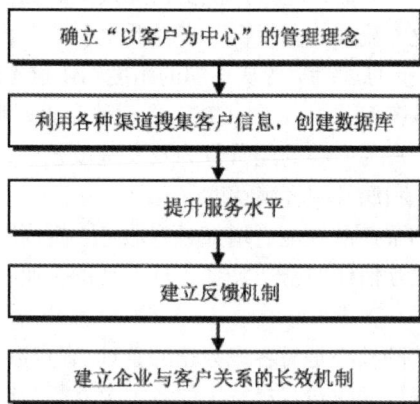

图 12-2 CRM 的流程

1. 确立"以客户为中心"的管理理念

客户是企业生存的基础，客户保留得越多，企业长期利润就越多。为了实现"以客户为中心"的管理理念，企业需要整合各部门的客户资料并进行统一管理，包括客户基本信息、联系人信息、销售人员跟踪记录、客户状态、竞争信息、合同信息、交易信息、服务信息、反馈信息等。通过对以上信息的挖掘、分析，得出客户的购买倾向、价值情况等多种结果。在市场活动过程中搜集到的客户信息，应当于第一时间在系统中有所记录和反映，然后由管理人员统一分配到销售人员，这样不仅可以有效地避免内部抢单的发生，而且可以确保每个和企业有初期接触的客户都能获得相应的跟踪，从而扩大销售漏斗的顶端，争取更高的销售业绩。

2. 利用各种渠道搜集客户信息，创建数据库

客户信息是客户关系管理的基础。数据仓库、商业智能、知识发现等技术的发展，使得搜集、整理、加工和利用的客户信息的质量大大提高。企业对客户信息的搜集可以通过广泛的渠道来实现。这些渠道虽然不同却相互关联，如广告、销售、拜访、接待、网站、直邮、服务等。很显然，企业任何一个部门都无法控制全部的接触点。企业可通过记录客户接触点的信息，形成精确、广泛的客户数据库资料，包括销售、订单、业务履行和客户服务的历史记录。这样就可使企业对每一名客户的历史资料有一个详细的了解和把握，从而根据客户的不同情况选择参数量体裁衣，为客户提供他们所喜好的渠道交互方式。

3. 提升服务水平

营销实践表明，客户满意度受企业服务水平的影响。企业可从 3 方面着手提高服务水平：①重视抱怨，提高自身。麦当劳和 IBM 的最高主管都会参与客户服务，阅读客户的抱怨信，接听并处理客户的抱怨电话。②找出自身不足，修正自身行为。企业在认真分析自身长处与不足的基础上，采取积极有效的措施修正自己的行为，能提供经济意义较高的服务水平，降低企业相对于竞争者的营销成本，增加企业销售收入和客户购买的市场份额。③让员工尊重客户的购

买行为。客户的购买行为是一个在消费中寻求尊重的过程，而高素质的、充满活力和竞争力的员工队伍比任何好的硬件设施都更能提供客户所寻求的尊重，使客户产生满意感，进而创造优异的业绩。

4. 建立反馈机制

在关系营销中，由于企业面临的不是客户的一次性交易，而是长期性的合作，因此建立有效的反馈机制非常重要。可以说，一次交易的结束正是下一次合作的开始。事实上，客户非常希望能够把自己的感受告诉企业，因此友善而耐心地倾听客户的意见能够极大地拉近企业和客户之间的距离。企业如果重视建立反馈机制，善于倾听客户意见，并善于挖掘这些意见中有用的市场信息和用户需求，就能将其转化为新的商机。建立客户反馈机制的方式有很多，如开展客户满意度调查、向客户公开服务电话，并在企业内部设立独立的机构处理客户的反馈意见，形成定期派人主动接触客户、获取他们的反馈信息的制度。企业在倾听完客户的意见并对其满意度进行调查之后，就应当及时妥善地处理客户的抱怨和投诉，这也是赢得客户信任和忠诚的有效方法。因此，企业有必要设置专门的机构来处理反馈问题。

5. 建立企业与客户关系的长效机制

随着时间的推移，建立企业与客户关系的长效机制便成了企业的首要任务。建立长效机制的根本目的，是运用最低的成本和最有效的方式，尽可能多地让客户升级。对于高价值客户，企业要强化客户关怀，最大限度地保留客户；对于一般客户，企业要通过努力促使其转化为价值客户；对于占据企业大量资源而又不能给企业创造效益的客户，企业要及时淘汰。

思考题

1. 什么是客户？客户与消费者的区别是什么？
2. 客户关系管理系统的作用主要体现在哪些方面？
3. 顾客满意度与顾客忠诚度的关系是什么？

案例分析

浦发银行的客户关系管理转型

扫码阅读

第13章 网络营销与新媒体营销

【学习目标】

- 理解网络营销、新媒体营销的含义
- 掌握网络营销的内容
- 了解新媒体营销的相关内容

伴随着互联网时代的到来，互联网营销产生，并且随着互联网新技术、新平台、新媒体的发展，互联网营销出现了很多新形式、新内容，已经形成了相对于实体物理空间营销的虚拟信息空间营销。本章重点讲解网络营销和新媒体营销。

营销引例

如何增强网络营销效果？

综合媒体报道，2020年9月，"秋天的第一杯奶茶"成为风靡全网的"梗"，仅用1天时间，就在微信朋友圈、微博、抖音、小红书、B站等社交平台"刷屏"。这个"梗"的意思是秋分已至，在这个渐冷的秋天，在意你的人会主动让你喝到秋天的第一杯奶茶。仪式感强、参与门槛低、"秀恩爱"和从众"玩梗"，共同造就了这次"刷屏"。各大奶茶品牌开始借势营销，其中奈雪的茶更是联合德芙、大龙燚、农夫山泉继续炒热话题。"秋天的第一杯奶茶"的"刷屏"使多个品牌的奶茶销量翻了三四倍，喜茶、一点点等品牌的部分门店甚至因为"爆单"而出现了"暂时打烊"的现象。这次营销有效地实现了病毒式社交传播和超预期的网络营销效果。

资料来源：编者整理

13.1 网络营销概述

13.1.1 网络营销的概念

1. 网络营销的定义

基于不同的视角，学者们对网络营销的定义有着不同的解读。综合诸多观点，本书认为网络营销（Online Marketing 或 E-Marketing）是指以现代营销理论为指导，以国际互联网为基础，利用数字化的信息和网络媒体的交互性来满足消费者需求的一种新型的市场营销方式。可见，网络营销的实质仍然是市场营销，是传统的营销方式在网络时代的变革与发展。

与传统营销相比，网络营销具有可以降低营销成本、突破市场的时空限制、满足消费者的个性化需求、提供更好的购物体验、实现与消费者的实时互动等优点，因而成为当前最受企业重视的主流营销方式。

2. 我国网络营销的发展阶段

从 1994 年至今，我国网络营销的发展大致可以划分为以下 5 个阶段。

第一阶段，萌芽阶段（2000 年之前）。

1994 年我国接入国际互联网，此时我国的网络营销并没有清晰的概念。1997 年，我国第一个商业性网络广告的出现，逐渐打开了网络营销的大门。1999 年，以阿里巴巴为代表的一批 B2B 网站诞生，极大地推动了网络营销的发展，使网络营销开始走向实际应用。

第二阶段，发展应用阶段（2000—2004 年）。

2000 年之后，我国的网络营销正式进入实质应用和发展时期。该阶段网络营销的主要表现为：网络营销服务市场逐步形成、企业网站迅速发展、网络广告形式和应用不断丰富、E-mail 营销市场环境改善、搜索引擎销售向深层次发展、网络销售环境日趋完善。

第三阶段，高速发展阶段（2005—2009 年）。

我国的网络营销在高速发展阶段最突出的特点是第三方网络营销服务市场蓬勃兴起，网站建设、网站推广、网络营销顾问等业务均获得了快速发展。在此阶段，网络营销服务市场的规模不断扩大，网络营销的专业水平、人们对网络营销的认识和需求层次持续提升，网络营销资源和网络营销模式不断涌现。

第四阶段，向社会化转变阶段（2010—2015 年）。

2010 年之后，我国的网络营销进入全员营销的时代，社会化媒体性质的网络营销蓬勃兴起，建立于移动智能设备基础上的网络营销的重要性不断增强，传统营销模式开始衰落，移动营销逐渐崛起。

第五阶段，多元化与生态化阶段（2016 年之后）。

2016 年以后，我国的网络营销向开放式转变，传统网络营销模式得到不断调整和创新，向多元化与生态化模式转变，信息社交化、用户价值、用户生态思维、社会关系资源等成为影响网络营销的主要因素。

13.1.2　网络营销的理论基础

1. 直复营销理论

直复营销（Direct Marketing）最初出现于美国。1872 年，蒙哥马利·华尔德创办了美国第一家邮购商店，标志着直复营销的诞生。20 世纪 80 年代，直复营销得到了飞速的发展，其独特的优势日益为人们所了解。进入 21 世纪以来，随着国际互联网的不断普及，直复营销的发展获得了良好的契机。

直复营销的关键是"直"与"复"，"直"即直接，"复"即回复。直复营销就是企业借助一种或多种广告媒体，反复、直接地与目标消费人群接触，并与之形成长期顾客关系的互动性营销体系。在直复营销模式中，企业不经过分销商这一环节，而是直接与顾客建立一对一的互动关系。

一个典型的直复营销过程一般包括直复营销者、直复营销媒体、产品或服务传递渠道以及目标市场成员 4 个部分。直复营销者通过电话、E-mail、QQ 群、微信等直复营销媒体与目标市场成员沟通产品信息，并寻求对方的直接回应（问询或订购）。目标市场成员一旦产生购买欲望，即可通过电话、邮购、互联网等直复营销媒体来订货或购买，然后直复营销者通过产品或服务传递渠道将产品或服务送达目标市场成员手中，最终达成交易。

2. 关系营销理论

20世纪八九十年代，营销学者提出了关系营销理论。所谓关系营销，是指把营销活动看成一个企业与消费者、供应商、分销商、竞争者、政府机构以及其他公众发生互动作用的过程。其核心是建立和发展与这些公众的长期、稳定的良好关系，通过为消费者提供高度满意的产品和有效的服务来加强与消费者的联系。关系营销的基本要素就是发现并满足消费者需求、维持与消费者的长期关系、提高消费者的忠诚度，从而实现企业的营销目标，即了解消费者需求、获得消费者满意，进而提高消费者的忠诚度。

关系营销强调双向沟通、合作、双赢、亲密、承诺以及控制，其基本立足点是建立、维持和促进与消费者和其他商业伙伴之间的关系，以实现参与各方的目标，从而形成一种兼顾各方利益的长期关系。

3. 软营销理论

软营销是指企业以强化与消费者或者公众的感情和文化交流为内容，以淡化商业活动的盈利意图为手段，间接服务于企业经营目标的一种营销活动。这种营销方式被称作"软营销"，并不是指其营销力度较小，而是指营销活动更具灵活性、委婉性和全局性。软营销不等同于软文营销，其范围更广，软文营销只是软营销的一个大类。

软营销与强势营销的根本区别在于，软营销的主动方是消费者，强势营销的主动方是企业。在传统营销活动中，广告和推销人员是强势营销的两个重要部分。传统广告一般不考虑消费者是否愿意和是否需要，而对消费者不断地进行信息灌输；推销人员也根本不考虑消费者的意愿，只是根据自己的判断强行开展推销活动。

软营销理论是基于网络本身的特点和消费者的个性化需求而提出来的，强调企业必须尊重消费者的感受和体验，让消费者能主动接受企业的营销活动，在给公众提供有价值的内容的同时，提升软实力，打造社会型企业。用一句话来总结软营销就是："上善若水，以德服人；价值驱动，人文精神。"

4. 整合营销传播理论

整合营销传播理论是美国西北大学教授唐·舒尔茨（Don Schultz）于1991年率先提出的。整合营销传播理论的核心思想是，以受众为中心，以整合企业内外部所有资源为手段，再造企业的生存行为与市场行为，充分调动一切积极因素以实现企业统一的营销目标。

整合营销传播理论主要具有以下3个方面的特征。

（1）传播资讯的统一性，即企业用一个声音说话，让消费者从各个媒体所获得的信息都是统一的、一致的。

（2）互动性，即企业与消费者之间展开富有意义的交流，能够迅速、准确、个性化地获得信息和反馈信息。

（3）有目标地营销，即企业的一切营销活动都应围绕企业的目标来进行，实现全程营销。

网络的发展不仅使得整合营销更为可行，而且能充分发挥整合营销的特点和优势，使消费者这个角色在整个营销过程中的地位得到提高。因此，企业进行网络营销首先要把消费者整合进整个营销过程中，从他们的需求出发开始整个营销过程。

5. 长尾理论

长尾（The Long Tail）这一概念最早由《连线》杂志主编克里斯·安德森（Chris Anderson）在2004年10月的《长尾》一文中提出，用来描述诸如亚马逊和Netflix之类企业的商业和经济模式。长尾市场也被称为"利基市场"。"利基"一词是英文"Niche"的音译，意译为"壁龛"，有拾遗补阙或见缝插针的意思。菲利普·科特勒（Philip Kotler）在《营销管理》中给利基下的定义为：利基是指针对企业的优势细分出来的市场，这是一个小市场并且它的需要没有被服务好，或者说"有获取利益的基础"。长尾理论指通过对市场的细分，企业集中力量于某个特定的目标市场，或严格针对一个细分市场，或重点经营一个产品和服务，创造出产品和服务优势。

过去人们只能关注重要的人或重要的事，如果用正态分布曲线来描绘这些人或事，则人们只能关注曲线的头部，而将处于曲线尾部、需要更多的精力和成本才能关注到的大多数人或事忽略。例如，在销售产品时，厂商关注的是少数几个所谓的贵宾级消费者，而无暇顾及在人数上占比较大的普通消费者。而在网络时代，由于关注的成本大大降低，人们有可能以很低的成本关注正态分布曲线的尾部，关注尾部产生的总体效益甚至会超过头部。又如，某知名企业是世界上最大的网络广告商，它没有一个大客户，收入完全来自被其他广告商忽略的中小企业。安德森指出，网络时代是关注长尾、发挥长尾效益的时代。长尾理论曲线如图 13-1 所示。

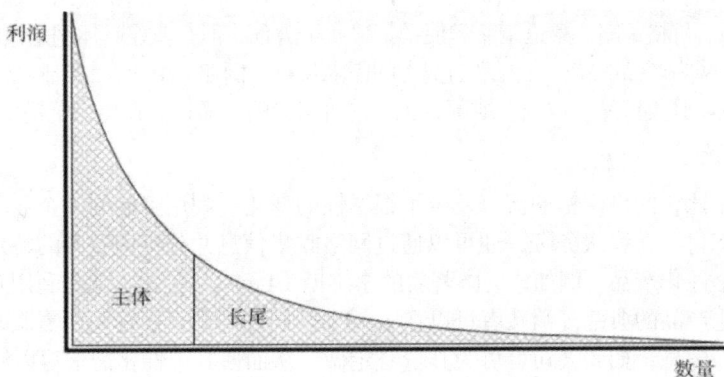

图 13-1　长尾理论曲线

简单地说，所谓长尾理论，是指只要产品的存储和流通的渠道足够多，需求不旺或销量不佳的产品共同占据的市场份额可以和那些少数热销产品所占据的市场份额相匹敌甚至比其更大，即众多小市场汇聚可产生与主流相匹敌的市场能量。也就是说，企业的销售量不在于传统需求曲线上那个代表"畅销商品"的头部，而在于那条代表"冷门商品"、经常被人遗忘的长尾。举例来说，一家大型书店通常可摆放 10 万本书，但亚马逊网络书店的图书销售额中，有四分之一来自排名 10 万以后的书籍。这些冷门书籍的销售比例正在高速成长，预估未来可占整个书市的一半。这意味着消费者在面对无限的选择时，真正想要的东西和想要取得的渠道都出现了重大的变化，一套崭新的商业模式也跟着崛起。简而言之，长尾所涉及的冷门产品涵盖了更多人的需求，而当有更多的人意识到这种需求时，冷门便不再冷门。

13.2　网络营销的内容与实现方式

13.2.1　网络营销的内容

网络营销涉及的范围较广，所包含的内容也较为丰富。与传统营销相比，网络营销的目标消费者和营销手段均有所不同。因此，网络营销活动的内容也有很大的差异。具体来说，网络营销的内容主要包括以下几个方面。

1．网络市场调查

网络市场调查是开展网络营销活动的前提和基础，也是企业了解市场、准确把握消费者需求的重要手段。网络市场调查是指企业通过互联网，针对特定营销任务而进行的调查活动，主要包括调查设计、资料收集、资料处理与分析等。网络市场调查的重点是充分利用互联网的特性，提高调查效率和改善调查效果，以求在浩瀚的网络信息资源中快速获取有用的信息。

2．网络消费者行为分析

网络消费者是伴随着电子商务的蓬勃发展而产生的一个特殊消费群体，这类群体的消费行为有其自身的典型特征。因此，企业开展网络营销活动前必须深入了解网络消费者不同于传统消费者的需求特征、购买动机和购买行为模式。网络消费者行为分析的内容主要包括分析网络消费者的用户特征、需求特点、购买动机、购买决策等。

3．网络营销策略制定

为实现网络营销目标，企业必须制定相应的网络营销策略。与传统营销策略类似，网络营销策略也包括产品策略、价格策略、渠道策略和促销策略4个方面，但企业在具体制定策略时应充分考虑互联网的特性、网络产品的特征和网络消费者的需求特点。例如，企业在制定网络营销的价格策略时，通常可以对体验类产品采取免费或部分免费的价格策略，而这些在传统营销中则很难实现。

4．营销流程改进

与传统营销相比，网络营销的流程发生了根本性的变化。利用互联网，企业不仅可以实现在线销售、在线支付、在线服务等，还可以通过网络收集信息并分析消费者的特殊需求，以生产消费者需要的个性化产品。例如，美国著名的李维斯（Levi's）公司，就是利用互联网为消费者量身定做个性化产品的典范。消费者可以在Levi's公司的网站直接输入所需服装的尺寸、款式和喜欢的颜色等信息，如此公司就可为其量身定做，从而使其个性化需求得以满足。

5．网络营销管理

网络营销管理是企业为了实现营销目标而采取的计划、组织、领导和控制等一系列管理活动的统称。传统营销管理的许多理念和方法虽然也适用于网络营销管理，但网络营销管理依托全新的网络平台开展营销活动，难免会遇到新情况和新问题，如网络消费者的隐私保护问题以及信息安全问题等，这些都要求企业必须做好有别于传统营销管理的网络营销管理工作。

13.2.2　网络营销的实现方式

1．企业网站营销

企业网站是开展网络营销活动的基础。没有网站，许多网络营销方法将无用武之地，网络营销的效果也会大打折扣。企业网站的网络营销功能主要有企业形象塑造、产品/服务展示、客户关系管理、网络市场调研和在线销售等。

2．搜索引擎营销

搜索引擎（Search Engine）指根据一定的策略，运用特定的计算机程序搜集互联网上的信息，在对信息进行组织和处理后，将信息展示给用户，是为用户提供检索服务的系统。搜索引擎能使人们在浩瀚的信息海洋里方便、快捷地找到需要的信息。由于搜索引擎的商业价值极高，越来越多的企业都将搜索引擎营销作为一种重要的网络营销手段，并取得了较好的营销效果。

3．网络广告营销

网络广告是指以数字化信息为载体，以国际互联网为传播媒介，以文字、图片、音频、视频等形式发布的广告。网络广告具有非强迫性、实时性与互动性、易统计性与可评估性、低成本性、发布方式多样性等优点，是很多企业投放广告的优先选择。目前，我国网络广告的营业额已超过四大传统广告媒体（广播、电视、报纸、杂志）之和。

4. 许可 E-mail 营销

许可 E-mail 营销是在经过用户允许的情况下，通过电子邮件的方式向目标用户传递营销信息的一种网络营销手段。用户允许商家发送电子邮件是开展许可 E-mail 营销的前提。许可 E-mail 营销具有成本低、实施快速、目标精准、主动性强等优势，因此自诞生之日起，就被众多开展网络营销的企业所重视。

5. 病毒式营销

病毒式营销是一种常用的网络营销方法，其原理是通过"让大家告诉大家"的口口相传的用户口碑传播方式，利用网络的快速复制与传递功能让企业要传递的营销信息在互联网上像病毒一样迅速扩散与蔓延。病毒式营销常被用于网站推广、品牌推广、为新产品上市造势等营销实践中。需要注意的是，病毒式营销成功的关键是要关注用户的体验感受，即营销活动是否能给受众带来积极的体验感受。

6. 网络事件营销

网络事件营销是指企业借助热点事件开展网络营销的一种新型营销方式。借助网络事件营销，企业往往可以快速、有效地宣传产品或服务。在网络营销实践中，网络事件营销因成本低、传播迅速、影响面广以及关注度高等优点而备受企业青睐。

7. 软文营销

一篇够"软"的软文应该是这样的：文字好、内容引人入胜、使读者有持续阅读的冲动；广告植入"润物细无声"。这种软文甚至会达到读者多读几遍之后才恍然大悟"我刚刚是不是读了几遍广告啊"的效果。即使有些读者很早便发现"这就是一条广告"，也依然会佩服软文的作者相当高明。软文的基本类型如下：根据载体的不同分为文章体裁、文学体裁两大类。根据内容特点的不同分为新闻类软文、故事类软文和科普类软文。根据软文撰写目的的不同分为产品类软文、服务类软文、品牌类软文和公关类软文等。

8. 大数据营销

大数据营销是通过大数据技术，对从多平台获得的海量数据进行分析，并依据分析结果改善营销策略的一种新的营销方式。大数据营销具有全样本调查、数据化决策、强调及时性和个性化营销的特点，能大大提高企业营销的效率，促进营销平台的互联互通，而且还能够有效改善顾客的体验，因而日益成为当前营销行业的热点。

扩展阅读

如何实现超预期的网络营销效果？

随着时代的发展，信息传播途径、用户习惯、商业环境都发生了翻天覆地的变化。如何进行营销创新，如何吸引用户参与……网络营销不断面临新的挑战。2018 年 9 月 29 日，支付宝在新浪微博发起了"祝你成为中国锦鲤"的微博转发抽奖活动。活动上线 6 小时，该微博转发量就破了百万，成为微博有史以来转发量最快破百万的企业微博，最终这条微博共收获了 400 多万条转、评、赞，2 亿次曝光。这次活动也成为微博有史以来势头最大、反响最

13.3 新媒体营销

13.3.1 新媒体营销的概念及运营

1. 新媒体营销的基本概念

新媒体营销是通过现代化移动互联网手段，利用微信、微博、抖音等新媒体平台工具进行产品营销的一系列运营手段。通过提供和策划与品牌相关的、优质的、传播性强的内容和线上活动，企业可向用户广泛或精准地推送信息，提高用户参与度和企业知名度，从而充分利用粉丝经济达到相应的营销目的。

2. 新媒体运营的模块

新媒体营销的关键在于合理运营各种新媒体工具和平台。新媒体运营主要包括四大经典模块：用户运营、产品运营、内容运营、活动运营。不过，企业新媒体部门通常会根据实际情况选择其中一个或几个模块进行组合。

（1）用户运营——新媒体运营的核心。企业无论是研发、策划活动还是推送内容，都需要围绕用户有针对性地展开。在用户运营工作中，用户画像是工作的起点。只有进行过清晰的用户画像，后续的用户分类、拉新、促活与留存等工作才有意义。

（2）产品运营——新媒体运营的根基。狭义的产品运营是指企业的互联网运营，包括企业手机软件的设计与开发等。广义的产品运营可以把运营过程中的账号、平台、活动等项目都看作产品，进行策划、运营与调试。

例如，一个今日头条账号，也可以看成一件产品。在账号开通后，需要进行产品调研（搜索相关账号，了解日常内容）、前期设计（头像、简介、选题设计）、上线调试（撰写文章并测试阅读数据）、正式发布（度过新手期后正式撰写）等产品运营工作。

产品运营的关键点是类别分析与生命周期判断。一方面，产品运营负责人必须准确识别产品的类别，针对不同产品采用差异化的运营模式；另一方面，产品运营负责人必须清晰地判断出产品的生命周期，根据生命周期调整运营策略。

（3）内容运营——新媒体运营的纽带。内容用于连接产品与用户，运营者需要重点关注内容定位、设计与传播，找到差异化的内容定位，创作走心的内容形式，辅以较好的内容传播。内容运营的关键点是设计传播模式，力争获得更多的传播。

（4）活动运营——新媒体运营的手段。新媒体活动运营需要关注策划与执行。活动在开展前需要进行详细策划，明确活动目的、内容、时间计划等；完成后，需要活动负责人进行任务跟进与活动复盘。活动运营的关键点是跨界与整合——与其他行业的企业举办联合活动，同时整合各方面传播资源，以确保活动效果。

3. 新媒体平台的类型

新媒体平台主要有视频和音频平台、直播平台、社交平台、自媒体平台、问答平台等类型。

（1）视频和音频平台。视频有短视频、长视频等多种形式。短视频平台有抖音、快手等；长视频平台包括腾讯视频、爱奇艺、B站等。音频平台有喜马拉雅、猫耳等。

（2）直播平台。典型的直播平台有斗鱼、花椒直播、映客直播等。现在很多其他类型的平台都有现场直播功能，如抖音、快手、微博、淘宝等。直播平台的特点是直观和实时交互，用户代入感强。

（3）社交平台。

①微信。微信是目前拥有最多用户的社交平台之一。微信中的微信公众号、微信群、微信小程序等，通过系统的运营，能给企业和品牌产品带来更高的知名度。

②微博。微博也是目前较受欢迎的社交平台之一，用户活跃度高、号召力非常强，是品牌营销推广的优秀载体。

③小红书。小红书是社交电商平台。该平台上既有购买者又有销售者，同时还有第三方内容分享者。在小红书上分享好的产品和服务体验，可以引发用户"种草"，最终促成交易。

（4）自媒体平台。

①头条号。头条号是今日头条旗下的自媒体平台，它通过智能推荐算法将优质内容推荐给相应的用户，以消重机制保护原创者的版权。入驻媒体/自媒体可借助头条广告和自营广告实现内容变现。

②百家号。百家号是百度旗下的自媒体平台，通过手机百度、百度搜索、百度浏览器等多种渠道分发企业或个人在百家号上发布的文章。百家号新手账号转正后会自动开通广告收益，但原创者真正获得收益的速度相对较慢，一般需要坚持更新一个月才有可能有一些收益。

③大鱼号。大鱼号是阿里巴巴文娱体系为内容创作者提供的统一账号平台，其内容分发渠道有UC浏览器、优酷等。大鱼号新手账号度过新手期非常容易，而且很快，但转正后获得收益的速度较慢。

④企鹅号。企鹅号是腾讯为个人或企业提供的自媒体账号平台，其分发内容的渠道有QQ浏览器、天天快报、腾讯新闻、微信看一看和QQ看点等。

（5）问答平台。在问答平台上，用户提出问题，系统将问题分发给感兴趣的普通用户或专家，收到问题的普通用户或专家可以回答问题，问题的解答也会由系统反馈给提出问题的用户和感兴趣的用户。常见的问答平台有知乎、360问答等。

13.3.2　短视频营销与直播营销

1. 短视频营销概述

短视频主要依托于移动智能终端实现快速拍摄与美化编辑，是一种可在社交媒体平台上实时分享和无缝对接的新型视频形式。短视频内容融合了技能分享、时尚潮流、社会热点、街头采访、公益教育、广告创意、商业定制等主题。

短视频长度从几秒到几分钟不等，由于内容较短，所以可以单独成片，也可以成为系列栏目。

国外比较有代表性的短视频平台有Instagram、Vine、Snapchat等。国内有代表性的短视频平台有抖音、快手、西瓜视频、抖音火山版、小影、小咖秀、秒拍、美拍等。

短视频营销就是企业和品牌主借助短视频这种媒介形式进行社会化营销（Social Marketing）的一种方式。近年来，各种短视频平台崛起，无论是普通百姓还是影视演员，都纷纷加入短视频拍摄大军。短视频能拉近艺人与粉丝之间的距离是短视频App受欢迎的原因之一。巨额资金与海量内容背后是相当可观的用户注意力和流量，它们成为短视频营销变现的重要保障。

2. 短视频营销的方式

利用短视频开展营销的方式有很多，下面介绍几种比较常见的方式。

（1）短视频创意定制。短视频内容采用专业生产内容（Professional Generated Content，PGC）和用户生成内容（User Generated Content，UGC）等形式，按企业的要求进行内容定制生产，已成为一种具有高转化率的营销方式。"创意内容+短视频"形式可以最大限度地体现内容的价值，让营销信息植入得更加自然。

（2）短视频冠名。在短视频领域，企业通常可用品牌或者产品名称命名短视频栏目。基于短视频的超大流量，再加上冠名带来的多频次的品牌展示，企业更容易在社交媒体中获得大量曝光机会，同时还能提升美誉度。这种方式具有执行速度快、覆盖人群广等优势。

（3）短视频植入广告。依托短视频博主的高人气，以贴片广告、博主口播等形式植入企业产品信息或品牌信息，可以使这些信息获得更好的曝光效果。这种方式具有易操作、到达率高、成本低等优势。

（4）短视频互动营销。短视频互动营销通常由企业发起某一活动，借助短视频平台和短视频达人的影响力，带动粉丝参与活动，并可能由此引发一场席卷全网的短视频传播风暴。短视频传播具有视觉化的优势，一般都具有很强的互动性、热点性和舆论性，极易形成热点，从而感染目标人群。

（5）短视频多平台分发。除了美拍、秒拍这种专业的短视频平台，优酷、腾讯、爱奇艺这类视频门户网站和一些新闻、社交客户端都已成为短视频传播的渠道。一般情况下，企业应在多平台投放其短视频，以增强传播效果。

（6）短视频+活动出席。邀请知名网络主播出席企业的线下活动，除了对活动进行现场直播，针对直播内容或者线下活动的其他精彩内容进行内容剪辑，形成一段精彩的短视频在线上进行次传播，也是目前短视频营销常用的一种方式。

（7）短视频+电商。在短视频内容的驱使与消费场景的影响下，用户容易产生冲动消费，这一现象让"短视频+电商"的变现成为可能。具体而言，短视频平台向基于大数据筛选后的用户提供有价值的短视频内容，这是将用户注意力转化成购买力的先决条件。同时，为用户呈现理想化的消费场景，以激发共鸣，诱发用户的购买意愿。而视频识别、产品匹配、无时差流畅化、同界面跳转、支付等后发动作，则为用户的购买行为提供了技术保障。

3. 短视频脚本的制作

短视频脚本是短视频的拍摄大纲和要点规划，用来指导整个短视频的拍摄和后期剪辑工作，起着统领全局的作用。短视频在时长、观影设备、观众心理期待等方面有很多局限，所以短视频脚本不仅要带给用户更为强烈的视觉、听觉和情绪刺激，而且要设计好故事节奏，保证短视频能在 5 秒内抓住用户的眼球。可以这么说，短视频脚本的最大作用，就是提前统筹安排好每一个人在每一步要做的事情。

短视频脚本为短视频的拍摄、剪辑提供了精细的流程指导，使拍摄者只需按照脚本推进就可快速完成拍摄。短视频脚本主要有提纲脚本、分镜头脚本和文学脚本 3 种类型。

（1）提纲脚本。提纲脚本指为拍摄 Vlog 确定的拍摄内容要点，主要应用在纪实拍摄中。纪实拍摄是以记录现实生活为主的摄影方式，取材于生活，如实反映我们看到的东西。例如，景点讲解类、街头采访类、美食探店类等短视频采用的都是纪实拍摄手法。

（2）分镜头脚本。分镜头脚本指通过连续的文字来描述短视频场景的一连串镜头，相当于整个短视频的制作说明书，是把短视频的故事情节翻译成镜头的过程，相比于提纲脚本要详细和精致很多。分镜头脚本主要由景别的选择、拍摄的方法与技巧、镜头的时长、镜头的画面内容、背景音乐等元素组成。其不仅包括完整的故事，还要把故事的情节翻译成镜头。每一个镜头都包含许多拍摄和制作上的细节，如画面、光线、镜头运动、声音和字幕等。

（3）文学脚本。文学脚本就是用纯文字的形式表现想要表现的画面内容，只需把人物需要做的事、说的台词写出来。

4. 直播营销

（1）直播的含义和分类。直播即互联网直播。按照国家互联网信息办公室发布的《互联网直播服务管理规定》中的定义，互联网直播是指基于互联网，以视频、音频、图文等形式向公众持续发布实时信息的活动。

直播按照表现形式，可以分为文字直播、图文直播、语音直播、视频直播 4 种形式，其中视频直播是最主要的形式。视频直播按照播出的内容，又可分为电竞游戏直播、体育赛事演出直播、秀场娱乐直播、生活直播等。随着智能手机的普及，移动直播迅速崛起。

移动直播是指主播以智能手机等手持终端为主要录制设备，依托移动直播平台网页或客户端技术搭建的虚拟直播间，提供实时表演及其他内容的娱乐形式。该形式支持主播与用户之间互动和用户向主播"打赏"。目前活跃用户较多的移动直播平台有抖音、快手、斗鱼、虎牙直播、映客直播、YY 直播、花椒直播等。

（2）直播营销的含义。直播营销是指运用数字技术将产品营销现场实时地通过网络展现在用户的眼前。它是网络视频营销的延伸，使用户能实时地接收企业信息并与企业进行即时对话，让用户有与企业零距离接触的感觉，并能使企业形象深入人心。这种"即时视频"与"互联网"的结合，是一种对企业非常有用的营销方式。

（3）直播营销的方式。

①企业自主创造型直播。企业通过直播营销可以将产品发布会搬到网上，通过直播软件或直播网站与用户进行即时互动，让用户亲身体验新产品的魅力。这既能使产品形象深入人心，又能使用户与企业进行平等对话，让用户感觉自己受到了尊重，使用户对企业更加友好，从而促成即时成交。

②病毒营销型直播。视频营销的厉害之处在于传播精准，它首先会使用户对视频产生兴趣并关注视频，再让用户由关注者变为传播者，而被传播对象大多是有着和传播者同样的兴趣特征的人，这一过程就是由目标用户在做筛选和传播。

③事件营销型直播。事件营销一直是线下活动的热点，国内很多品牌都依靠事件营销取得了成功。其实，策划一件有影响力的事件，再将这个事件拍摄成视频，也是一种非常好的营销方式。而且，有事件内容的视频更容易被网民传播。如果就事件的结局进行一场现场直播，将之前积累的关注全部聚集在一起，并在事件营销中合理植入产品信息，往往会事半功倍。

④结合其他传媒型直播。由于每一个用户接触互联网的媒介和方式不同，所以单一的视频传播很难有好的效果。因此在直播前，首先，企业需要制作一定数量的视频，并在企业网站上开辟专区，以吸引目标用户的关注。其次，企业应该与主流的门户网站、视频网站合作，以增强这些视频的影响力。对互联网用户来说，线下活动和线下参与也是重要的部分。企业应适时地把关注这些视频的用户聚集在一起，进行一场直播，再配合线下活动，这样就有可能将聚集的粉丝真正转化为企业的忠实用户。

淘宝、京东等电商企业从 2016 年开始利用直播做营销活动，拼多多的直播功能也于 2020 年正式上线。直播平台作为一种典型的"内容+电商"直播互动媒介，早已和电商场景实现了高度融合，成为平台增强用户黏性的手段之一。符合条件的主播在抖音、快手、斗鱼、一直播、YY 直播等平台上都能将产品放入直播间售卖。

（4）直播脚本的主要内容。直播已经成为现在流行的推广方式，大多数平台都有直播的功能，无论是个人还是企业，在直播之前都最好写一份脚本。直播脚本的主要内容包括以下 4 部分。

①直播目标。企业在直播前要先弄清楚本场直播的目的是什么，是回馈粉丝、推广上市的新品，还是宣传大型促销活动；然后据此设定当日直播的考核标准，明确直播目标，如"带货"件数、"带货"金额、"涨粉"目标、流量目标等。

②分工。企业直播前还要对直播参与人员进行详细的分工，对主播、助播、运营人员的动作、行为、话术提出指导性意见。例如，主播负责引导观众、介绍产品、解释活动规则；助播负责现场互动、回答问题、发送优惠信息等；运营人员负责修改产品价格、与粉丝沟通、转化订单等。

③直播预算。任何企业都不可能有无限多的预算，所以可以在脚本中提前计划好能承受的优惠券面额或赠品支出等，以控制单场（或系列）直播的预算。

④直播流程。直播流程一般都要具体到"分钟"，以下为常见的直播流程。

首先，开场预热、活动介绍。开场白是每一场直播都不能缺少的，主播在欢迎来直播间的用户的同时要表达对用户的感谢。在设计直播开场白时，首先要让主播显得有亲和力，然后通过介绍痛点等信息引入直播主题，最后以直播内容设计的亮点来留住更多的人。

其次，产品讲解。不同的直播，其讲解形式、内容各不相同，但都要结合产品选择合适的切入点，看看用户到底关注什么内容。例如，售卖无人飞行器这种新兴的产品，就需要解锁它的各种玩法；又如，售卖厨房刀具这种大家都熟悉的产品，则要展示其独特的卖点。

再次，抽奖、互动。企业应提前准备好用于抽奖的产品，然后设计几种不同的抽奖形式，将几次抽奖活动穿插在整场直播中，而且主播要不定时地提醒用户有抽奖活动。

最后，引导成交与下场预热。很多人不知道该去哪里买产品、去哪里领优惠券、在哪里看直播回放等，主播可以根据用户的反馈进行解答，以及时引导用户下单。在直播的结尾，主播要介绍下一场直播的活动内容、产品、福利等让用户继续关注。

营销案例 13-1

直播卖龟年入上千万元

2020 年以来，直播渗透到了人们生活的每一个角落，主播们不再仅仅是讲段子、秀才艺、唠家常，"带货"成了直播的标签之一。

以淘宝卖龟女主播张静为例，她是一位卖龟达人。每天上午 11 点，她都会准时在淘宝直播卖乌龟。"每一次只要我们开淘宝直播，都在淘宝精选直播的推荐页上。""这只粗金线，指甲是好的，尾巴是好的，脑袋也是好的，60 元一只……"在她刚刚说出价格的时候，手机屏幕上就不断跳出粉丝的回复"60 元要了"。张静直播间的粉丝从最开始的几百人增加到了现在的日活 2 000 多人，直播间人数最高的时候有近 4 万人，直播销售额也从最初的一天几千元上涨到了现在的一天几万元。

资料来源：编者根据网络资料整理

13.3.3 微信营销与微博营销

1. 微信营销概述

微信营销是指企业通过微信向用户提供其需要的信息，推广自己的产品，从而实现点对点营销的一种网络营销方式。微信营销主要有微信公众平台推广和微信广告两种方式。

（1）微信公众平台推广。微信公众平台，是为个人、企业和其他组织提供业务服务与用户管理服务的服务平台。

个人和企业都可以打造微信公众号，并可借助公众号与特定人群通过文字、图片、语音及视频进行全方位沟通和互动。企业在申请微信公众平台服务号后进行二次开发，可以实现商家微官网、微会员、微推送、微支付、微活动、微报名、微分享、微名片等功能。可以说，微信公众平台是企业与用户之间的一座桥梁，企业可在微信公众平台通过信息互动和提供服务使自己获得品牌影响力。同时，微信公众平台还是一个移动的客户关系管理系统，可以使企业与用户进行一对一的沟通。这种管理客户和营销的方式的成本比传统营销方式更低、效果更好。

企业利用微信公众平台进行营销有以下几种方式。

首先，利用二维码开拓 O2O（线上到线下）营销模式。将微信二维码放在网络文章或线下的推广活动中，让用户通过扫描二维码关注企业的微信公众平台，从而开拓 O2O 营销模式。

其次，利用微信公众平台互动，构建客户关系管理系统。在微信公众平台上，企业可以实现与特定群体的全方位沟通和互动。微信公众平台可以向粉丝推送新闻资讯、产品信息和最新的活动信息等，甚至能够提供咨询和客服等功能，企业由此可形成自己的客户数据库或将普通的粉丝变成朋友圈的好友，使微信公众平台成为客户关系管理系统。

再次，将小程序与微信公众号相关联，增强用户黏性。将企业的微信公众号与小程序相关联，将企业已拥有的用户资源转移到小程序中，可实现销售转化，增强用户黏性。通过微信公众平台后台—小程序管理—关联小程序的流程，即可将小程序与微信公众号关联起来。

最后，将门店小程序关联到微信公众号。门店小程序是微信公众平台向商家提供的对其线下实体店进行管理的应用程序。商家可将其设置在微信公众号介绍页、自定义菜单中，还可以将其加入图文消息中，从而被微信用户搜索和转发。这个小程序类似于一张"店铺名片"，可以展示线下实体店的名称、简介、营业时间、联系方式、地理位置和照片等。使用小程序的商家可以快速将门店小程序展示在微信"小程序"中的"附近小程序"页面，当用户走到某个地点，在微信中点击"发现"—"小程序"—"附近的小程序"，就能看到商家的门店小程序。

（2）微信广告。微信广告是基于微信生态体系，整合朋友圈、公众号、小程序等多重资源，结合用户社交、阅读和生活场景，利用专业数据算法打造的社交营销推广平台。

按照传播渠道的不同，微信广告可以分为朋友圈广告、公众号广告和小程序广告等。

朋友圈广告是以类似于微信好友的原创内容的形式在朋友圈中展示的原生广告。用户可以通过点赞、评论等方式进行互动，并依托社交关系链进行转发，为品牌推广带来加成效应，朋友圈广告按曝光次数计费。朋友圈广告有常规式广告、基础式卡片广告、标签式卡片广告、行动式卡片广告、选择式卡片广告、全幅式卡片广告、全景式卡片广告、滑动式卡片广告及长按式卡片广告等多种形式。

公众号广告是基于微信公众平台生态，以类似于公众号文章的形式，在包括文章底部、文章中部、互选广告和视频贴片等 4 个广告资源位进行展示的内容广告。

小程序广告是一个基于微信公众平台生态，利用专业数据处理算法实现成本可控、效益可观、精准触达等目的的广告投放系统。小程序广告包括 Banner 广告、激励式广告、插屏广告和格子广告等形式。

2. 微信营销的技巧

（1）做好数据分析，精准挖掘用户。微信营销的数据分析通常包括用户分析、图文分析、消息分析等。企业应基于数据分析对用户进行精准挖掘，实现微信的精准营销，在充分了解用户信息的基础上，针对现有用户与潜在用户的偏好，进行一对一的微信营销。

（2）打造优质内容，增强用户黏性。用户在微信上的个性化需求凸显，只有有价值的内容才能成功吸引用户的注意力，并使用户主动进行转发宣传，在微信上达到核裂变式的病毒营销传播效果。

（3）整合沟通渠道，形成微信矩阵。微信的本质仍然是沟通和关系，它整合了包括微信公众平台的订阅号与服务号、多客服系统、微信群、个人微信号在内的沟通渠道，这几种沟通渠道各有侧重、互为补充，对其充分利用，则可取得微信矩阵的整合营销效果。其中，订阅号注重信息的推送；服务号和多客服系统常作为营销者的官方客服渠道；微信群用于群体传播，旨在使粉丝保持活跃，增强粉丝的参与感和认同感；营销者申请个人微信号与用户进行沟通，则更显人性化。

（4）获取粉丝信任，促成效益转化。企业能通过微信与粉丝建立较强的关系连接。随着微信运营的层层推进和沟通渠道的建立，营销者和粉丝之间会形成良好的信任关系，这种来自粉丝的信任有可能转化为实实在在的经济效益。

3. 微博营销

微博营销以微博为营销平台，每一个粉丝都是潜在的营销对象，商家利用不断更新微博的方式向粉丝传播企业信息和产品信息、建立品牌、推广产品、促成交易。该营销方式注重价值的传递、内容的互动、系统的布局和准确的定位，得益于微博的火热发展，其营销效果尤为显著。微博营销涉及的范围包括认证、有效粉丝、话题、开放平台和整体运营等。2012 年 12 月，微博推出了企业服务商平台，旨在为企业在微博上开展营销活动提供帮助。

（1）微博营销的分类。微博营销一般可分为个人微博营销和企业微博营销，两者的难度和有效性区别较大。

①个人微博营销。

个人微博营销是指依靠用户个人的知名度来得到别人的关注和了解。以演员、成功商人或者社会中其他比较成功的人士为例，他们使用微博往往是希望通过这样一个媒介让自己的粉丝更进一步地了解和喜欢自己。同时，他们的个人微博常用于抒发个人感情，功利性并不是很强，一般通过粉丝的跟踪转发来达到营销目的。

②企业微博营销。

企业一般以盈利为目的，使用微博往往是想通过微博来提高自身及产品的知名度，最终将自己的产品卖出去。企业微博营销往往难度较大，因为企业的知名度有限，短短的一条微博也不能使用户直观地了解产品。微博更新速度快、信息量大，企业在进行微博营销时，应当培养固定的用户群体，与其多交流、多互动，多做企业宣传工作。

（2）微博营销的内容规划原则。

①相关性原则。内容应与用户的兴趣相关。

②实用性原则。规划内容要思考能够给用户带来什么样的收获，内容是否有价值。

③多元化原则。图文、头条文章、视频、直播等形式均可尝试，从而让内容更具创意、多元化。

④有序性原则。每天发布 5~10 条微博，一个小时内不要连发 2 条；发布内容一定要做到有计划、有规模，提前做好内容发布的计划表。

（3）微博营销的技巧。

企业在开展微博营销时，应注意使用以下 3 个技巧。

①注重价值的传递和写作技巧。微博内容数以亿计，只有那些能为粉丝创造价值的微博才具有商业价值，才有可能让微博营销达到期望的商业目的。要想把企业微博运营得有声有色，单纯传递内容价值还不够，还必须运用一些技巧与方法。例如，微博话题的设定和表达方法很重要。如果博文是提问性的或悬念性的，能引导粉丝思考与参与，那么浏览和回复的人自然就多，也容易给人留下印象；反之，则会让粉丝想参与都无从下手。

②加强互动，使微博持续发展。微博的魅力在于互动，拥有一群"不说话"的粉丝是很危险的，因为他们会慢慢变成不看微博内容的粉丝，最后就可能离开。因此，加强互动是使微博持续发展的关键。最应注意的问题是，企业的宣传信息不能超过微博信息的 10%，最佳比例是 3%～5%，更多的信息应该是粉丝感兴趣的内容。

③注重准确的定位和粉丝的质量。微博粉丝数量众多当然是好事，但是对企业微博来说，粉丝的质量更重要。企业微博商业价值的最终实现，需要依靠有价值的粉丝。

4. 微信营销与微博营销的比较

（1）微信朋友圈和微博。微信朋友圈是私人的，只有好友才可以看到，也只有好友才能看到朋友圈的评论；微博是公开的，任何人都可以看到，并可以随时转发和评论。微信朋友圈没有字数限制；以前，微博有字数限制，短微博不超过 140 个字，长微博不超过 500 个字（新浪微博 2016 年将字数限制提升到 2 000 字）。

（2）微信公众号和微博。微信公众号和微博在内容形式、内容环境、内容频次、互动方式、传播方式、营销价值等方面的比较如表 13-1 所示。

表 13-1　微信公众号和微博的比较

项目	微信公众号	微博
内容形式	纯文字、配图	纯文字、配图
内容环境	主要是引导用户转发到朋友圈	开放式扩散传播
内容频次	订阅号每日 1 条，服务号每月 4 条	每天最多 200 条
互动方式	后台留言、文章评论、关键词自动回复	@、评论、转发、点赞、私信
传播方式	一对多定向传播	裂变式话题传播
营销价值	客户关系维护	市场推广

思考题

1. 网络营销的常见实现方式有哪些？
2. 简述短视频营销、直播营销的营销技巧和运营策略。
3. 微博营销与微信营销有何不同？

案例分析

扫码阅读

肯德基微信小程序的应用

第14章 数字化营销与大数据营销

【学习目标】

- 理解大数据、大数据营销、数字化营销的含义
- 理解传统营销与大数据营销的区别
- 了解数字化营销的特征及其优势

营销引例

你的坐姿泄露了你的哪些秘密?

2014 年,日本先进工业技术研究所的越水重臣教授进行了一项关于人的坐姿的研究。很多人质疑:一个人的坐姿也能反映出一些信息?答案是真的可以。当一个人坐着的时候,他的身形、姿势和重量分布都可以数据化。越水重臣和他的工程师团队在汽车座椅下部总共安装了 360 个压力传感器来测量人对椅子施加的压力,把人体臀部特征转化成数据,并用 0~256 的数值范围对其进行量化,这样就会产生独属于每个乘坐者的精确数据。在这项实验中,这个技术能根据人体对座位的压力的差异识别出乘坐者的身份,准确率高达 98%。

这项技术可以作为汽车防盗系统的一部分加以运用。有了这项技术,汽车就能识别出驾驶者是不是车主,如果不是,系统会要求司机输入密码,如果司机无法准确输入密码,汽车就会自动熄火。把一个人的坐姿转化成数据后,这些数据就孕育出了一些切实可行的服务和一个前景光明的产业。

资料来源:编者整理

14.1 数字化营销

14.1.1 数字化营销的含义及特点

1. 数字化营销的概念界定

20 世纪 90 年代中期以来,随着互联网的广泛应用与大众参与度的大幅提升,数字科技在突破传统传播技术的基础上创造出了庞大的数字媒体渠道,消费者的生活方式也发生了巨大的变化,进入了由美国学者尼葛洛庞帝在 1996 年提出的"数字化生存"的新阶段。在这样的背景下,传统的营销模式已跟不上时代的步伐,适用于互联网时代的数字化营销应运而生、快速发展,逐渐走向成熟。

数字化营销理论的发展与互联网的商业化应用基本同步，最早可以追溯到 1994 年。焦贝（Giobbe）在当年发表的《数字时代的营销计划》一文中指出，虽然彼时"信息高速公路尚未完全建好，但报纸媒体应该做好拥抱互联网的计划"，因为数字时代迟早要到来。毕晓普（Bishop）在 1995 年发表的《数字化营销从战略规划开始》一文中第一次使用了"数字化营销"的概念，并讨论了互联网时代数字化营销的兴起以及数字化营销成功的十大策略。从那以后，数字技术日新月异，数字化营销工具层出不穷，数字化营销研究也在不断向前发展，经过约四分之一个世纪的推进，数字化营销理论"大厦"已经颇具规模。那么，什么是数字化营销呢？

所谓数字化营销，就是指借助于互联网络、计算机通信技术和数字交互式媒体来实现营销目标的一种营销方式。数字化营销将尽可能地利用先进的计算机网络技术，最有效、最省钱地谋求新的市场的开拓和新的消费者的挖掘。

数字化营销是基于明确的数据库对象，通过数字化多媒体渠道，比如电话、短信、电子邮件、传真、网络平台等数字化媒体通道，实现营销精准化，营销效果可量化、数据化的一种高层次营销活动。

在数字经济时代，传统企业实现数字化时，必须把数字化营销作为一个重要的方面来关注，变革原本不能满足需要的营销思想、模式和策略，实现新的营销方式。与数字管理、生产制造一道，数字化营销作为一个热点，将成为数字企业的 3 个重要组成部分之一。一般来说，在充分竞争的市场上企业只能得到正常利润，如果想得到超额利润，那就必须创新。创新是对生产要素进行新的组合，从经济学的意义上讲，它不仅包括技术创新，也包括营销创新。其中，数字化营销就是创新的典型事物。

数字化营销不仅是一种技术手段的革命，而且包含了更深层的观念革命。它是目标营销、直接营销、分散营销、客户导向营销、双向互动营销、远程或全球营销、虚拟营销、无纸化交易、客户参与式营销的综合体。数字化营销赋予了营销组合新的内涵，其功能主要有信息交换、网上购买、网上出版、电子货币、网上广告、企业公关等，是数字经济时代企业的主要营销方式和发展趋势。

2. 数字化营销的特征及优势

（1）集成性。数字化营销实现了前台与后台的紧密集成，这种集成是快速响应客户个性化需求的基础。其可实现由产品信息至收款、售后服务一气呵成，因此也是一种全程的营销渠道。企业可以借助互联网络将不同的传播营销活动进行统一设计规划和协调实施，避免不同传播营销活动的不一致性而产生的消极影响。

（2）个性化服务。数字化营销按照客户的需要提供个性化的产品，还可跟踪每个客户的购买习惯和爱好，为其推荐相关产品。网络上的促销是一种低成本与人性化的营销方式。

（3）产品信息数字化。互联网可以提供当前产品详尽的规格、技术指标、保修、使用方法等信息，甚至可以对常见的问题提供解答。用户可以方便地通过互联网查找产品、价格、品牌等信息。

（4）选择空间巨大。数字化营销不受货架和库存的限制，可提供巨大的产品展示和销售的展厅，为客户提供几乎无限的选择空间。

（5）成本低。在网上发布信息，代价有限，将产品直接向客户推销，可缩短分销环节，发布的信息谁都可以自主地索取，可扩大销售范围，这样可以节省促销费用，从而降低成本，使产品具有价格竞争力。前来访问的大多是对此类产品感兴趣的客户，受众准确，避免了许多无用的信息传递，也可节省费用。还可根据订货情况来调整库存量，降低库存费用。

数字化营销还具备多媒体、跨时空、交互式、拟人化、超前性、高效性、经济性等特点。

数字化营销由于利用了数字产品的各种属性，所以在改造传统营销手段的基础上，增加了许多新的特点。

基于以上特点，数字化营销具有许多前所未有的竞争优势：能够将产品说明、促销、客户意见调查、广告、公共关系、客户服务等各种营销活动整合在一起，进行一对一的沟通，真正达到营销组合所追求的综合效果。这些营销活动不受时间与地域的限制，综合文字、声音、影像等方式，用动态或静态的方式展现，并能轻易迅速地更新资料，同时客户也可重复地上线浏览查询。综合这些功能，相当于创造了无数的经销商与业务代表。

数字化营销的一对一服务，留给客户更多自由考虑的空间，避免冲动购物，可以在更多地比较后再做决定。网上服务可以是 24 小时的服务，而且更加快捷。不仅是售后服务，在客户咨询和购买过程中，企业便可及时地提供服务，帮助客户完成购买行为。通常售后服务的费用占开发费用的 67%，提供网络服务可降低此费用。

14.1.2 数字化营销的发展历程

在过去的 20 多年里，随着数字技术的不断进步，数字化营销工具和手段也在不断地更新迭代。以标志性的数字技术应用为重要节点，本书将数字化营销的发展历程划分为 4 个阶段：基于 Web 1.0 的单向营销、基于 Web 2.0 的互动营销、基于大数据的精准营销，以及基于人工智能的智慧营销。

第一阶段，数字化营销 1.0：基于 Web 1.0 的单向营销。

从技术上讲，Web 1.0 的网页信息不对外部编辑，用户只是单纯地通过浏览器获取信息，只有网站管理员才能更新站点信息，以雅虎、新浪、搜狐、网易、腾讯等门户网站为典型代表。

1994 年 10 月 27 日，AT&T 在 HotWired 网站上投放的一个展示类横幅广告拉开了互联网广告的序幕。AT&T 为其广告活动"你会的（You Will）"发布了世界上首个网络广告：黑色背景上用彩色文字写着"你用鼠标点过这儿吗？（Have you ever clicked your mouse right HERE? ）"，一个箭头指向右边"你会的"（见图 14-1）。正是这个毫不起眼的 468 像素 × 60 像素的广告，开启了一个新的广告时代。

图 14-1　AT&T 在 HotWired 网站发布的首个展示类横幅广告

该广告按照传统杂志的思路和逻辑来进行采买，售卖模式为合约形式（agreement-based advertising）。这个广告位前后展示了 3 个月，花费 3 万美元，投放形式是包断的 CPD（按天收费），点击率高达 44%。自此，人们逐渐意识到可以把线下广告搬到线上。

中国第一个商业性网络广告出现于 1997 年 3 月，由英特尔和 IBM 共同出资投放于 ChinaByte 网站，广告表现形式同样为 468 像素 × 60 像素的动画横幅广告，IBM 为其支付了 3 000 美元。英特尔和 IBM 因此成为国内最早在中国互联网上投放广告的广告主，创造了中国互联网广告业的历史。

早期的互联网广告以单向传播为特征，即用户只能被动接受广告内容，且广告表现形式较为单一，主要为展示类的横幅广告，广告理念则是以销售产品为主要目的。这一阶段从 1994 年开始，可称为数字化营销 1.0 时代。

第二阶段，数字化营销 2.0：基于 Web 2.0 的互动营销。

与 Web 1.0 单向信息发布的模式不同，以博客、微博等为代表的 Web 2.0 的内容通常是用户创作发布的，用户既是网站内容的浏览者，又是网站内容的制造者，这意味着 Web 2.0 站点为用户提供了更多参与和互动的机会。

Web 2.0 时代开启的一个重要标志是社交化网络服务（SNS）热潮的兴起。2002 年 Friendster 的创建开启了 SNS 的第一波热潮。接着，SNS 的概念随着 MySpace、人人网、开心网等网站的成熟而逐渐被人熟知。作为社会化媒体重要代表之一，SNS 的兴起和风靡可以看作社会化媒体的崛起。

由于社会化媒体具有互动性、社交性、即时性等特点，用户不只是被动地接收信息，还可以随心所欲地发表自己的观点，与其他用户或商家互动，社会化媒体营销因此得以大显身手。企业通过与消费者互动，拉近了与消费者之间的距离，企业与消费者在双向传播中可以更深入地了解对方，从而达到理想的营销效果。

这一时期的数字化营销是依托于社会化媒体的兴起而形成的互动营销，企业和消费者在社会化媒体的桥梁上平等对话，在建立良好的品牌与消费者关系的基础上达到促进销售的目的。这一阶段从 2002 年开始，可称为数字化营销 2.0 时代。

第三阶段，数字化营销 3.0：基于大数据的精准营销。

随着互联网技术的不断提升、网络内容的不断丰富，消费者生活方式日益数字化，消费者在互联网上留下了大量的数据足迹，大数据时代就这样到来了。随着大数据在各行各业的广泛应用，数字化营销进入了一个新的阶段。

这一阶段的数字化营销跟前两个阶段的显著区别在于：通过对大数据的挖掘，企业可以做到比消费者自己更了解他们，也就是说，基于消费者在门户网站、搜索引擎、电商平台等留下的数据，企业可以分析出他们的消费习惯和偏好，企业的营销可以有的放矢，更加精准，在减少无效营销的同时，大大提升消费者体验和增强营销效果。

第四阶段，数字化营销 4.0：基于人工智能的智慧营销。

从 1956 年达特茅斯会议的召开标志着人工智能的正式诞生，到 2016 年阿尔法狗击败围棋世界冠军李世石，历经半个多世纪，终于在 2017 年迎来了人工智能的"应用元年"，人工智能向交通、医疗、金融、教育等领域全面渗透。

人工智能这一新技术引发的"智能革命"也触及了营销行业。基于人工智能的数字化营销相较于前三个阶段数字化营销的显著特征在于它拥有类似于人类的智慧。比如，饿了么推出的语音点餐系统依托于智能语音设备，通过语音交互的方式实现点餐流程，以最大限度节省点餐时间和人力成本；阿里巴巴开发的人工智能设计师"鲁班"在"学习"了淘宝和天猫平台上海量的海报作品以后，每秒能自动创作 8 000 张海报，然后向不同的用户推送不同的海报，实现"千人千面"，不论是成本控制还是作业效率都显示出了惊人的能力，昭示着人工智能巨大的技术潜能以及对现有营销产业链的冲击力。

基于人工智能的智慧营销除了更加精准之外，还更加智能化和自动化，这让消费者的体验和使用便利性都得到了巨大的提升。可以说，从 2017 年开始，数字化营销进入了 4.0 的新时代。

需要指出的是，数字化营销的四个发展阶段并非后者替代前者，而是叠加式升级。也就是说，当数字化营销迈入一个新阶段时，前一阶段的数字化营销方式并未消失，而是与后者共同存在，相互补充。企业应根据具体情况恰当地选用数字化营销方式，互相配合，以达到营销效果的最大化。

14.1.3　数字化营销的价值

営销案例 14-1

海底捞利用数字化营销打开传播新世界

四川海底捞餐饮股份有限公司（以下简称"海底捞"）是一家以经营川味火锅为主、融汇各地火锅特色的直营餐饮品牌火锅店。海底捞调味料囿于品牌形象较为模糊、整合传播力度不够、消费者的认知度不够等原因，销量不容乐观。海底捞希望通过数字化营销方式与消费者沟通，建立互联网化的品牌形象，重塑品牌定位，稳固现有消费者的同时吸引潜在消费者，从而促进海底捞调味料销售量增长。据此，海底捞以调味料新产品面市为契机，围绕"深夜发吃，回馈社会"这一热点话题，延展创作符合品牌调性的内容；打通微博、微信等主流数字媒体，与知乎、豆瓣、百度贴吧等社交网络平台紧密合作，整合网络资源，拓宽营销渠道；充分利用秒拍、GIF 海报、H5 等多种线上传播工具，将海底捞调味料中的主要配料拟人化传播，精准把握每款产品的卖点，配以诙谐有趣的文案，将海底捞调味料进行场景化植入；利用秒拍平台的庞大流量，与热门大号合作，引导消费者进行 UGC 创作；除此之外，海底捞还运用时下流行的 VR 技术，拍摄产品 VR 视频，塑造网络化、年轻化、潮流化的品牌形象，让海底捞调味料从众多竞品中脱颖而出。海底捞这些数字化营销措施，实现了升级品牌形象、提升客户忠诚度的传播目的。

资料来源：编者整理

随着智能手机等数字设备的逐渐普及，消费者在数字媒体上花费的时间日益增加，对于以消费者为中心的现代营销而言，"消费者在哪里，营销就要到哪里"的基本原则始终未变。为了更好地触达和影响消费者，企业需要充分研究消费者使用数字媒体的习惯以及数字化营销的各种工具和策略，并加大在数字化营销领域的投入力度。数字化营销的价值主要体现在以下几个方面。

1. 从消费者数字媒体使用行为特征来看

（1）信息获取渠道多样化。近年来，我国互联网普及率不断提高，基础设施建设不断优化升级，网络信息服务朝着扩大覆盖范围、提升速度、降低费用的方向发展。网民的互联网接入设备是多样化的，使用计算机、手机、平板等设备都可以轻松入网，其中使用手机接入互联网的比例最高。中国互联网络信息中心（CNNIC）第 50 次《中国互联网络发展状况统计报告》显示，截至 2022 年 6 月，我国网民规模达 10.51 亿，互联网普及率达 74.4%，较 2021 年 12 月新增网民 1 919 万，互联网普及率较 2021 年 12 月提升 1.4 个百分点。农村地区互联网基础设施建设全面强化，我国现有行政村已实现"村村通宽带"，推动农村地区互联网普及率较 2021 年 12 月提升 1.2 个百分点，达 58.8%。

互联网平台上的应用更是数不胜数。除了各种生活服务类、新闻类等应用之外，传统媒体也在朝数字化方向转型，开设微博、微信公众号和 App 等，打造新媒体矩阵。同时，各种自媒体也层出不穷，改变了用户获取信息的方式，使其由传统的被动接受转变为主动筛选。大数据和人工智能技术可以帮助数字媒体实现精准化和个性化传播。一方面，消费者可以随时随地获取自己需要的信息；另一方面，消费者通过数字媒体接触到的信息也更加符合自己

市场营销学·理论、方法与案例（第3版）

的兴趣和爱好。

（2）"互联网+"融入消费者生活。"互联网+"是互联网繁荣发展下新兴技术与传统行业融合的必然结果。在"互联网+"的大环境下，人们的生活形态发生了质的变化。如今，消费者的衣食住行依靠一部手机就能解决，例如网上订票、网上订外卖、网上购物等。消费者的日常生活全方位地依赖互联网，给数字化营销带来了旺盛的生命力。

人们的生活离不开手机，移动端应用程序的多样化是一个重要体现。CNNIC 第 50 次《中国互联网络发展状况统计报告》显示，截至 2022 年 6 月，我国短视频的用户规模增长最为明显，达 9.62 亿，较 2021 年 12 月增长 2 805 万，占网民整体的 91.5%。即时通信用户规模 10.27 亿，较 2021 年 12 月增长 2 042 万，占网民整体的 97.7%。网络新闻用户规模达 7.88 亿，较 2021 年 12 月增长 1 698 万，占网民整体的 75.0%。网络直播用户规模达 7.16 亿，较 2021 年 12 月增长 1 290 万，占网民整体的 68.1%。在线医疗用户规模达 3.00 亿，较 2021 年 12 月增长 196 万，占网民整体的 28.5%。

（3）对数字媒体接触时间长、频率高。移动互联网的发展使用户对网络的依赖性越来越强，使用数字媒体的时间越来越长，使用频率越来越高。CNNIC 第 50 次《中国互联网络发展状况统计报告》显示，在网络接入环境方面，网民人均每周上网时长为 29.5 个小时，较 2021 年 12 月提升 1.0 个小时。网民使用手机上网的比例达 99.6%。

另外，2018 年 6 月全球最大的眼科医疗机构爱尔眼科和一点资讯联合发起的《国民手机用眼行为大数据报告》显示，参与调查的数万名网友平均每天看电子屏幕的时长近 6 个小时，占全天时间的 25%；每天使用手机的次数达 108 次，即一天 24 小时中，每 13 分钟就会使用一次手机。机不离身已经成为人们生活的常态，人们在数字空间的行为甚至比物理空间更加丰富多彩。

（4）互联网打破空间局限。信息技术的高速发展让人们足不出户便知天下事。互联网门户打破了物理空间的限制，移动终端则打破了互联网使用场所的限制，数字空间的无界性大大拓宽了营销的空间。

场景转化出现的跨屏行为值得关注。2018 年淘宝发布的《手机淘宝用户行为特征》显示：96.6%的用户在看电视的同时会使用其他终端设备，86.3%的用户在看电视时会使用手机作为电视的跨屏搭配。如何利用数字化营销与消费者跨屏互动成为当下越来越重要的课题。

2. 广告主在数字化营销领域的投入逐年增加

如果说 20 年前广告主都费尽心思占据报纸、杂志最显眼的版面以及电视台的黄金时段，那么 20 年后的今天，广告主早已将重心转向数字化营销。作为每年数字化营销界的风向标，精硕科技（AdMaster）联合 TopMarketing 发布的《2019 年中国数字化营销趋势》报告显示，79%的广告主表示将增加来年的数字化营销预算。其中，数字化营销预算增长 30%以上的广告主占比近三成。整体预算平均增长 20%，相比于 2018 年的 18%、2017 年的 17%增长明显。此外，社会化媒体营销也值得关注。凯度华通明略（Millward Brown）发布的《2018 年度媒体与数字预测》数据显示，广告主 2018 年社会化媒体营销预算平均增长 21%，其中 34%的广告主的预算增长高达 30%以上。

从以上数据我们可以得出结论，广告主在数字化营销上的预算大有持续加码的趋势。这样的情况并非偶然，营销行业在技术的推动下正在发生翻天覆地的变化，人工智能的发展、物联网的建立、AR 和 VR 的出现，都昭示着消费者的"数字化生存"仍在持续深化。在这样的背景之下，企业唯有跟上时代的步伐且充分利用这些变化，才能够顺利且高效地与消费者进行对话，从而更好地实现企业的营销目标。

14.2 大数据营销

14.2.1 大数据概述

近些年来，计算机技术已全面融入社会，信息的爆炸式发展已经到了引发社会变革的程度。全球数十亿手机、传感器、支付系统和相机等设备每天都会产生海量数据。

量变必然引起质变。随着信息总量的不断增加，信息形态也在不断发生变化。最先经历信息爆炸的学科，如天文学和基因学，首先创造出"大数据"这一概念，云时代的到来则令大数据越来越受关注。作为一种新兴且价值巨大的资产，大数据正极大地影响着政府、经济、教育、医疗及社会的各个领域，大数据被誉为新时代的"石油"和"黄金"。

1. 大数据的概念

大数据（big data）是指无法在可承受的时间范围内用常规软件工具捕捉、管理和处理的数据集合，是需要新处理模式才能具有更强的洞察力、决策力和流程优化能力的海量、高增长和多样化的信息资产。在《大数据时代》一书中，舍恩伯格认为大数据不是随机样本，而是全体数据；不是精确性，而是混杂性；不是因果关系，而是相关关系。

尽管"大数据"这个词直到近些年才受到人们的高度关注，但早在1980年，著名未来学家托夫勒就在其著作《第三次浪潮》中热情地将"大数据"称颂为"第三次浪潮的华彩乐章"。对大数据进行收集和分析的设想来自全球著名的管理咨询公司——麦肯锡公司。在2011年6月发布的关于大数据的报告中，麦肯锡公司指出："数据日益成为一种生产力，已经渗透到当今每一个行业和业务职能领域，成为日益重要的生产因素。大数据在物理学、生物学、环境生态学领域存在已有时日，近年来因为互联网和信息行业的发展而受到广泛关注，它将成为全世界下一个创新、竞争和生产率提高的前沿。"

2. 大数据的特征

学界通常用4个v（volume，variety，value，velocity）来概括大数据的基本特征。这些特征使得大数据区别于传统的数据概念。大数据的概念与海量数据又有所差异，海量数据偏向于强调数据的量，而大数据不仅用来描述大量的数据，还进一步指出数据的发展形式、数据的快速时间特性以及数据分析、处理等的复杂程度。具体而言，大数据的基本特征包括以下几个方面。

（1）数据体量大（volume）。数据体量大是大数据的基本属性。在互联网时代，社交网络、电子商务和移动通信已经把人类带入一个以拍字节（PB）乃至艾字节（EB）为单位的新时代。百度数据表明，其新首页导航每天需要提供的数据超过1.5PB，这些数据如果打印出来将超过5 000亿张A4纸。而到目前为止，人类生产的所有印刷材料的数据量为200PB。

（2）数据类型多（variety）。类型的多样性让数据被分为结构化数据和非结构化数据。相对于以往便于存储的以文本为主的结构化数据，非结构化数据越来越多，包括网络日志、音频、视频、图片、地理位置信息等，这些多类型的数据对数据处理能力提出了更高的要求。

（3）价值密度低（value）。价值密度和数据总量成反比。以视频为例，一部一小时的视频在连续不间断的监控中，有用数据可能仅有一两秒。随着互联网以及物联网的广泛应用，信息感知无处不在，信息海量，但价值密度较低。如何结合业务逻辑并通过强大的机器算法来挖掘数据价值是大数据时代最需要解决的问题。

（4）处理速度快（velocity）。数据增长速度快，处理速度也快，时效性要求就高。比如，搜索引擎要求几分钟前的新闻能够被用户查询到，个性化推荐算法要求尽可能实时完成推荐。这是大数据不同于传统数据挖掘的最显著特征。数据处理始终坚持"1秒定律"，这样就可以快速地从各种类型的数据中获取有价值的信息。

3. 大数据带来的变革

大数据时代的到来给各行各业以极大的冲击，每个企业和个人都应当在大数据的浪潮下接受洗礼，与时俱进。虽然大数据并不能生产出新的物质产品，也不能创造出新的市场需求，但却能够让生产力大幅提升。大数据所带来的数字化冲击是巨大的、不可回避的，主要体现在思维变革、商业模式变革和管理变革3个方面。

（1）思维变革。思维方式就是我们大脑活动的内在程序，是一种习惯性地思考问题和处理问题的模式。它涉及我们看待事物的角度、方式和方法，并由此对我们的行为方式产生直接的影响。大数据正在改变我们生活的方方面面，其中最主要的就是思维方式引发思维大变革，带来所谓的"大数据思维"。

第一，相关性思维。相关性思维即关注数据间的关联关系，从凡事追问"为什么"转为只关注"是什么"，相关关系比因果关系更加重要。在大数据时代，由于数据量特别巨大，以海量的形式呈现，要找出所有量与量之间的因果关系几乎不可能，因此我们不再追求小数据时代简单、直接的因果线性关系，而是关注复杂、间接的非线性相关关系。大数据时代打破了小数据时代的因果思维模式，带来了新的关联思维模式。

第二，整体性思维。整体性思维即用整体的眼光看待一切。虽然整体由部分构成，但是面对大数据，我们不能用抽样的方法只研究少量的样本，而需要对全体数据进行研究，真正做到"样本＝总体"。大数据技术也将总体论的整体落到了实处，整体不再是抽象的整体，而是可以具体操作的整体，能够真正得以体现。

第三，混杂性思维。数据量的显著增大必然会让我们付出一些代价，一些不准确的数据会混入数据库，使结果不准确，这就导致了大数据时代的另一种思维"不是精确性，而是混杂性"。对小数据而言，最重要的要求就是减少错误。而在大数据的采集中，在技术尚未达到完美无缺之前，混乱是不可避免的。虽然我们得到的信息不那么准确，但收集到的数量庞大的信息值得我们放弃严格、精确的选择。

（2）商业模式变革。在大数据时代，个性化将颠覆传统商业模式，成为商业发展的终极方向和新驱动力。大数据为个性化的商业应用提供了充足的养分和可持续发展的沃土。大数据时代有海量的消费者个体行为与偏好数据，未来的企业可以通过研究、分析这些数据来精准挖掘每一位消费者不同的兴趣与偏好，为他们提供专属的个性化产品和服务。精准营销也逐渐成为大数据时代的营销趋势。正如《纽约时报》一篇专栏文章所称，大数据时代已经来临，它为我们看待世界提供了一种全新方法，在商业、经济和其他领域中，会有越来越多的决策是基于数据分析而非仅凭经验和直觉做出的。

（3）管理变革。大数据时代的到来为数据在企业运营中打破时空局限提供了新思路，为解放数据生产力提供了新办法。海量的用户访问行为数据信息看似零散，但背后隐藏着必然的消费行为逻辑。大数据分析能获悉产品在各区域、各时间段、各消费群的库存和预售情况，进而判断市场趋势，有的放矢地刺激用户需求。我们即将面临一场变革，这是成功的企业在未来发展过程中必须面对的。大数据时代的企业不仅要掌握更多更优质的数据，还要有足够的领导力和先进的管理体系，这样才能在竞争中立于不败之地。在大数据环境下，企业管理变革主要体现在以下几个方面。

首先，数据技术人才的管理。大数据时代，数据技术人才的价值日益凸显，其中最关键、最重要的就是被《哈佛商业评论》称为 21 世纪最性感职业的"数据科学家"。企业数据人才必须掌握统计技术，但比统计学知识更为重要的是数据清洗和组织大型数据的能力。因为很多大数据是非结构化的数据，所以数据科学家要理解"商业语言"，帮助管理者从数据的角度来理解企业所面临的挑战。

其次，跨部门的数据管理。传统企业虽然各部门之间彼此合作，但是数据处于相互隔绝和分离的状态。大数据时代的企业应当有一个灵活的组织架构，能够实现跨职能部门合作的最大化。管理者应当为各部门配备合适的数据处理方面的专家，同时，对 IT 规划和运营维护给予足够重视。有健全的企业架构才能有效地解决企业信息沟通不畅与数据孤岛的问题。

最后，基于大数据的决策管理。大数据时代，管理者的经验和直觉所起的作用日渐减弱，商业领袖和管理者必须是那些能够从数据中发现商机、开拓市场的人，他们要掌握更多优质的数据，基于数据分析做出决策，并将其转化为领导力，形成一套完整、科学的领导体系。

4. 大数据资产

数据之于信息社会，就如燃料之于工业革命，是人们进行创新的力量源泉。随着信息化新时代的来临，数据创造价值的能力已经远远超过实物资产，大数据日益成为有价值的企业资产、重要的经济投入和新型商业模式的基石。大数据资产是指那些能够数据化，并且能够通过数据挖掘给企业未来经营带来经济效益的数据集合，包括数字、文字、图像、方位甚至沟通信息等。在大数据时代，"一切皆可量化"成为其最重要的特征，所有可视化的信息都有可能成为企业的大数据资产。

（1）大数据资产的特征。

①虚拟性。虽然大数据资产的形态有赖于实物载体，需要存储在有形介质中，但是大数据资产不具有实物形态。大数据资产依赖有形介质而存在，但这改变不了其虚拟性的本质特征。大数据资产的价值与存储的介质无关，因而不能将大数据资产物化成一种有形的实物资源。虚拟性也是大数据资产区别于企业实体资产的重要特征。

②长期性。大数据资产能为企业带来长期的利益，但是随着时间的推移，其价值呈逐渐衰弱的趋势。企业持有大数据资产并不是为了当期销售，而是为了在某一段时间内为自己带来经济利益。所以，大数据资产应被视为一种长期资产。

③可辨性。大数据资产要作为无形资产核算，必须区别于其他资产，可单独确认。大数据资产源于数据的加工、挖掘，能够从企业中单独分离或划分出来，能够单独确认、计量，并用于出售、转移或交换等。大数据资产的成本能够可靠测量，无论是主动还是被动取得大数据资产，企业都会消耗相应的人力、物力等相关成本。

（2）大数据资产的管理。如今，越来越多的企业开始将大数据视为一种战略资源，并围绕大数据打造核心竞争力。竞争战略之父迈克尔·波特（Michael Porter）对数据时代的观点如下："智能化、物联化的产品为传统产品边界带来了几何级数的扩张机会，从而给传统企业带来颠覆性的变迁，在这种智能化的变迁中，赢得数据将会赢得产业。"

首先，建立大数据资产整合与共享机制。

目前，大数据资产主要分布于政府部门、事业单位和大型企业中。但数据标准、数据规模不一，造成了资源不能共享。而要整合这些大数据资产和信息资源，就需要有一套完整的技术手段，能将分布在不同地区以不同形式存储的不同规模的大数据资产加以整合，建立可检索系统，形成共享机制。为了方便政府、事业单位、企业了解当前都有什么样的信息和数据，还要通过网络建立数据访问通道，建立一个分布式的数据管理和信息共享平台。

其次，建立数据安全管理平台。

数据安全问题在大数据资产的共享中显得尤为重要。为了防止数据的非法访问、破坏和丢失，需要对数据进行安全管理。数据安全管理涉及不同级别用户的授权、数据的加密保护等方面。在具体的数据安全管理平台上，主要通过身份验证、信息鉴别、数据备份、数据加密、访问限制等来保证数据库的安全。同时，在对数据进行各种查询和处理时，要对数据进行实时在线维护。

最后，建立和完善大数据资产管理规范。

为了对大数据资产进行有效的管理和开发利用，国家需制定专业的大数据资产管理规范，从数据格式、数据录入、信息发布、数据访问等方面来完善大数据资产管理机制；同时也要根据市场经济的需要，积极探索大数据资产的管理模式，以满足不同领域、不同对象的数据和信息需求。

14.2.2 大数据营销概述

1. 大数据营销的概念

什么是大数据营销？曾任谷歌首席信息官（CIO）、技术开发副总裁的道格拉斯·梅里尔（Douglas Merrill）说过："如果数据不充分，就无法得出你所认为的结论。如果有大量数据，你可能会发现之前的关联并不真实可靠。数据与比特无关，而是一种才能。"数据在当今时代越来越重要。急速膨胀的信息和大数据的商用价值正在改变现有的营销模式和企业的其他活动，大数据营销应运而生。

大数据营销是一种精准营销模式，这种营销模式和传统的数据营销模式大不相同。传统的数据营销是一种基于市场调研中的人口统计数据和其他主观信息（包括生活方式、价值取向等）来推测消费者的需求、购买的可能性和相应的购买力，从而帮助企业细分消费者、确立目标市场，并进一步定位产品的营销模式。而大数据营销是通过收集、分析、执行从大数据所得的洞察结果，并以此鼓励消费者参与、优化营销效果和评估内部责任的过程。

2. 从传统营销到大数据营销的转型

传统营销并非没有数据，但与大数据相比还是体量较小。具体而言，从传统营销到大数据营销的转型与变革主要体现在以下几个方面。

（1）从抽样调查到全样本分析。在传统营销中，数据的分析建立在一定理论下的抽样和调研基础之上，并且试图通过调查手段和技术对数据样本进行再加工，提高抽样调查的精确性。但是抽样调查有其自身的局限性，比如时效性不强、有抽样误差等。大数据的出现有效地弥补了这些缺陷。仅仅取得海量数据远不能满足当前的营销需求，大数据营销的重点在于有效利用数据，即在全样本海量数据的基础之上进行广泛的关联分析，从而获得全新且有价值的信息。

（2）从单一属性到全方位解读。大数据营销是基于全方位分析的营销，通过掌握消费者画像实现与消费者的良性互动，预测潜在规律和变化，从而对营销策略进行调整。在传统企业数据库中，消费者的属性过于单一，主要包括年龄、性别、职业等基本属性。传统营销经过简单的单向分析得出消费者进一步购买的可能性，大数据营销则通过关注消费者的整体行为提升数据质量，从而改善营销的效果。

（3）从广泛撒网到精准营销。在传统营销中，企业无法掌握消费者更全面的信息，而在大数据营销中，企业可以根据收集到的互联网用户的大量信息来挖掘潜在消费者，通过数据分析预测消费者行为，给产品以精确的定位，有针对性地进行营销传播活动。对于老客户，企业则可以根据收集到的购买行为数据进行分析，推断其购买偏好和倾向，从而实现一对一定制化的产品推送和个性化服务，大幅提升营销的精准度。

3. 大数据营销的特征

大数据营销的特征主要有以下 4 个方面。

（1）多平台。大数据营销的数据来源是多方面的，多平台的数据采集使得我们对消费者的画像更加全面和准确。多平台数据采集的途径有 PC 互联网、移动互联网、智能电视及各种传感器等。

（2）个性化。与传统营销广泛撒网不同，采用大数据营销的企业通过大数据分析可以了解消费者身处何地、关注何种信息、喜欢什么、偏好如何，从而实现为消费者量身定制的个性化营销。

（3）时效强。以采用大数据营销的泰一传媒为例，该公司曾制定时间营销策略，即让消费者在做购买决策的时间段内及时接收到商品广告。在移动互联网时代，消费者面对众多诱惑，其消费决策极易在短时间内发生改变。大数据营销能帮助企业及时掌握消费者的需求及其变化趋势，从而提升营销的时效性。

（4）高效率。大数据营销可以让广告主的广告投放做到精准，还可以根据实时的效果反馈及时对投放策略进行调整，从而最大限度地减少营销传播的浪费，实现高效率营销。

4. 大数据营销的主要应用

大数据营销包含多种应用，如程序化购买、广告监测、广告创意优化、客户关系管理、线上线下销售、风险控制、研究与洞察、用户画像、企业内部管理、新产品研发等。总的来说，大数据营销的应用主要有以下 6 个方面。

（1）消费者洞察。企业通过大数据挖掘可以获得对消费者需求的关键洞察和理解，并识别创新机会；此外，还可以通过分析消费者的行为数据洞察他们的购买习惯，并按照其特定的购物偏好、独特的消费倾向进行一对一的商品推送。比如，亚马逊根据用户的商品搜索记录推荐相似或互补的产品，这种基于大数据挖掘的推送大大节约了用户在网上四处搜寻的时间，同时还能刺激消费者后续更多的消费。

（2）产品定制化。大数据营销将消费者留下的信息数据变为财富，成为企业改善产品的一项有力根据。例如，新闻客户端"今日头条"基于数据挖掘及推荐引擎技术，根据用户的阅读偏好与习惯为用户量身定制与其兴趣相匹配的内容，因而每个用户看到的内容都是不一样的，实现了"千人千面"的个性化推荐。

（3）推广精准化。大数据营销通过积累足够多的用户数据，分析得出用户的购买习惯与偏好，甚至做到"比用户自己更了解自己"，帮助企业筛选出最有价值的用户进行产品推广。例如，B 站在进行年度运营计划制定时，通过分析用户的日常使用数据和用户画像得出针对年轻群体的运营方针，在相关节目的制作和传播中锁定年轻群体。2020 年 B 站的某节目作为一个针对年轻人的说唱节目，不仅在饱和的说唱综艺市场开辟了一条新的道路，也为 B 站带来了更多的年轻用户。同样，淘宝运营团队通过分析用户使用数据发现，用户在观看晚会时容易被艺人同款服饰吸引从而产生购买行为。于是，在 2019 年及 2020 年的淘宝"双十一"晚会上，淘宝都在内容直播的旁边设置"艺人同款""边看边买"等通道入口和链接，方便用户在观看晚会时实现快速购买，在另一层面上实现了对用户的精准投放。

（4）改善用户体验。改善用户体验的关键在于要真正了解用户使用产品时的状况与对产品的感受。例如，国外的某些汽车企业可以通过遍布全车的传感器收集车辆运行信息，在用户汽车的关键部件发生问题之前提前向用户和 4S 店预警，从而大大保障了用户的安全，并且改善了用户体验，使汽车品牌获得了良好的口碑。又如，某比萨饼店会在客户要求购买海鲜比萨饼时，根据客户数据中的体检记录等，向该客户推荐更符合其身体情况的小一号蔬菜比萨饼。

（5）维系客户关系。拉回放弃购物者和挽留流失的老客户也是大数据营销在商业中的应用之一。例如，外卖 App "饿了么" 会根据用户的订单习惯对有一段时间没有利用 App 下单的濒临流失的用户发送相关短信，以提醒并鼓励他们重新使用 "饿了么" App。又如，中国民生银行利用大数据打造了智能化的客户关系管理体系 "金融 e 管家平台"，这也是利用大数据维系客户关系的典型案例。

（6）发现新市场。预测未来是非常困难的。但是大数据营销却能让我们从容地面对未来。基于大数据的分析与预测对企业提前发现新市场有极大的帮助。例如，腾讯游戏在前期深入分析手游市场大数据的前提下制定战略，率先领跑手游行业。可见，大数据营销可以通过对市场数据的处理和分析找出其中的相关性，从而对市场进行预测，帮助企业找到新的发展领域，挖掘新的业务增长点。

5. 大数据营销体系的参与者

大数据营销体系的参与者来自各行各业、各个领域，其中媒体、数据服务公司以及数字广告代理商是大数据营销体系必不可少的构成力量。

（1）媒体。有学者认为，受众、媒体、广告主三者共同造就了大数据营销，大数据是存留在互联网上的数据，受众是产生数据的源头，而媒体是受众产生数据的起因，广告主则利用受众产生的数据并通过媒体再传递给受众。媒体在大数据营销体系中占有重要的一席之地。在互联网时代，受众接触数字媒体时都会留下数据。通过这些数据，受众的行为可以被监测，媒体从受众留下的数据中得到反馈，以此来优化自身内容、产品与服务，在大数据营销体系中生存。例如，在社交媒体（如微博）上搜索某部电影，当你浏览相关内容或转发分享时，你的这些行为产生的数据会反映你的态度。2013 年，谷歌公布的电影票房预测模型走红，该模型能够提前一个月预测电影上映首周的票房收入，准确度高达 94%。预测指标主要包括电影的搜索量、预告片的搜索量、档期特征、同系列电影之前的票房等，这也是数据分析在电影媒体行业的应用体现。同样，媒体也可以利用自己积累的数据建立数据库，和其他行业协作。

（2）数据服务公司。在大数据营销中，数据的分析至关重要，这也催生了相关的数据服务公司，令利用海量数据实现新的营销模式成为可能。

当前国内较为知名的数据服务公司除了阿里云、华为云、腾讯等互联网公司以外，还有一家近年来声名鹊起的秦淮数据。作为字节跳动的重要数据供应商，其能获得字节跳动青睐的原因主要有 3 点：一是服务范围聚焦于亚太新兴市场；二是拥有超大型数据中心；三是坚持聚焦客户真实需求，解决行业关键问题。而国外较为知名的数据服务公司有 IBM、天睿（Teradata）、甲骨文（Oracle）、微软、谷歌等。其中甲骨文在 2020 年承接了今日头条旗下短视频 App——TikTok 在美国地区的数据服务。

（3）数字广告代理商。对大数据营销中的数字广告代理商来说，需要做到以多样化的手段追踪广告效果，利用大数据分析各家媒体的价值，判断通过何种渠道为企业投放广告，从而优化广告营销服务。微盟集团正是这样的数字广告代理商。该公司于 2013 年 4 月成立于上海，其精准营销业务主要以大数据、智能算法、营销自动化等技术为支撑，以优质媒体为渠道，为广告主提供一站式精准营销投放服务。同时微盟旗下微盟云平台通过开放微盟核心产品技术能力，吸引第三方开发者，打造云端生态体系，为商家提供更多应用选择和更好的服务。它不仅是企业云端商业及营销解决方案的提供商，也是腾讯社交网络服务平台企业精准营销服务的提供商。2020 年底微盟宣布与支付宝达成合作协议，这意味着微盟将在支付宝平台开展一系列数字业务，更多的餐饮行业商家可以通过微盟提供的餐饮方案提升获客效益。

14.2.3　大数据营销的发展趋势和面临的机遇与挑战

1. 大数据营销的发展趋势

（1）不同数据库之间的整合与协同。随着信息技术的不断发展，单一企业所拥有的碎片化的消费者信息早已不能满足市场对数据量和多样性的需求。基于全样本数据的大数据营销将呈现更加精准有效的用户数据挖掘，更加全方位、立体地展示消费者的爱好、习惯、个性及潜在的商业价值。虽然我们仍然处于数据碎片化时代转向数据整合时代的过渡期，但随着技术的发展，未来跨媒体、跨渠道、跨终端的全面打通将能够从多维度重组信息。通过企业内外不同数据库之间的有效整合、协同与联动，实现消费者信息全方位、多角度的反馈与融合，将是未来大数据营销发展的关键和基础。

（2）场景成为大数据营销的着力点。随着 5G 的不断发展，万物互联、万物皆媒的物联网时代即将到来，场景营销也将成为大数据营销新的着力点。场景营销的基本流程就是先找到合适的人，再根据消费者所属群体和消费习惯决定用什么样的信息内容，然后根据消费者所处的环境来决定什么样的触点有效。实施场景营销需要大数据的支撑，需要多渠道地了解用户，然后通过挖掘场景、用户分群对触点进行把控，做到针对不同的消费者在最适合的情境下给他推送最合适的商品和服务。

（3）通过效果监测实时优化策略。完整的营销活动涵盖前期的准备、中期的投入及后期的效果监测，但对于很多中小型企业而言，后期效果监测的时间成本以及资金成本都比较高，所以，效果监测环节往往被企业忽视。但随着大数据营销的不断发展，实时效果监测将成为常态。大数据挖掘技术的改善与提高将使营销效果的监测成本大大降低，而每一次营销活动无论成功与否，通过效果监测都可以找到其中的原因，从而改进其中的不足，尽快拿出解决方案以提高效率、减少损失。

2. 大数据营销面临的机遇与挑战

（1）大数据营销面临的机遇。

①营销活动更加精准。传统的广告大多采用广撒网的投放模式，这样的模式既造成大量广告费的浪费，营销效果也得不到保障。我们在面对互联网上海量媒体资源的同时，广告主的需求也发生了翻天覆地的变化。企业应通过对大数据的收集与整合利用对消费者需求进行分析，找到目标受众，然后对广告投放的具体内容进行调配，完善整个投放过程，使得营销活动更加精准有效。大数据的应用令营销更精准体现在 3 个方面：一是精准定制产品，通过对大数据的分析，企业可以了解消费者需求，进而为其定制个性化产品；二是精准推送信息，避免向用户发送不相干的信息而造成用户反感；三是精准推荐服务，通过对用户现有的浏览、搜索及地理位置数据的分析，了解其当下的需求，实时为其推荐贴心的服务。

②营销活动更加个性化。营销的最终目的就是要准确了解每一位潜在消费者或现有客户的需求，并为其提供满意的产品和服务以使利润最大化。而大数据就具备这方面的优势，企业可以从海量的数据中提取出消费者的个性、爱好、价值观、生活方式及消费特征，使得整个营销活动更具个性化，这也是大数据给传统营销变革与发展带来的一大机遇。

③营销活动更加可测。大数据是一场技术性的革命，海量数据资源使得营销管理开启量化的进程，而运用数据进行决策是大数据背景下营销模式转变的一个重要特征。未来企业的竞争将是数据的竞争，谁能更充分地挖掘潜在消费者的数据信息，谁就更有机会取胜。在一切皆可量化的

时代，消费者数据将会以缓存文件等形式被记录下来，有了这些数据便可以预测消费者行为及市场未来的发展趋势，使得营销活动更加可测，这是大数据给营销升级带来的另一大机遇。

（2）大数据营销面临的挑战。

①数据质量难以保证。从海量数据中提取出隐含在其中的有价值的信息是十分复杂的，是一个"大浪淘沙"的过程，通常包括数据理解、数据收集、数据整理、数据建模、数据评估等多个阶段。大数据的"大"是指全体样本，而非单指数据量大。在庞杂的数据中充斥着大量无效的干扰性数据，如何去粗取精、去伪存真是大数据给营销变革带来的挑战之一。

②大数据人才缺乏。除了数据质量问题之外，大数据人才缺乏也是大数据营销发展的短板。2020年5月，人力资源和社会保障部发布了《新职业——大数据工程技术人员就业景气现状分析报告》。报告显示，中国大数据行业的人才需求规模达210万人，2025年前大数据人才需求仍将保持30%～40%的增速，需求总量在2 000万人左右，数据分析人才是市场上迫切需要的高端型人才。并且，大数据人才分布不均匀，大数据人才主要集中在互联网和金融两大领域，制造业等在产业转型升级过程中极度缺乏大数据人才。从整体看，数字中国建设、产业转型升级、企业进行云拓展等都对大数据人才产生巨大需求，而人才培养的数量和速度难以满足现实需求，大数据人才缺口持续增大，预计到2025年全国大数据核心人才缺口将达230万人。

③数据管理复杂化。大数据的一个重要特征就在于其复杂性，包括数据量大和来源广泛两个方面。大数据的快速增长对存储空间、数据压缩技术、能源消耗提出了严峻的挑战。如何更好地管理和利用大数据资源已成为业界普遍关注的问题，数据管理方式上的变革正在发生。

④隐私问题日益凸显。互联网时代，在线活动与在线交易不断增多，用户数据与隐私泄露事件时有发生，网络安全威胁更为严峻。数据挖掘一方面可以被企业有效利用，增强营销活动的精准度，提升营销效率；另一方面，如果大数据缺乏有效监管，用户数据被不法分子得到，将会带来严重的危害与财产损失。因此，大数据营销伦理及法治问题不容忽视。

扩展阅读

我们该如何应对大数据下的隐私安全？

2022年拍出了一部有关"破事"的电视剧，剧中的"破事部"因遭遇隐私泄露问题从而深陷广告的套路之中，每天被各种推送骚扰。但这样的问题并非仅存在于电视剧中，生活中上演得更为频繁、更为离谱。比如你前一分钟和别人聊天时提起某物，后一分钟打开网购软件，里面就恰好推送那件物品；再比如你在网站上浏览了什么，之后其便给你推送相关的短视频……你的信息被窃取、被监听、被盗用，骗子们甚至能如数家珍一般说出你的姓名、身份证号码、爱好、家庭信息、近期状态等，可谓毫无个人隐私，也可谓毫无安全感。

要想保障大众的隐私安全，需要多措并举。要以立法与管理为主，技术与道德为辅。技术与道德扮演着辅助的角色，道德约束不了所有人，技术也阻碍不了所有人，只有提高犯罪成本，加大法律与管理的力度才能从根本上解决问题。

2021年9月1日，我国正式开始施行《中华人民共和国数据安全法》，两个月后《中华人民共和国个人信息保护法》也开始正式实施。从这两套法律的出台可以看到我国数据安全的立法迈上了一个新台阶，我国正全力打造完整的企业与平台信任体系，营造统一的信息安全平台。大数据与隐私权之间的矛盾并非不可调和，但是二者之间矛盾的解决并不会只在一朝一夕，而是要走一段较长的路程。

资料来源：编者整理

思考题

1. 简述数字化营销的几个阶段及特征。
2. 大数据营销的主要应用场景有哪些？
3. 数字化营销的价值主要体现在哪些方面？

案例分析

扫码阅读

新意互动与一汽马自达携手运营抖音蓝 V

第15章 营销管理与计划执行

【学习目标】

- 熟悉营销管理的任务和职能
- 掌握营销计划编制的方法和步骤
- 掌握营销控制的方法

营销管理是一个资源配置和策略实施的过程，也是一个实现战略目标的过程，主要通过计划、组织、领导和控制实现。

营销引例

"雪乡"体验旅游的营销计划

依据 2021 年冬季（12 月与 1 月）"雪乡"体验旅游的经验，C 和 D 两家公司在 2022 年 10 月各自拟定了"雪乡"体验游的促销活动计划。C 公司制定了线上促销活动计划 C1、线下促销活动计划 C2、线上与线下组合的促销活动计划 C3；D 公司只制订了一套线上促销活动计划。为此，C 公司准备促销资源比 D 公司多花了 300 万元。

资料来源：编者编写

15.1 营销管理的任务与决策

15.1.1 营销管理的任务

营销管理可以分解成许多工作，各自都有明确的任务和责任，并要求企业内部每个人都不同程度地参与其中。营销管理的任务是以有助于企业达到既定目标的方式去影响市场有效需求的水平、时间选择和构成。因此可以说，营销管理基本上是需求管理。

对于目标市场，企业一般都会事先假定某种期望的交易水平，但实际的需求水平往往低于、等于或高于它。这就是说，相对于假定的期望的交易水平，目标市场可能会出现无需求、弱需求、合理需求、过量需求或不健康需求等。营销管理者应注意区别各种不同的需求情况，并相应地作出反应。从这个意义上说，营销管理实际上就是需求管理，其任务在于影响需求的水平、时间选择和构成，从而达到自己的目标。各种需求状况和相应的营销任务具体说明如下。

1. 负需求

负需求是指企业的产品或服务不受目标市场欢迎,甚至遭到拒绝,即市场处于负需求状况。例如,虽然猪肝、猪腰、猪肚等动物内脏产品在中国已经被消费者广为接受,但是却遭到欧美消费者的反感及拒绝。此时,市场营销的任务是分析市场不喜欢本企业产品的原因,以改变市场营销策略,将负需求转变为正需求。

2. 无需求

无需求是指目标市场的消费者对产品不感兴趣或反应冷淡的一种需求状况,即市场处于零需求状态。例如,由于数码相机和手机拍照的便捷性,人们普遍不再使用带有胶卷的相机,对相机胶卷也就失去了购买需求。BP机和大哥大的消失也主要是因为手机普及后,人们对它们不感兴趣而失去了需求。此时,市场营销的任务是寻找某种方式刺激市场,使产品优点与人们的需求和兴趣联系起来。

3. 潜在需求

潜在需求是指现有产品无法满足消费者某种强烈的需求,即市场存在着潜在需求。例如,虽然现在汽车品牌众多且功能多样,基本能够满足人们的购买需求,但是很多消费者仍期待汽车公司能够研发和生产无人驾驶汽车,以进一步提升行驶的安全稳定性,并实现自动泊车。此时,市场营销的任务是开发潜在市场的需求,发展可能满足这些需求的产品和服务,将潜在需求变成现实需求。

4. 下降需求

下降需求是指目标市场对本企业产品的需求呈下降趋势的一种需求状况。例如,一家餐馆如果不追求菜式的创新,不推出新产品,消费者在多次食用后就会感到厌倦,从而转向其他餐馆去寻求不同的菜肴,即降低了对原餐馆的需求。此外,由于智能手机已经能够满足人们日常上网的基本需要,所以传统计算机需求下降,销售量呈现不断下滑趋势。此时,市场营销的任务是分析需求下降的原因,分析是否可以通过发现新的目标市场来改变产品特性或加强与消费者的交流,通过创造性的产品再营销来扭转市场需求下降的趋势。

5. 不规则需求

不规则需求是指某些产品或服务的市场需求按季节发生变化,甚至按日、按小时波动变化,造成企业的生产能力有时闲置,有时又超负荷,即需求呈不规则状态。例如,一般而言,板蓝根的市场需求基本保持稳定,不会发生大的波动。但是在"非典"时期,人们却疯狂购买,大量囤货。此时,市场营销的任务是通过弹性定价、促销或其他刺激方法,寻求与需求在时间上的协调一致。

6. 充足需求

充足需求是指产品或服务的市场需求等于企业预期需求水平的一种需求状况。例如,某公司生产的饮料非常受市场欢迎,虽然公司没有库存,但是消费者在有需求时就可以买到。这是企业最理想的一种需求状况,但是一般不存在。此时,市场营销的任务是保持市场份额及占有率。

7. 过量需求

过量需求是指某种产品或服务的市场需求超过了企业供给能力的一种需求状况。例如,由于中国消费者对苹果手机的疯狂追捧和大肆购买,苹果手机的供应曾经出现严重缺货,导致许多经销商加价销售。此时,市场营销的任务是减少市场营销活动。

8. 不健康需求

不健康需求是指目标市场对某些不健康产品或服务的需求,这些需求会对消费者或者社会造成不利的影响。例如，部分消费者对香烟的需求。此时，市场营销的任务在于传递和宣传不健康产品或服务的害处，劝说消费者放弃对不健康东西的偏爱；同时提高价格，减少甚至停止产品的供应。

15.1.2 营销管理的决策

从某种意义上说，市场营销实质上就是需求管理的营销。营销决策是指企业为了达成目标，在两个或两个以上的方案中选择一个最佳方案并加以实施的过程。

1. 营销决策的要求

（1）营销决策必须有明确的目标。这是因为决策要解决一定的有关营销的问题，达到一定的营销目的。同时，目标还是评价决策执行结果的标准。

（2）营销决策必须有两个或两个以上的方案，即备择方案。每个可行的营销方案都应具备一定的条件：①能够实现预期目标；②对各种影响因素都能进行定性与定量分析；③无法控制的因素大体能预测出其发生概率和概率分布。

（3）营销决策必须择优。每个可行的营销方案都会对目标的实现发挥某种积极的作用，也会产生某种消极影响；同时，各种营销方案达到目标的速度也不同。企业要通过综合分析和评价，比较各种方案的优劣，从中选择合理的方案。

（4）营销决策应是一个提出问题、分析问题、解决问题的系统分析过程。

营销决策要回答以下问题：①所要解决的问题属于什么性质，要解决到什么程度；②解决这个问题有哪些途径和方法；③哪一种途径和方法最好。

2. 营销决策的步骤

（1）确定问题性质，提出决策目标。发现问题是确定决策目标的前提，目标一旦被提出，解决问题就有了方向。因此，问题的性质必须明确，否则就无从决策。

（2）发现、探索和拟定各种可行的方案。根据目标确定可行的方案是一个探索过程。方案过少，决策选择余地就小；方案过多，良莠混杂，决策也将无所适从。因此，要在广泛调查、预测和研究的基础上，发现和探索各种方案，并逐一进行可行性论证，合并雷同的方案，淘汰可行性较差的方案，拟定一组能实现决策目标的排他性的营销决策方案。

（3）从各种可行的方案中选择最合理的方案。择优决策是指对一组可行方案进行综合比较和分析，从中选取一个相对最合理的方案。选择出最合理的方案后，企业要注意决策带来的影响，特别是要研究这种决策是否会带来不良后果，尽早采取预防性措施以消除影响，或制定应变计划以保证决策方案按计划组织实施。

（4）实施决策。实施活动，一方面，强调了实践的意义，明确了决策的目的在于执行，而执行又反过来检验决策是否正确；另一方面，肯定了决策是"决定—执行—再决定—再执行"的一个周而复始的动态过程。

15.1.3 营销管理的职能

市场营销管理应充分发挥计划、组织、领导和控制的职能，以实现企业的目标。

1. 营销管理的计划

在现代市场竞争十分激烈的环境中，许多公司将常规计划改变成以市场为导向的战略计划，强调在组织目标、技能、资源与各种变化的市场机会之间建立和保持适应性的平衡。可以说，营销计划在公司的战略计划过程中起着关键作用。营销计划是在对市场环境进行预测、分析的基础上，对进入市场的各种方式和营销组合进行的事先规划，是战略计划的重要组成部分。由于计划是对未来的规划，而未来又是不确定的，因此营销计划本身就存在着一定的风险。要想消除计划本身存在的风险，就应提高预测的正确性。而预测的正确性依赖于及时正确的信息、有效的预测模型和正确的理论指导。营销计划的制定包括战略营销计划和战术营销计划两个层次。战略营销计划是在分析市场环境和机会的基础上，描绘较为广泛的市场营销目标和战略。战术营销计划则是具体描述在一个特定时期的营销战略，包括产品、价格、促销、渠道等战略。

2. 营销管理的组织

企业内部的组织结构因企业规模、类型以及进入市场的方式而有所不同，一般包括职能型组织、地域型组织、市场型组织、产品型组织和复合型组织，但这些组织通常都面临着对营销活动是实行集权还是分权以及如何协调各部门之间的矛盾等问题。此外，企业还要动员与组织所有部门和员工各司其职，做好内部和外部的营销工作。营销管理的组织应该包含两方面内容：其一是组织机构，包括营销部门机构的设置与发展；其二是对营销管理过程的组织，只有将企业内外的相关人员和机构有效组织起来，才能实现战略营销计划的目标。

3. 营销管理的领导

领导职能是指各级管理人员，特别是营销经理要动员和激励下属每个成员自觉履行营销管理中应负的职责，实施营销计划。管理人员应及时调动企业内部各种资源，合理配置，以最大限度地使顾客满意；同时，还要协调企业内外的各种关系，组织各种营销活动。

4. 营销管理的控制

控制是为了保证营销活动能按既定方向运行。在管理过程中，偏离目标的现象时有出现，因此需要经常纠偏加以控制。为此，企业要建立营销管理的反馈机制，通过信息反馈及时把握实际运行与目标的偏差。营销控制的类型有：年度计划控制、盈利能力控制、效率控制和战略控制等。年度计划控制在于检查计划目标是否实现；盈利能力控制在于检查企业在什么地方实现盈利、什么地方亏损；效率控制在于评价和增强经费开支（包括营销开支）的效果；战略控制在于检查企业是否在市场、产品和渠道等方面正在寻找或已经找到了最佳机会。

15.2 营销计划的制订与执行

市场营销是一个管理过程，营销管理主要是企业的营销部门实施的营销计划与控制管理。关于营销管理的组织结构与组织运行模式，即市场型或营销型组织的管理问题，在管理学中或企业管理中已经涉及，且不是市场营销学原理研究的重点，故本书不做具体研究。

15.2.1 营销计划的类型与内容

营销计划就是根据企业在一定时期内要实现的目标，对营销的各项任务和企业的有限资源进行的综合安排与部署。营销计划是企业总体经营计划的重要组成部分，是企业营销管理的依据，也是协调企业内部各职能部门营销工作、确保营销目标实施的重要方式。

1. 营销计划的类型

依据不同的标准，营销计划有着不同的划分方法。下面介绍几种常用的划分方法。

（1）按计划的期限和重要性划分。按计划的期限和重要性划分，营销计划有战略计划或长期计划、战术计划或中期计划、具体计划或短期计划。需要说明的是，战略计划是长期计划，但长期计划不一定是战略计划。

①战略计划或长期计划。这是一种目标性、指导性很强的反映企业重大战略的计划或规划。一般计划期在3年以上，有3年、5年、10年等。

②战术计划或中期计划。这是一种指导性与可操作性相结合的计划。一般计划期在1～3年。

③具体计划或短期计划。这是一种可操作执行的计划。一般计划期在年度内。

（2）按计划的范围划分。按计划的范围划分，营销计划有专（单）项营销计划和综合营销计划。综合营销计划可以从业务、渠道、促销、风险控制、市场调研、产品开发、人员培训、费用预算、整合营销传播、品牌战略等方面制定。

①专（单）项营销计划。专（单）项营销计划是一种针对某一专项问题或销售某一特定产品的计划。例如，某糖果企业根据过年前消费者热衷购买礼盒馈赠亲友的特点，针对礼盒装的销售制定专项的促销计划。专（单）项营销计划一般具有灵活性大、针对性强等特点，因此在某一特定时期是营销活动的重要因素。专（单）项营销计划是典型的短期计划，完成之后就不再继续了，可以作为综合计划的一种补充形式。但是不能因为专（单）项营销计划是短期计划而不予重视，综合计划和战略计划往往是通过一系列的专（单）项营销计划来实现的。

②综合营销计划。综合营销计划是一种对企业所有产品的营销和各营销职能部门的任务所做的整体安排，是为了满足目标市场的需求，综合运用各种可以控制的营销手段制定的营销计划。常见的综合营销计划包括业务营销计划、渠道营销计划、促销计划、风险控制计划、市场调研计划、产品开发计划、人员培训计划、费用预算计划、整合营销计划、品牌营销计划等。例如，某糖果企业在节日来临之前，针对公司生产销售的所有产品制定完整的促销计划，以推动旗下所有产品的销售。

（3）按计划的职能划分。按计划的职能划分，营销计划有企业整体营销计划和营销职能部门计划。

①企业整体营销计划。企业整体营销计划是从企业整体出发制定的年度的或中长期的营销计划，规定了企业在一定时期内的总体目标、任务、战略或策略等内容。

②营销职能部门计划。营销职能部门计划是由企业内各营销职能部门制定的计划，是整个企业营销计划的具体化。例如，营销职能的广告部门、销售部门、客户部门、企划部门等的营销计划。

（4）按计划的对象划分。按计划的对象划分，营销计划有产品计划、盈利计划、市场计划等。

①产品计划。产品计划是一种具体产品或产品组合的营销计划。例如，苹果公司专门针对新推出的iPhone X制定的营销计划。

②盈利计划。盈利计划是一种由各个职能部门制定的以利润为中心的营销计划。例如，某手机企业针对其市场占有率提高但是利润却出现下滑的局面，制定专门的营销计划，包括调整定价方案等，采用多种营销方法提高利润。

③市场计划。市场计划是针对某一细分市场制定的营销计划。例如，宝洁公司专门针对广东市场制定的营销计划，包括专门推出粤语版广告，并加大在广东地方电视台的广告投放力度。

2. 营销计划的内容

营销计划的内容主要包括：计划期限内所应达到的量化目标、为实现目标的资源配置方案、各相关部门营销任务的安排、对实现计划目标的管理办法、费用预算与控制方法。

15.2.2 营销计划的编制与执行

1. 营销计划的编制

营销管理通常依据营销计划内容来制订营销执行计划,在设计好主要营销活动方案后,依据时间、空间、人员以及资源配备的方式,即在什么时间、什么地方、有哪些人、需要什么东西(哪些资源),按照这样的步骤把营销计划内容分解至计划的程序里来编制营销计划。营销计划的编制一般有以下6个步骤。

(1)确定总体目标与任务。总体目标与任务主要是确定企业的活动领域及其发展的总体方向,是企业制订营销战略计划必须考虑的首要问题。总体目标与任务在战略上属于企业的使命,指引和规定着企业营销活动的方向。它要以市场为导向,全面及时反映市场需求;切实可行,符合企业自身实力;激励员工,使员工有动力并产生效能。

(2)市场分析与预测。市场分析是计划的基础,主要包括:市场现状分析、产品分析、渠道分析、竞争优势与劣势分析、环境机会与威胁分析等。市场预测是在市场分析的基础上,依据科学的预测方法,对市场需求和本企业营销的目标与机会进行预测。

(3)确定目标。在总目标与任务、市场分析与预测的基础上,企业可以确定计划期内的营销目标。目标的确定要遵循以下6个原则:①现实性原则,即每个目标都应该是可以实现的;②可测量原则,即每个目标都应该有一个明确的可以直接测量的形式和时间期限;③层次性原则,即具体目标应根据重要性从高到低依次排列;④协调原则,即各个目标之间应该相互协调运行;⑤激励原则,即对目标的实现要有激励安排,确保员工动力;⑥效益原则,即营销目标能够降低成本、增加盈利。

(4)制定营销策略与行动实施方案。营销策略是保证营销目标实现的方法选择,不能脱离企业营销的实际,而应依据企业的现实条件进行资源的配置。行动实施方案则是在具体目标与营销策略的指导下,针对具体的营销任务制定出详细的任务落实方案,规定什么时间做、在什么地点做、由谁来做、怎么样做、做到什么程度等几方面的内容,并且制定出一个详细的时间表。

(5)编制营销预算。在营销计划中,企业应对营销活动的预计损益进行估算,包括各项成本、销售数量、销售额度、平均实现价格、预计利润等,并编制出清晰的预算表。

(6)控制计划。制订计划时还要考虑计划的控制问题,即计划里要反映计划实施过程中的控制因素和措施,包括监控主体、责任、标准、检查、信息反馈等。

2. 营销计划的执行

营销计划的执行是计划的动态运行过程,即计划付诸实施的过程。营销计划能否顺利实施,主要取决于两方面的工作:一方面是目标管理,即正确处理责、权、利的关系,调动全体员工的积极性、能动性,努力实施营销计划;另一方面是实施动态最优化管理,即通过滚动式计划方法,逐期修正和落实、不断完善和优化营销计划。

15.2.3 营销控制

营销控制是指营销部门在实施营销计划的过程中,接收内部与外部有关信息,对计划执行的情况进行监督和检查,将原定的计划目标、操作过程与营销部门的实际情况加以对比找出偏差，分析原因并采取有关措施纠正偏差，保证营销目标的实现。营销控制的方法有很多，一般常用的有预算控制法、年度计划控制法、盈利控制法和审计法。

1. 预算控制法

预算控制法是在营销计划执行之前，对计划实施所需成本和费用进行估算，并进行一定的计划限制的方法。预算控制法具有可比性、整体性和通用性，可以把营销活动与节约成本、取得经济效益有机结合起来，实现控制目标。

2. 年度计划控制法

年度计划控制法是对营销计划的执行在本年度内进行控制，检查实际绩效与计划之间是否有偏差，并采取改进措施，确保营销计划的有效实施和营销目标的实现的方法。年度营销计划控制过程主要是：把年度计划控制分解为时间单元的控制，如按月或按季度控制；跟踪、了解、掌握营销情况；对偏差做出判断；采取措施解决偏差，实现控制目的。

3. 盈利控制法

盈利控制法是通过对照营销目标，检查与评估盈亏情况，分析其偏离目标的程度，以便采取有效措施来保证营销目标的顺利实现的方法。盈亏分析可以采取的主要方法有：销售额分析、营销费用分析、市场占有率分析、客户态度分析。

4. 审计法

审计法是对营销部门在特定的营销环境中实施的营销计划进行审计，包括对战略能力、执行情况、营销组织机构、报告制度、营销理念、营销关系等进行全面评估的方法。具体的审计范围包括：营销环境审计、营销战略审计、营销组织审计、营销系统审计、营销效率审计、营销职能审计。

思考题

1. 营销管理包括哪些主要职能？
2. 营销计划包括哪些主要内容？
3. 市场营销控制有哪些主要方法？

案例分析

扫码阅读

小明与小东的争论

参考文献

[1] 苏亚民.现代营销学[M]. 北京：中国对外经济贸易出版社，2002.

[2] 苏亚民.现代营销学[M]. 6 版. 北京：中国商务出版社，2008.

[3] 金润圭.市场营销[M]. 3 版. 北京：高等教育出版社，2010.

[4] 李弘，董大海.市场营销学[M]. 6 版. 大连：大连理工大学出版社，2010.

[5] 郭国庆.市场营销学[M]. 2 版. 北京：中国人民大学出版社，2011.

[6] 吴健安.市场营销学[M]. 3 版. 北京：高等教育出版社，2007.

[7] 吴健安.市场营销学[M]. 4 版. 北京：高等教育出版社，2011.

[8] 吴健安.市场营销学[M]. 6 版. 北京：高等教育出版社，2017.

[9] 纪宝成.市场营销学教程[M]. 5 版. 北京：中国人民大学出版社，2012.

[10] 谭劲松.关于中国管理学科发展的讨论[J]. 管理世界，2007（1）：12.

[11] 伊志宏.中国工商管理学科发展研究[DB/OL]. 人文社会科学发展与评价研究网，2009.

[12] 刘国华，苏勇.中国管理学发展进程：1977—2006[J]. 华东经济管理，2008（12）：16-21.

[13] 科特勒，洪瑞云，梁绍明，等. 梅清豪，译. 市场营销管理（亚洲版）[M]. 2 版. 北京：中国人民大学出版社，1997.

[14] 科特勒. 庐泰宏，高辉，译. 营销管理（中国版）[M]. 13 版. 北京：中国人民大学出版社，2009.

[15] 科特勒，凯勒. 王永贵，于洪彦，陈荣，等，译. 营销管理（全球版）[M]. 14 版. 北京：中国人民大学出版社，2012.

[16] 科特勒，凯勒. 何佳讯，于洪彦，牛永革，等，译. 营销管理[M]. 15 版. 上海：格致出版社，2016.

[17] 凯勒. 李乃和，吴瑾，邹琦，等，译. 战略品牌管理[M]. 2 版. 北京：中国人民大学出版社，2006.

[18] 凯勒. 吴水龙，何云，译. 战略品牌管理[M]. 4 版. 北京：中国人民大学出版社，2014.

[19] 凯勒，王海忠，陈增祥. 战略品牌管理（全球版·原书第 4 版）[M]. 北京：机械工业出版社，2021.

高等院校
市场营销
新形态
系列教材

书名	作者	书号
市场调查与分析：调研策划 数据挖掘 报告交付（微课版）	王微微等	978-7-115-61131-4
客户关系管理实务（微课版）	盛强等	978-7-115-57683-5
消费者行为学（第3版）	费明胜等	978-7-115-57814-3
直播营销（微课版）	苏朝晖	978-7-115-60769-0
新媒体营销（微课版）	杜鹏等	978-7-115-56700-0
广告学：理论、方法与实务（微课版 第2版）	李东进等	978-7-115-59249-1

向教师免费提供
PPT等教学相关资料

人邮教育
www.ryjiaoyu.com

教材服务热线：010-81055256
反馈／投稿／推荐信箱：315@ptpress.com.cn
人民邮电出版社教育服务与资源下载社区：www.ryjiaoyu.com
人邮新营销教学与案例分享QQ群：494069000（仅限教师）

ISBN 978-7-115-61792-7

9 787115 617927 >

定价：49.80元